运动损伤的治疗与康复

黄 涛 主编

北京体育大学出版社

策划编辑：佟　晖
责任编辑：佟　晖
责任校对：未　茗
排版设计：李　鹤

图书在版编目（CIP）数据

运动损伤的治疗与康复 / 黄涛主编.
--北京：北京体育大学出版社，2010.7（2024.7重印）
ISBN 978-7-5644-0421-5

Ⅰ.①运…　Ⅱ.①黄…　Ⅲ.①运动性疾病-损伤-治疗
②运动性疾病-损伤-康复　Ⅳ.①R873

中国版本图书馆CIP数据核字（2010）第126209号

运动损伤的治疗与康复
YUNDONG SUNSHANG DE ZHILIAO YU KANGFU　　**黄　涛　主编**

出版发行：北京体育大学出版社
地　　址：北京市海淀区农大南路1号院2号楼4层办公B-421
邮　　编：100084
网　　址：http：//cbs.bsu.edu.cn
发 行 部：010-62989320
邮 购 部：北京体育大学出版社读者服务部 010-62989432
印　　刷：北京昌联印刷有限公司
开　　本：710mm × 1000mm　　1/16
成品尺寸：170mm × 240mm
印　　张：12.25
字　　数：195千字
版　　次：2010年7月第1版　2016年2月第2版
印　　次：2024年7月第9次印刷
定　　价：35.00元

《运动损伤的治疗与康复》编委会

主　编： 黄　涛

副主编： 佟　晖　曹学伟　李新建　乔云峰

编　委： 吴起跃　高　颀　何立群　张　军

赵　鑫　邢少冬　吕钟毓　徐卫华

赵广高

目　录

第一章　运动损伤的基本知识和处理

第一节　运动损伤概论

一、运动损伤的分类

体育运动过程中受到机械性和物理性方面因素所造成的伤害，称为运动损伤。运动损伤的分类方法很多，概括起来有以下几种。

（一）按损伤组织的种类分类

按损伤组织的种类可分为肌肉韧带的捩伤、撕裂、挫伤、四肢骨折、颅骨骨折、脊椎骨折、关节脱位、脑震荡、内脏破裂、烧伤、冻伤、溺水等。根据北京运动医学研究所的统计，严重的创伤很少，大部分属小创伤，其中以肌肉、筋膜伤、肌腱腱鞘、韧带和关节囊伤最多，其次是肩袖损伤、半月板撕裂和髌骨软骨病。

（二）按运动创伤的轻重分类

1. 不损失工作能力的轻伤。
2. 失掉工作能力24小时以上，并需要在门诊治疗的中等伤。
3. 需要长期住院治疗的重伤。

这种分类法有助于了解工矿、农村、机关和学校等开展群众体育活动中的损伤情况。

（三）按运动能力丧失的程度分类

1. 受伤后能按锻炼计划进行练习的轻度伤。
2. 受伤后不能按锻炼计划进行练习，需停止患部练习或减少患部活动的中度伤。
3. 完全不能锻炼的重度伤。

（四）按损伤组织是否有创口与外界相通的分类

按损伤组织是否有创口与外界相通可分为开放性损伤与闭合性损伤。此外，根据发病的缓急，还可分为急性损伤和慢性损伤；根据病因，又可分为原发性损伤和继发性损伤等。

二、运动损伤的原因

造成运动损伤的原因是多方面的，可分为直接原因和诱因。直接原因又可分为内部原因和外部原因；诱因可分为各项运动技术特点和解剖生理学特点。

（一）直接原因

1．内部原因

（1）身体条件。

（2）心理素质。

2．外部原因

（1）方法的因素。

（2）环境因素。

（二）诱　因

诱因即为诱发因素，它必须在直接原因（如局部负担量过大，技术动作发生错误等）的同时作用下，才可成为致伤的因素。

1．各项运动技术的特点

由于各项运动项目都有自己的技术特点，人体各部位的负担量不尽相同，因此，各运动项目都会导致人体的易伤部位。例如网球运动易使锻炼者造成“网球肘”，长跑运动会导致锻炼者膝外侧疼痛症候群等等。

2．解剖生理学特点

某些组织所处的特殊解剖位置在运动中易与周围组织发生摩擦和挤压，如肩袖。运动中由于相互间力学关系的改变，可导致负荷最大的组织发生损伤，如踝背伸60～70°角发力跖屈时，跟腱处于极度紧张状态，但胫后肌及腓骨肌则比较松弛，若突然用力踏跳，可发生跟腱断裂等。

综上所述，由于各项运动都有其自身的特殊技术要求，加之解剖生理学的特点，在直接原因的作用下，各项运动中所发生的运动损伤都具有一定的特点和规律，了解这些特点和规律，对于预防、诊断和治疗运动损伤有着重要的意义。

三、运动损伤的预防原则

一般来说，在体育锻炼中运动损伤的预防应做好以下几个方面的工作。

（一）思想重视，遵循原则，全面锻炼

要从思想上对运动损伤的预防给予重视，并遵守体育锻炼的一般原则，同时，要加强身体的全面锻炼，提高机体对运动的适应能力。

（二）调节身体处于良好的运动状态

1. 锻炼前应做好充分的准备活动

准备活动不但能使基础体温升高、肌肉深部的血液循环增加、肌肉的应激性提高和关节柔软性增强等，还能减少锻炼前的紧张感和压力感，从心理上做好准备，这在很大程度上可以预防损伤的发生。

2. 锻炼后应注意放松活动

放松活动是指在锻炼后通过放松方法使体温、心率、呼吸、肌肉的应激反应恢复到锻炼前的正常水平。

从预防损伤的角度来看，放松活动同锻炼前的准备活动一样重要。根据不同的运动项目进行针对性的放松，可以防止锻炼后出现的肌肉酸痛，这有助于解除精神压力。

3. 自我保护

锻炼者除了认真做好准备活动和放松活动外，还应了解和懂得初步处理锻炼后肌肉酸痛、关节不适的方法。肌肉酸痛的早期可做温水浴、物理疗法或自然按摩。如果疼痛继续或者加重，应去医疗机构进行诊断治疗。同时锻炼中应密切注意自己的身体反应，及早发现运动损伤的早期症状，以便于早发现、早治疗、早康复。

（三）创造锻炼的安全环境

体育器具、设备、场地等在锻炼前都应进行严格的安全检查。例如，参加网球锻炼时球拍的重量、拍柄的粗细、网线的弹力应该适合锻炼者个人的情况；女性的项链、耳环等锐利物品在锻炼时应暂时不佩戴；锻炼者应根据运动的项目、脚的大小、足弓的高低选择一双弹性好的运动鞋。

（四）注意科学锻炼

科学锻炼包括五大要素，即全面性、渐进性、个别性、反复性、意识性，前三个要素对预防损伤较为重要。

全面性，指锻炼者应对体能进行全面训练，而不是单纯针对某一特定动作的反复练习。

渐进性，指锻炼者应逐步提高运动负荷和增加锻炼时间，以防机体一时不能适应而导致运动损伤。

个别性，指锻炼必须因人而异。性别、年龄、体力、技术熟练程度不同，活动量和方法也应不同。

（五）加强易伤部位训练

加强易伤部位和相对较弱部位的训练，提高它们的功能，是预防运动损伤的一种积极手段。例如，为了预防腰部损伤，应加强腰腹肌的训练，提高腰腹肌的力量，并增强其协调性和拮抗的平衡性。

四、常见的运动损伤

（一）肌肉拉伤

1．肌肉拉伤的发生机制与分级

肌肉拉伤有许多种，可分成主动拉伤和被动拉伤两种。前者是由于肌肉做主动的猛烈收缩时，其力量超过了肌肉本身所能承担的能力；后者主要是肌肉用力牵伸时超过了肌肉本身特有的伸展程度，从而引起拉伤。肌肉拉伤可能会从肌纤维的微小分离到肌纤维的完全断裂，临床上一般可分为三级。

一度：只有少数的肌纤维被拉长和撕裂，而周围的筋膜完好无损，纤维的断裂只在显微镜下能见到。运动时感到疼痛，但仍可以进行运动。

二度：有较多数量的肌纤维断裂，筋膜可能亦有撕裂，锻炼者可能感到“啪”的一声拉断的感觉。常可摸到肌肉与肌腱连接处略有缺失和下陷。在撕裂处周围由于出血，血肿可能发生。

三度：肌肉完全被撕裂。撕裂处可能在肌腹、肌腱或者在肌腱与骨的连接点上。锻炼者基本上不能再活动。受伤后首先产生剧烈的疼痛，但疼痛会很快消退，因为此时神经纤维也被损伤了，这时一般需要外科手术的治疗。

2．肌肉拉伤的预防

肌肉拉伤的预防，主要是针对发生的原因进行的。例如，大强度运动前要做好准备活动，尤其是易拉伤部位的准备活动；体质较弱者练习时要量力而行，防止过度疲劳和负荷太重；要提高动作技能的协调性，不要用力过猛；改善锻炼条件，注意练习场所的温度。冬季在野外锻炼时要注意保暖，不可穿得太薄；要注意观察肌肉的反应，如肌肉的硬度、韧性、弹力、疲劳程度等。肌肉拉伤后重新参加锻炼时要循序渐进，切勿操之过急，并要加强局部保护，防止再度拉伤。

3．肌肉拉伤的治疗

肌肉抗阻力试验是检查肌肉拉伤的一种简便方法。其做法是患者作受伤肌肉的主动收缩活动，检查者对该活动施加一定阻力，在对抗过程中出现疼痛的部位，即为拉伤肌肉的损伤处。

肌肉拉伤的治疗要根据具体情况而定。少量肌纤维断裂者，应立即给予冷敷，局部加压包扎，并抬高患肢，外敷中草药。肌肉大部分或完全断裂者，在加压包扎后立即去医院进行手术缝合。

4．常见的几种肌肉拉伤

（1）股四头肌：股直肌是四头肌中跨越两个关节的肌肉，是四头肌中常被拉伤的肌肉。常在跳跃或劲踢时，因突然偏心收缩而引起拉伤，拉伤者可感到大腿前部有撕裂并发生局部肿胀与压痛。

（2）腘绳肌：该组肌肉（即半腱半膜与股二头肌）亦是跨越两个关节。当快跑与劲踢时，小腿于减速时易发生偏心拉伤。短跑、足球运动员与关节较紧张者三条腘绳肌均有可能损伤，其中以股二头肌常见。

（3）腓肠肌：拉伤或断裂多发于内侧头，锻炼者会感到小腿“啪”一声或像被人打了一下。

（4）内收肌群：常在足球运动中由于用力内收而引起短内收肌、股薄肌、缝匠肌和髂腰肌等拉伤，可在大腿上部内侧摸到肿块。

（5）肩袖：是由肩胛下肌、冈上肌、冈下肌及小圆肌等四块肌肉组成。肩袖拉伤多见于棒球、排球、网球运动中。肩袖拉伤者常发生持续肩痛或肩脱位现象。拉伤多位于远侧肌腱或肌与腱的连接处，尤以冈上肌拉伤为多见。发生后常经久不愈，影响继续锻炼。

（6）锻炼引起的肌肉酸痛：锻炼者常没有急性拉伤史，主要是一段时间不适应强度较大的锻炼，或一次锻炼时间过长而感到某群肌肉酸痛。有时酸痛是在运动后即刻产生，这多是由于激烈运动引起肌肉内液体堆积物升高，再加上肌纤维的微细损伤所致；有时酸痛是在一次长时间大强度运动后20～48小时内发生，24～72小时内达到顶点，5～7天后基本消失，被称为延迟性肌肉酸痛。现今的研究结论是延迟性肌肉酸痛主要是由肌纤维或结缔组织断裂所致，这种损伤会引起肌肉水肿和疼痛。

（二）肌肉挫伤

1．肌肉挫伤的发生机制与分级

肌肉挫伤是足球、橄榄球运动中最常见的损伤。伤后引起疼痛与暂时性功能丧失，需要较长时间康复治疗。典型挫伤发生于下肢，最常见的是股四头肌与胫前肌。

病理上肌肉挫伤的早期组织变化为血肿形成与炎症反应，与肌肉拉伤不同的是，其以后由致密结缔组织的疤痕取代血肿，疤痕中没有肌纤维再生。严重肌肉挫伤可引起骨化性肌炎并发症。局部疼痛与僵硬是骨化性肌炎最常见的症状，患者有时可触及肿块。临床挫伤分级如下：

一度（轻度）挫伤：局部压痛，膝关节活动度在90°以上，无步态改变。

二度（中度）挫伤：压痛较重并有肿块，膝关节活动小于90°，受伤者有跛行，不能深度屈曲膝关节。

三度（重度）挫伤：有严重肿胀与压痛，膝关节活动小于45°，在没有帮助下受伤者不能行走。

2．肌肉挫伤的预防

肌肉挫伤往往在接触性的运动（如橄榄球、棒球、足球或篮球运动等）中发生，因此，可以通过穿戴保护设备来预防肌肉挫伤，如从事足球运动时可戴护腿板等。另外，锻炼前应做好充分的准备活动；练习时不要用力过猛，以防超过肌肉、关节、韧带的负荷限度。

3．肌肉挫伤的治疗

肌肉挫伤发生后要马上停止锻炼，根据情况及时处理。如果皮肤出血，先用酒精或碘酒将伤口消毒，然后撒些磺胺结晶粉（外用消炎粉），用干净纱布包扎起来。如果受伤部位红肿疼痛，可先用冰或冷水毛巾冷敷局部，防止继续出血，24～48小时后改用热毛巾敷在局部，以活血、消肿、止疼；也可对受伤部位进行按摩，有条件的还可在受伤处涂上酒精或松节油。

经过治疗伤势减轻以后，要及时活动受伤的关节或肌肉，借以恢复功能，如慢慢练习走路、下蹲、弯腰、举胳膊等，以免以后伤好后关节活动不灵，甚至肌肉发生萎缩。

（三）韧带损伤

1．韧带损伤的发生机制和分级

韧带损伤是指用力过大、过度牵伸而导致不同程度的韧带纤维或其附着处的断裂。韧带附着在邻近骨端上，用以连结两骨，其深面与骨端间附有滑膜组织。韧带有较强的抗张能力，它保护关节在正常范围内活动，防止关节出现异常活动。如果外力使关节异常活动超越韧带所能承受的范围，就会发生韧带损伤。韧带损伤多发生在受力较强而组织较脆弱的部位，其损伤的程度则取决于所受到作用力的强弱与时间的长短。如果所受外力较小，作用时间较短，往往没有明显的功能丧失，因为只有少量韧带纤维断裂，即所谓的韧带扭伤；如果损伤程度较重，则有更多的韧带纤维断裂，表现为一定的功能丧失；如果损伤严重，则韧带完全断裂，该韧带的功能丧失，关节的稳定性会受到影响。韧带损伤时一般都有局部水肿，严重时有明显的出血、血肿形成。韧带损伤愈合较慢，且不完全，如得不到积极治疗，韧带会被拉长或松弛，丧失正常的韧带张力，并容易引起再度损伤，造成关节不稳定而导致关节的退行性病变或创伤性关节炎。临床上，韧带损伤分为三级：

一度（轻度）损伤：韧带只有小部分被拉长或拉断，会产生轻微的疼痛和局部水肿，关节有较小的不稳定性，没有明显的功能丧失。（图1-1A）

二度（中度）损伤：大量的韧带纤维被撕裂和分离，有一定程度的功能丧失，关节存在中等不稳定性，有明显的疼痛、水肿，可能发生肌肉僵硬。（图1-1B）

三度（重度）损伤：韧带完全撕裂和分离，并完全丧失其功能，引起关节的极

大不稳定性，由于神经可能受损，疼痛很快会消失，有严重的水肿。（图1-1C、D）

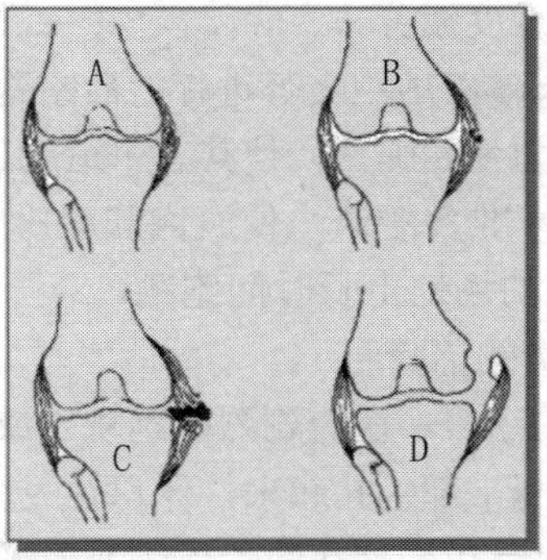

图1-1　韧带损伤分级

2．韧带损伤的预防

韧带损伤易发生的部位是踝关节、腕关节和膝关节，所以锻炼时可在这些部位加一些支持保护带。例如，在足球运动中运用护膝，在篮球、网球运动时运用护腕；避免在不平整的场地上锻炼；减少篮球、足球运动中的一些冲撞动作；平常多做加强关节周围肌肉伸展性的练习，以增大肌肉对关节的支持力。

3．韧带损伤的治疗

对于轻度韧带损伤，治疗方法主要是止痛与加快消肿。韧带损伤发生后，应进行局部冷敷、加压包扎、抬高伤肢。24～48小时后对伤部周围热敷或按摩；中度损伤的治疗关键是制动，使韧带处在避免牵拉的位置，以便加速愈合，可用弹性绷带固定受伤处；对于重度损伤，则应在损伤早期将韧带断端进行良好的对合。

（四）胫腓骨疲劳性骨膜炎

1．胫腓骨疲劳性骨膜炎的发生机制与症状

胫腓骨疲劳性骨膜炎的发生原因是跑跳的时间过长，小腿肌肉在胫腓骨的附着点受到过分的牵拉，刺激骨膜引起的非细菌性的炎症。初参加体育锻炼的人其发病率较高，因为初参加锻炼的人，下肢的肌肉还不发达，缺乏弹性，跑跳时不能协调地收缩和放松，脚落地时，也不会利用缓冲力量，致使骨膜反复受到牵拉。另外，天气较冷时，没有做好充分的准备活动，腿部的肌肉、肌腱比较僵硬，以及在硬地上跑跳时间过长，都容易引起这种损伤。

胫腓骨疲劳性骨膜炎多在剧烈跑跳后十几天发生，有时也发生在坚硬的场地上练习脚尖跑、变速跑、跨步跑、后蹬跑以及上下坡跑等场合。

胫腓骨疲劳性骨膜炎的具体症状是：疼痛、压痛、骨膜下水肿等。

2．胫腓骨疲劳性骨膜炎的预防

对以下三个方面予以关注将有助于预防胫腓骨疲劳性骨膜炎的发生。

（1）初参加体育锻炼的人特别是在练习跑跳时，要遵循循序渐进的原则，不要突然加大运动量，更要防止过度疲劳。

（2）脚尖着地跑要和脚掌着地跑交替进行，后蹬跑和上下坡跑要练习一会儿休息一会儿，增强下肢肌肉的力量和弹性，使其有个适应过程。

（3）剧烈跑跳前要做好准备活动，使肌肉和肌腱充分活动开。脚着地时注意利用缓冲力，更不要在坚硬的场地上长时间跑跳。

3．胫腓骨疲劳性骨膜炎的治疗

（1）要停止大运动量的练习，避免剧烈的跑跳，或每天用40～50℃的温水浸泡患处半小时，并用绷带将小腿下部包扎起来，休息几天就会好转。

（2）要用热水袋或热水毛巾局部热敷，促进血液循环，加快渗出物的吸收。

（3）病情严重的要完全休息，待彻底治愈后再进行锻炼。

（五）腰扭伤

1．腰扭伤的发生机制与症状

腰扭伤在举重、跳水、投掷、体操、篮球、排球等运动中最容易发生。人体腰部的正中有一条脊梁骨，是由5个脊椎骨连起来的，叫作腰椎。连接腰椎骨的有很多条韧带和细小的肌肉，人向前后左右弯腰以及腰部的伸长、缩短，都靠这些肌肉收缩来牵动。肌肉收缩虽有一定的伸展力和弹性，但也不能突然超过限度。有些体育活动腰部最吃力，如果腰部的肌肉还没活动开就猛一用力，肌肉和韧带伸过了劲，就容易撕开和拉伤，造成腰扭伤。

2．腰扭伤的预防

（1）在剧烈运动前要做好充分的准备活动，特别是要做好腰部的准备活动，如前后弯腰、左右转身、上跳下蹲等，待腰部的血液流通、局部发热后再参加剧烈活动。

（2）要注意体育活动时的姿势正确，用力得当。不管从事哪一项体育活动，都要掌握一定的动作要领。腰部用力要逐渐加强，动作要协调平衡，不要过猛。

（3）加强腰部肌肉的锻炼，尤其是以腰部活动为主的练习项目，能够使脊椎骨的活动度增加，韧带的弹性和伸展性增强，肌肉更加发达有力，即使在担负较大力量的情况下，也不容易发生撕裂扭伤现象。

3．腰扭伤的治疗

发生腰扭伤后，要停止活动，立即休息。如果不休息、不及时治疗，容易反复发作留下病根，变成慢性腰腿痛。躺在床上休息时，为了使腰部的肌肉放松，腰下可垫个薄点的软枕头，以减轻疼痛。腰扭伤后，用热敷疗法较好。并注意适当加强背肌练习，也可去医院接受治疗。

（六）骨　折

1．骨折的发生机制与症状

骨折可分为完全性骨折（骨完全断裂为两块，如横断骨折、螺旋骨折）和不完全性骨折（骨未完全断裂，如裂缝骨折、柳枝骨折）。锻炼时发生骨折的原因如下。

（1）直接暴力。如踢足球时小腿被踢伤发生的胫骨骨折，跪倒在地面引起的髌骨骨折。

（2）间接暴力。如自单杠上摔下，用手扶地时发生的肱骨髁上骨折，足球守门员扑球时摔倒引起的锁骨骨折等。

（3）牵拉力。因肌肉强烈收缩时引起，如举重时提起杠铃突然进行翻腕动作，前臂屈肌附着在肱骨内上髁处可因肌肉突然收缩而产生的撕脱骨折。

（4）积累性暴力。因劳损的积累导致疲劳性骨折（如胫骨疲劳性骨折）。

骨折后的症状一般都比较严重，主要表现为疼痛、肿胀、皮下瘀血、功能丧失、出现畸形和假关节、有压痛和震痛感等。

2．骨折的预防

在剧烈运动中，尽量减少冲撞性的动作，尤其是作用时间短、强度大的动作是骨折发生的最危险因素。比如足球运动中腿部受到冲撞，胫腓骨极易发生骨折。进行体操动作练习时腕部舟状骨骨折容易发生。总之，避免剧烈运动中的碰撞，骨折的发生率将大大降低。

3．骨折的治疗

骨折发生后要立即停止伤肢的活动，并进行急救。如果病人有休克的症状，要平躺休息，喝些热茶水，然后进行包扎。固定包扎时，动作要轻巧、缓慢，不要乱拉乱拖，以免造成严重的错位，影响整复。包扎固定后，应去医院接受进一步的治疗。

（七）肌肉痉挛

1．肌肉痉挛的发生机制与症状

肌肉痉挛，俗称抽筋，是肌肉持续不自主的强直收缩。在体育运动中最易发生痉挛的肌肉是小腿腓肠肌，其次是足底的屈拇肌和屈趾肌。发生肌肉痉挛原因有几点。

（1）体育活动中大量排汗使体内电解质丢失。这些电解质在人体内的浓度水平与肌肉神经的兴奋性有关，当丢失过多时肌肉兴奋性增高，肌肉易发生痉挛。这种情况多见于天气炎热或进行长时间剧烈活动时。

（2）运动时，由于肌肉快速地连续收缩，放松的时间太短，导致肌肉收缩与放松的协调关系遭到破坏，从而发生肌肉痉挛。

（3）在寒冷的环境中若未做准备活动或准备活动不充分就进行体育活动，肌肉会受到寒冷的刺激而引起肌肉痉挛。

（4）局部肌肉疲劳或有微细损伤时，也可引起肌肉痉挛。肌肉发生痉挛时，局部肌肉坚硬或隆起，剧烈疼痛，且一时不易缓解。

2．肌肉痉挛的预防

为了预防肌肉痉挛，锻炼前做充分的准备活动，对容易发生痉挛的肌肉可事先做适当按摩。冬季户外锻炼要注意保暖。夏季锻炼时要注意适当补充淡盐水及维生素B_1等。此外，疲劳和饥饿时，最好不要进行锻炼。

3．肌肉痉挛的治疗

常用方法是牵引痉挛肌肉，使它伸长和松弛。用力要缓慢而持续，不可使用暴力。痉挛缓解后应适当按摩肌肉，如重推、揉、揉捏、按压，以促使痉挛解除。例如腓肠肌痉挛时，先让患者平坐或仰卧，伸直膝关节，牵引者双手握住患者足部并抵于牵引者的腹部，利用牵引者躯干前倾的适度力量，将患者的脚掌和脚趾缓慢地向上扳；若屈拇肌、屈趾肌痉挛，用力将脚趾向上扳，但切忌使用暴力。

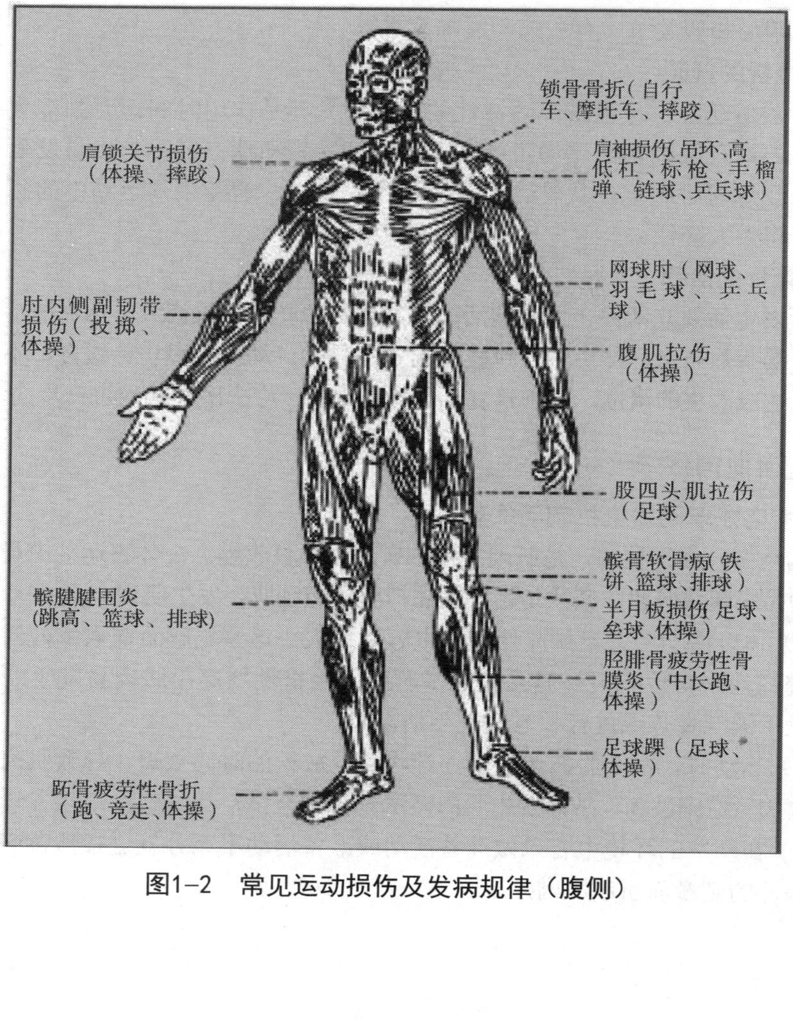

图1–2　常见运动损伤及发病规律（腹侧）

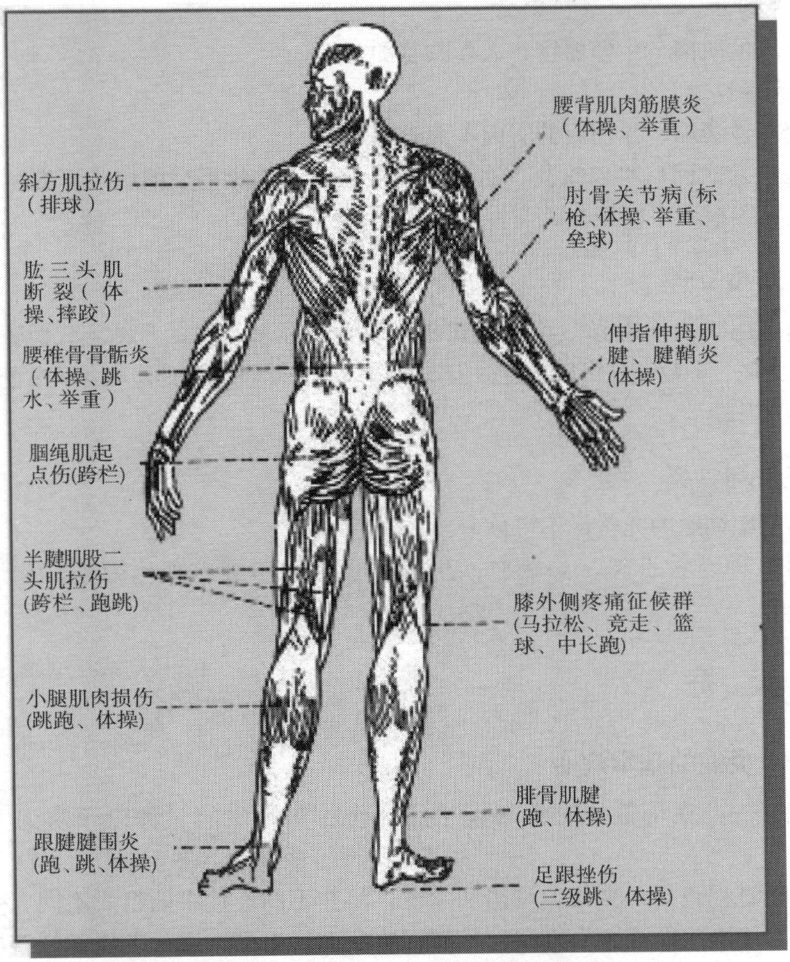

图1-3　常见运动损伤及发病规律（背侧）

第二节　组织损伤的病理学简介

一、组织损伤的形态变化

（一）萎　缩

定义——可有细胞数目的减少，代谢减弱，功能降低。

1．生理性

老年人的肌肉、生殖器官、人体胸腺的萎缩。

2．病理性

如废用性萎缩、损伤后的肌肉萎缩等等。

有些消除病因后可以恢复，有些则不能恢复，如骨折后的肌肉萎缩可恢复，而韧带断裂后萎缩则不能恢复。

（二）变　性

细胞或组织内出现异常物质或正常物质数量显著增多，是细胞代谢障碍引起的一类形态变化。多数变性可以恢复，但如果病因不去除可致坏死，如各关节的过用性损伤及肌肉劳损。

（三）坏　死

局部组织细胞的死亡，不可恢复。

可由多种因素引起，如缺血；生物因素，如感染；理化因素，如烧伤、腐蚀、撞击等。

二、炎　症

（一）炎症的基本病变

定义——炎症是机体对致病因子的损伤作用产生的一种以预防为主的病理过程。

其病理过程包括：变质、渗出和增生，但在不同炎症中的组成不同。变质：变性、坏死。渗出：血液、白细胞、巨噬细胞从血管出来，进入炎症部位并参与炎症反应。增生：局部的纤维母细胞、结缔组织、毛细血管内皮、淋巴细胞的增生。

（二）炎症的局部表现和全身反应

1．局部反应

红：动脉充血。

肿：充血、炎症渗出、增生。

热：局部血流增多、代谢旺盛。

痛：化学物质刺激及局部神经末梢受压迫、牵拉。

功能障碍：疼痛、肿胀。

2．全身反应

发热、白细胞数目改变等。

（三）炎症的分类

炎症反应按病程可分为：

1．急　性

病程短、局部以变质，渗出为主。

2．慢　性

病程长、局部以增生为主。

亚急性：介于前两者之间。

三、组织的修复与再生

（一）组织再生能力

再生能力强的组织：小血管、骨骼等。

再生能力弱的组织：神经、韧带等。

再生：由邻近的健康细胞分裂增生来完成修复的过程。

完全再生：再生组织的结构、功能与原来完全一样。如：血管、上皮、骨。

不完全再生：即瘢痕修复。如：肌肉、韧带损伤后的再生。

不再生：软骨。

（二）骨折的愈合

1．血肿形成期

出血，炎症：白细胞渗出清除坏死组织。

2．纤维性骨痂期

1～2天后，骨母细胞、纤维母细胞、毛细血管组成肉芽组织向血凝块中长入，逐渐将其取代，形成纤维性骨痂，将骨折断端连接起来。需2～3周。

3．骨性骨痂期

骨母细胞分泌大量骨基质，沉积于细胞间，将纤维性骨痂骨化，形成骨性骨痂。需4～8周。

4．骨痂改建期

多余的骨痂被吸收，骨小梁排列方向的改造过程，骨髓腔重新开放。约需半年左右。

第三节　运动损伤的急救

一、休克和休克的现场处理

休克的概念：人体受到有害因素作用而发生的循环功能不全综合症。其主要原理是微循环灌流不足而引起的全身组织、器官缺氧，功能障碍。

（一）原　因

1. 创伤性休克：剧烈疼痛，如骨折、脊髓损伤、睾丸挫伤。
2. 失血性休克：内脏器官的破裂、骨折伴随大血管破裂。
3. 心源性休克：心脏功能衰竭。
4. 中毒性休克：细菌毒素。
5. 过敏性休克：药物。

休克原理（以出血性休克为例）：损伤引起出血；心脏代偿（心跳心肌收缩力）；失血增加，心脏逐渐衰弱；心脏负荷增加，呼吸增快；维持生命器官的血液供应，周围循环血量下降；缺血缺氧（细胞坏死）；中枢神经调节；血液流向周围组织；维持生命器官的血流量下降；心率更快，更多的血液丢失；全身重要器官的功能下降；意识丧失、呼吸心跳停止；死亡。

（二）征　象

大脑缺氧——虚弱、表情淡漠、反应迟钝、面色苍白或紫绀；血液循环障碍——四肢厥冷、脉搏细弱、血压下降、尿量减少；昏迷、死亡；收缩压往往低于80mmHg，脉压差＜20mmHg。

（三）急　救

1. 安静平卧或头高脚低（有呼吸困难者不宜采用），保暖，但是不能过热。
2. 保持呼吸道通畅，必要时可将舌头牵出口外。
3. 有骨折、出血者，先处理骨折和出血。
4. 及时止痛。
5. 吸氧，人工呼吸，胸外挤压，点按急救穴位。
6. 尽快送医院处理。

二、出血与止血

（一）分　类

1．根据受伤血管分类

（1）动脉出血：鲜红、喷射状、失血快、危险大。

（2）静脉出血：暗红、连续、失血较快。

（3）毛细血管出血：血色红、渗出、失血慢。

2．根据出血的流向分类

（1）外出血：流到体外。

（2）内出血：流到体腔、管腔，组织内。

（二）止血法

1．抬高伤肢法：降低血管压力。

2．加压包扎法：敷上消毒敷料后，用绷带包扎。

3．加垫屈肢法：用于肢体远端的出血，人体的动脉多在关节的屈侧通过关节。

4．间接指压法：（1）头部出血：颞浅动脉。（2）面部出血：面动脉。（3）上肢出血：锁骨下动脉；肱动脉；指动脉。（4）下肢出血：股动脉；胫前、胫后动脉。

三、骨折及骨折临时固定

骨折：骨骼的完整性遭到破坏即为骨折。

（一）骨折的种类

1．闭合性骨折：皮肤黏膜完整，骨折断端与外界不相通。

2．开放性骨折：骨折断端与外界相通。

3．复杂性骨折：骨折断端损伤了其他主要组织或器官。

（二）骨折的原因

1．直接暴力：胫骨、腓骨的踢伤。

2．间接暴力：前臂骨折、锁骨骨折。

3．强烈的肌肉收缩：腕屈肌止点。

4．应力性骨折：疲劳性骨折。

（三）征　象

1．疼痛。

2．肿胀及皮下瘀血。

3．功能丧失：失去杠杆和支撑作用。

4．畸形：成角、变短、旋转。

5．压痛、震痛（纵向叩击痛）。

6．假关节活动及骨擦音。

7．X线基本可以确诊。

（四）骨折的临时固定

1．目　的

骨折的临时固定在于限制骨折断端的活动，避免断端损伤周围组织及血管，避免骨折的错位，便于送医院处理。

2．固定的原则和方法

（1）不要无故移动肢体，特别是脊柱骨折。

（2）有伤口或出血者，先处理伤口、出血及休克。

（3）禁用裸板固定肢体，夹板的长度要超过上、下两个关节。

（4）开放性骨折，未经处理，不可放回伤口内。

（5）固定的顺序为：先固定骨折的上下部位，再固定上下两端的关节。

（6）固定必须露出肢体末端，观察肢体远端的循环状况。

（7）固定时的松紧度以固定的绷带能够上下移动1cm为宜，固定时不要把结打在骨折部位。

（8）注意固定后伤肢的保暖。

四、人工呼吸和胸外心脏按压

用途：用于意外引起的突然呼吸、心跳停止，如室颤、创伤、窒息、中毒、触电、溺水等。

目的：在于维持、恢复自主的呼吸和血液循环。

（一）步骤和方法

1．检查意识及生命状态（意识、呼吸、循环及死亡的判断）。

2．寻求帮助。

3．调整体位。

4．进行心肺复苏。

A——打开气道（Airway）

B——口对口人工呼吸（Breathing）

C——胸外挤压（Circulation）

（二）人工呼吸和胸外心脏按压

1. 人工呼吸

（1）体位：头后仰、抬其下颌，打开气道。

（2）频率：16～18次/分。

2. 胸外心脏按压

通过按压胸骨下端而间接地压迫心脏，以维持血液循环。

（1）体位：仰卧于较硬的地面上。

（2）操作：①按压位置：胸骨下1/2的位置；②用力方式：双手掌根重叠，十指相扣，手心翘起，手指离开胸壁。双肘伸直垂直下压，胸骨下压深度4～5cm；③频率：80～100次/分

（三）人工呼吸和胸外心脏按压的配合

1. 一人抢救

2次口对口人工呼吸，然后检查有无呼吸，如没有呼吸就进行胸外心脏按压15次，再进行口对口人工呼吸2次，反复进行。每2～3分钟检查一次呼吸。胸外心脏按压和人工呼吸的配合为15∶2。

2. 两人抢救

一人做人工呼吸，另一人做胸外心脏按压，以1∶5的比例进行。

第四节　运动损伤的一般处理

一、急性闭合性软组织损伤的病理变化、处理原则与方法

（一）早期：指伤后24～72小时以内

1. 病理学的变化

当软组织损伤（扭伤、拉伤或挫伤）发生时，会出现细胞和软组织结构破裂、肿胀和血管损伤。破损组织内和周围区域瘀血引起链锁的炎症反应，表现为疼痛、肿胀、发红和局部温度上升，并出现水肿和渗出物堆积。在肌肉肌腱损伤中，会发生肌丝破坏和在2个小时之内外周肌纤维收缩。水肿和缺氧会导致前24小时之内细胞破坏和死亡，从遭破坏细胞中释放出的蛋白质破碎产物会导致进一步水肿、组织缺氧和细胞死亡。

2. 处理原则

根据这阶段的病理学的变化，其处理原则是：制动、止血、防肿、镇痛、减轻炎症、防止运动员进一步受伤。

3．处理方法

本阶段使用的最重要的物理治疗方式是低温疗法（冰疗），通常结合有休息、加压和架高，这种组合常被称为R. I. C. E. 治疗。它能帮助降低组织温度、减少血流和肿胀、促进血管收缩、减轻疼痛和痉挛。

R=休息（Rest）

I=冰疗（Ice）

C=加压（Compression）

E=抬高肢体（Elevation）

（二）中期：2～3天至几周

1．病理变化

在此阶段肉芽组织开始萌生，毛细血管为受伤部位带来营养，并清除坏死的组织。成纤维细胞开始合成瘢痕组织。胶原约在4天左右出现，但其纤维组织无规则且不成熟。随着这个过程的继续，成纤维细胞数量开始减少，但却出现更多的胶原，其边缘区域也在缩小，发生组织结构重建和再生。

2．处理原则

改善伤部的血液和淋巴循环、促进组织的新陈代谢、促进瘀血及渗出物的吸收、加速再生与修复。

3．处理方法

理疗和体疗练习。

（1）物理治疗方式（理疗）

热疗已被证明可增加温度、血流和软组织的伸展性。可采用热敷法、发热灯、热水疗法和石蜡浸泡、超声和短波透热法。

电刺激是另一种有用方式。由于患者可能仍有痛感和关节肿胀，运动单位的激活可能会少于正常数量。电刺激可以加强练习中运动单位的募集，并有利于肌肉训练。

（2）体疗练习

① 伸展或柔韧性练习

练习的类型取决于其目的，例如，对正常活动范围的恢复需要伸展或柔韧性练习。应优先恢复柔韧性，因为之后的力量和有氧体能练习会依赖于在此之前达到的充分关节活动范围。

② 肌肉力量练习

肌肉动作可分为静力（等长）和动力（等动和等张）性两种，这在不同的临床情况下都有用途。动力性肌肉练习，可进一步分为向心和离心两种，二者都可用于机能、素质训练。力量素质练习采用的方法或设备包括：无关节动作（静力训练）、不同关节角度下的最大力量随意收缩、随意收缩过程中的电刺激、重力负荷（体疗师或训练者施加阻力、自由重量）等。

③ 有氧能力训练

种类：蹬车（定位）、水中练习、游泳和划船可提高有氧能力和促进关节完全动作范围的恢复。

强度：（最大心率的60%～80%）、持续时间（能够忍受的20～60分钟）和频度（每星期3～5次）。

二、慢性闭合性软组织损伤的病理变化、处理原则与方法

（一）病理变化

局部血液循环差，代谢水平低，组织出现退行性变性，表现为增生或萎缩。

（二）处理原则

主要是改善伤部血液循环，促进组织的新陈代谢，合理安排局部负担量。

（三）处理方法

与急性闭合性软组织损伤的中、后两期大致相同，但功能锻炼要与医疗紧密结合。

三、封闭疗法

封闭疗法，即用1%～2%盐酸普鲁卡因与肾上腺皮质激素类药物合用，在闭合性软组织损伤的早期和中期，作痛点局部注射。

（一）作　用

盐酸普鲁卡因有麻醉止痛和促进病变组织代谢的作用。肾上腺皮质激素类药物（醋酸氢化可的松和强的松龙）有维持毛细血管的正常渗透性，减少渗出液，防止水肿，有抗创伤性炎症的作用，并能抑制结缔组织增生，减少瘢痕形成。

（二）适应症

腱鞘炎、滑囊炎、肌肉拉伤、创伤性肌腱炎、慢性创伤性关节炎。

（三）禁忌症

骨折、化脓性炎症、急性损伤有组织断裂、出血和水肿严重者。

（四）用　法

用时将药液抽出，加4倍左右的1%～2%盐酸普鲁卡因，混合后作伤部痛点注射。

用量根据损伤种类和部位不同而异，一般用量为5～10ml。每周注射1次，一个部位注射次数不宜超过3～5次。使用过多，不仅影响组织修复，而且还可使组织的韧度降低，易于断裂。

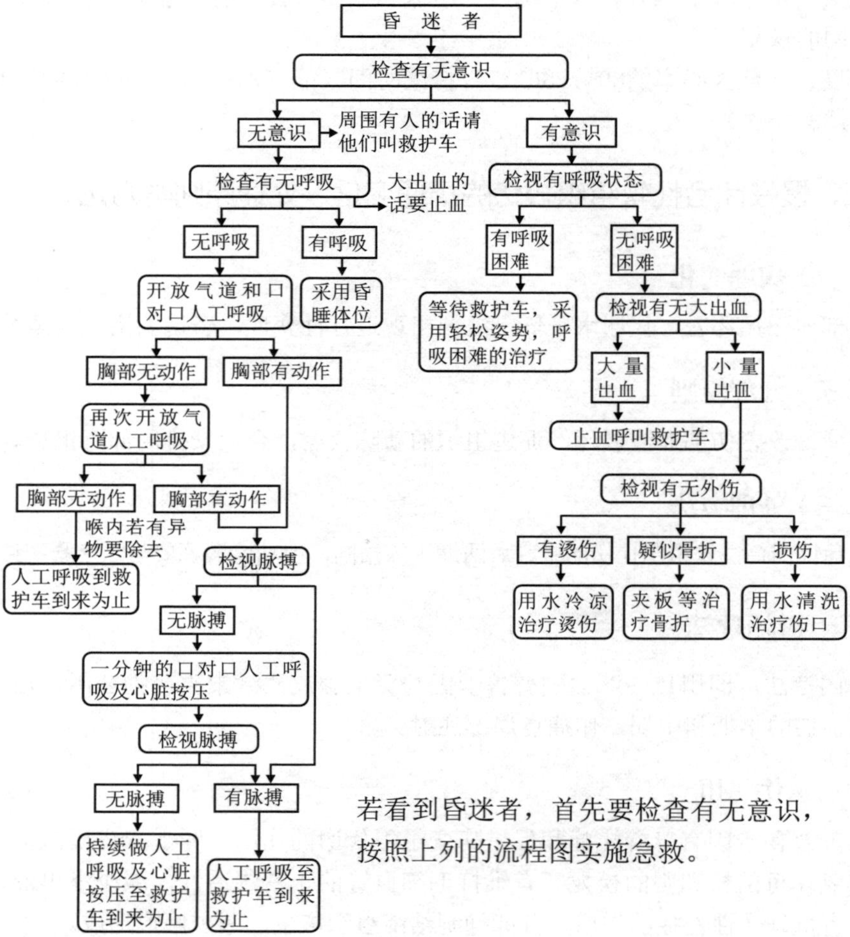

图1—4　损伤急救的处理顺序

第二章　上肢运动损伤

第一节　肩部运动损伤

一、肩关节解剖结构

肩关节（图2-1）是典型的球窝关节，由肱骨头与肩胛骨关节盂构成。关节盂浅而小，虽然关节盂周缘有纤维软骨构成的盂唇，使之略为加深，但它仍仅容纳肱骨头的1/4～1/3，因此，肩关节的运动幅度较大。

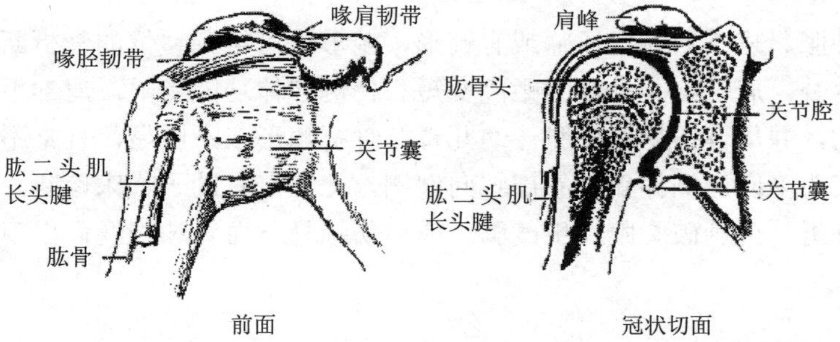

图2-1　肩关节

关节囊薄而松弛，其肩胛骨端附着于关节盂周缘，肱骨端附着于肱骨解剖颈，其内侧可达外科颈。在某些部位，滑膜层可形成滑液鞘或滑膜囊，以利于肌腱的活动，肱二头肌长头起于盂上结节，行于关节囊内，经结节间沟走出关节囊外，其在关节囊内的一段被滑膜包绕，形成结节间滑液鞘。

关节囊韧带少而弱，囊的上壁有喙肱韧带，连接喙突至肱骨大结节，部分纤维编织于关节囊的纤维层，囊的前壁和后壁，也有许多肌腱的纤维编入关节囊的纤维层，以增加关节的稳固性，囊的下壁没有肌腱和韧带加强，最为薄弱，故肩关节脱位时，肱骨头常从下壁脱出，发生前下方脱位。

肩关节为全身最灵活的关节，属球窝关节，可作三轴性运动：即冠状轴上的屈、伸，矢状轴上的收、展，垂直轴上的旋内、旋外及环转运动。臂外展超过40～60°继续抬高至180°时，常伴随着胸锁与肩锁关节的运动及肩胛骨的旋转运动。

二、锁骨骨折

锁骨呈“S”形架于胸骨柄与肩峰之间，是连接上肢与躯干之间的唯一骨性支架。锁骨位于皮下，表浅，受外力作用时易发生骨折，发生率占全身骨折的5%～10%。多发生在儿童及青壮年。

（一）病因病理

间接暴力造成骨折多见，如跌倒时手或肘部着地，外力自前臂或肘部沿上肢向近心端冲击；肩部着地更多见，撞击锁骨外端造成骨折。间接暴力造成的骨折多为斜形或横行，其部位多见于中外1/3处。直接暴力造成骨折因着力点不同而异，多为粉碎或横行。幼儿多为青枝骨折。锁骨骨折的典型移位多表现为：近端受胸锁乳突肌牵拉向上后移位，远端因肢体重量及胸大肌牵拉向前、下、内侧移位，形成断端短缩重叠移位。

（二）临床表现

局部肿胀、皮下瘀血、压痛或有畸形，畸形处可触到移位的骨折断端，如骨折移位并有重叠，肩峰与胸骨柄间距离变短。伤侧肢体功能受限，肩部下垂，上臂贴胸不敢活动，并用健手托扶患肘。幼儿青枝骨折畸形多不明显，且常不能自诉疼痛部位，但其头多向患侧偏斜、颌部转向健侧，此特点有助于临床诊断。有时直接暴力引起的骨折，可刺破胸膜发生气胸，或损伤锁骨下血管和神经，出现相应症状和体征。

（三）诊断依据

1．有外伤史。

2．局部肿胀、压痛，锁骨可有明显移位，并触到移位的骨折断端。

3．注意有无神经、血管损伤。

4．X线摄片可确定骨折的部位及类型，锁骨骨折常发生在中段。多为横断或斜行骨折，内侧断端因受胸锁乳突肌的牵拉常向上后移位，外侧端受上肢的重力作用向内、下移位，形成凸面向上的成角、错位缩短畸形。（图2-2）

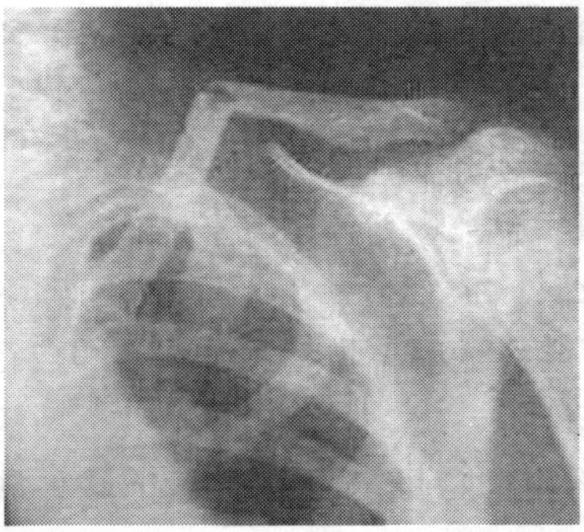

图2-2　锁骨骨折X线片

（四）治疗措施

1．悬吊患肢

青枝骨折、不全骨折或内1/3移位不大的骨折，用三角巾或颈腕吊带悬吊患肢1～2周，疼痛消失后开始功能锻炼。

2．复位固定

有移位的骨折，手法复位，“8”字形石膏固定4～5周。如患肢有麻木、疼痛、肿胀、苍白，应随时复查，将固定的石膏做必要的修整。

3．手术治疗

手术治疗指征：开放骨折；合并血管、神经损伤的骨折；有喙锁韧带断裂的锁骨外端或外1/3移位骨折；骨折不连接。内固定方法可视骨折的类型和部位等不同，选择“8”字钢丝、克氏针或钢板螺丝钉固定。

4．术后康复

骨折复位固定后，即可作肘、腕关节、手指的屈伸活动和用力握拳。中期可加做肩后伸的扩胸活动。解除固定后，可逐渐做肩关节的各种活动，重点是肩外展和旋转活动，防止肩关节因固定时间太长，而导致活动功能受限制。

三、肱骨大结节骨折

肱骨大结节骨折，大多系肩关节前脱位时并发，少数为单独发生，故对其诊断应以关节脱位角度加以注意。

（一）病因病理

肱骨大结节骨折多为直接暴力、间接暴力所致。

发病机制：根据致伤的暴力及合并伤可分为4种类型。

1．无移位的单纯肱骨大结节骨折

此种骨折多为直接暴力撞击于肱骨大结节，即当跌倒时肩部外侧着地引起骨折。骨折块很少有严重移位或无移位。

2．合并肩关节前脱位的肱骨大结节骨折

此骨折系肩关节前脱位时，大结节撞击于肩胛盂前下缘所致，因大结节与肱骨的骨膜未断裂，当肩关节前脱位整复后，肱骨大结节亦即自行复位。

3．有移位的单纯撕脱骨折

此种骨折多为间接暴力引起，即当跌倒时，上肢外展外旋着地，冈上下肌、小圆肌及肩袖突然猛力收缩牵拉肱骨大结节撕脱骨折。如为完全撕脱骨折，骨折块可缩至肱骨头的关节面以上。

4．合并肱骨外科颈骨折的大结节骨折

此种骨折多为间接暴力引起，如跌倒时手或肘部着地，暴力沿上肢向肩部冲击，可引起肱骨外科颈及大结节骨折。

（二）临床表现

1．于肩峰下方有痛感及压痛，但无明显传导叩痛。

2．肿胀由于骨折局部出血及创伤性反应引起，显示肩峰下方肿胀，活动受限。

3．关节活动受限尤以外展外旋时最为明显。

（三）诊断依据

1．外伤史多见于生活（步行滑倒居多）及交通意外。

2．临床表现以肩部的肿、痛及活动受限为主。

3．影像学检查主要是X线平片，包括正位、侧位及轴位，一般无需CT及MRI检查。

（四）治疗方法

1．无移位的肱骨大结节骨折

不需特殊处理，可用三角巾悬吊伤肢2周即可，并尽早加强伤肢功能锻炼。如合并肩关节前脱位者，肩关节整复后，大结节骨折亦复位者，可按肩关节前脱位治疗。

2．有移位的肱骨大结节骨折

如合并肱骨外科颈骨折，可按肱骨外科颈骨折复位固定处理。如肱骨大结节骨折块向上移位至肱骨头以上，影响肩关节外展功能者，必须进行骨折复位固定治疗。

（1）伤员坐位：在局部血肿内麻醉下，伤肢上臂外展90°、外旋60°、前屈40°位。

（2）并将伤肢放于外展架上，术者用拇指将冈上肌向肱骨大结节方向推压迫使骨折块复位。

（3）复位良好者用石膏条将外展架及伤肢固定4周。

如有移位的肱骨大结节骨折手法复位失败，或大结节骨折被拉至肱骨头的上方时，均应行切开复位。内固定治疗一般用肩前内侧切口，暴露肱骨小结节及结节间沟，将上臂外旋外展，并用巾钳将大结节夹住向下牵拉，使之复位，用螺丝钉固定，逐层缝合伤口，术后用外展架固定，并加强伤肢功能锻炼。

四、肱骨外科颈骨折

肱骨外科颈位于解剖颈下方2～3cm，是肱骨头松质骨和肱骨干皮质骨交界的部位，很易发生骨折。各种年龄均可发生，老年人较多。肱骨外科颈骨折X线片见图2-3。

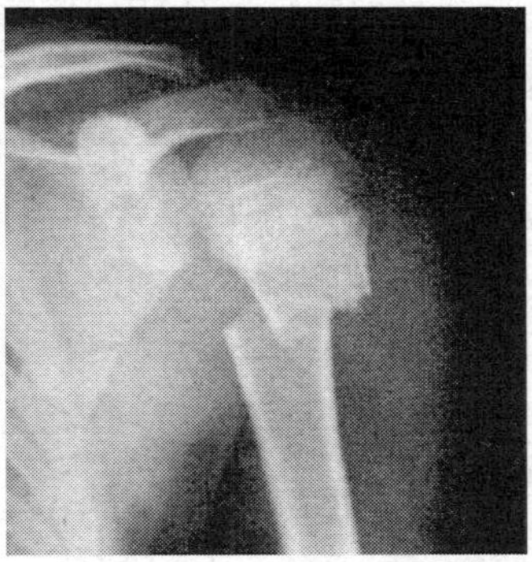

图2-3　肱骨外科颈骨折X线片

（一）病因病理

此骨折多为间接暴力所致，如跌倒时手或肘着地暴力沿肱骨干向上传导冲击引起骨折；肩部外侧直接暴力亦可引起骨折。

发病机制：同样的外力作用于肱骨近端，由于年龄因素以及骨与关节囊韧带结构的强度不同，可发生不同类型的损伤。正常的肱骨上端由较致密的网状骨松质、骨小梁构成，其强度大于关节囊及韧带。因而在青壮年肩部外伤时更易发生，肩关节脱位较少发生。肱骨上端骨折除非遭受严重创伤，才可造成严重的肱骨上端骨折脱位。儿童时期肱骨上端骨骺板是解剖上最薄弱的部位，因此外伤易造成肱骨上端骨骺分离，较少发生关节脱位。中老年病人肱骨上端骨质变疏松，骨强度大大减弱，因此较为轻微的外力即可造成肱骨外科颈骨折。

（二）临床表现

与其他肩部骨折大致相似但其症状多较严重。

1．肿　胀

因骨折位于关节外，局部肿胀较为明显，尤以内收型及粉碎型者为甚。

2．疼　痛

除外展型者外多较明显，尤以活动时明显且伴有环状压痛及叩痛。

3．活动受限

以后二型为最严重。

4．其　他

注意有无神经血管受压症状，错位明显者患肢可出现短缩成角畸形。

5．分　型

（1）裂纹型骨折：即由直接暴力所致。

（2）外展型骨折：由于跌倒时上肢外展位所致，并使骨折远侧段成外展，近侧段相应的内收，形成两骨折端向外成角移位，且常有两骨折端互相嵌插。

（3）内收型骨折：跌倒时上肢内收位，使骨折远侧段内收，近侧段相应的外展，形成两骨折端向内成角移位，两骨折端内侧常有互相嵌插。

（4）肱骨外科颈骨折合并肩关节前脱位：多为上肢外展外旋，暴力导致肩关节前脱位，暴力继续作用再引起肱骨颈外科骨折。（图2-4）

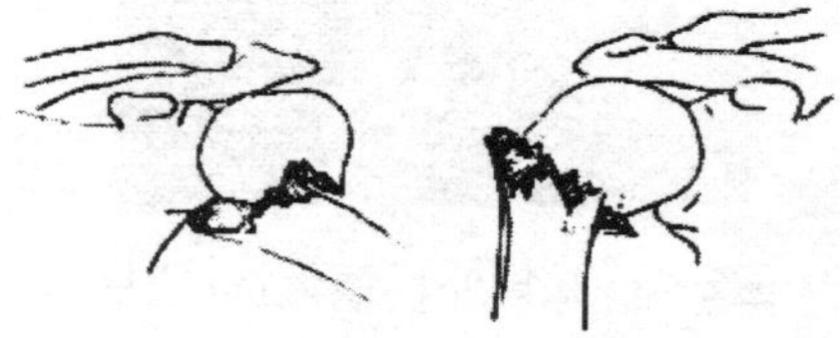

A．外展型骨折；　B．内收型骨折；

C．骨折严重移位情况

图2-4　肱骨外科颈骨折类型及移位情况

（三）诊断依据

1．外伤史，多种暴力均可引起。

2．临床表现主要依据肩部肿胀疼痛及活动受限等。

3．影像学检查：常规X线片可显示肱骨外科颈骨折线及成角畸形与移位情况，大多可明确诊断；一般无需行MRI、CT等检查。

患肩肿胀，前、内侧常出现瘀血斑。骨折有错位时，上臂较健侧略短，可有外展或内收畸形。大结节下部骨折处有明显压痛，肩关节活动受限。若骨折端有嵌插，在保护下可活动肩关节。注意与肩关节脱位鉴别。如合并臂丛、腋动静脉及腋神经损伤，可出现相应体征。

（四）鉴别诊断

肱骨外科颈骨折与肩关节脱位鉴别要点：

1．外科颈骨折

肩外形——正常。

贴胸试验——阴性。

肱骨头位置——正常。

2．肩关节脱位

肩外形——方肩。

贴胸试验——阳性。

肱骨头位置——移位。

（五）并发症

1．血管损伤

肱骨近端骨折合并血管损伤者较为少见，一般以腋动脉损伤发生率最高。有的报道在移位骨折者中损伤率为4.9%，多为高能量损伤骨折移位所致。老年病人由于血管硬化，血管壁弹性较差较易发生血管损伤。动脉损伤后局部形成膨胀性血肿，疼痛明显，肢体苍白或发绀，皮肤感觉异常。一些病例由于侧支循环，肢端仍有血液供应，动脉造影可确定血管损伤的部位及性质，证实诊断后应尽早手术探查，固定骨折同时修复损伤的血管，可行大隐静脉移植或人工血管移植。

2．臂丛神经损伤

肱骨近端骨折合并臂丛神经损伤发生率为6.1%，有的报道高达21%～36%，以腋神经最多，受累肩胛上神经、肌皮神经和桡神经损伤也偶有发生。腋神经损伤时肩外侧皮肤感觉丧失，但测定三角肌纤维的收缩更为准确可靠。腋神经损伤时可采用肌电图观察神经损伤恢复的进程，绝大多数病例在4个月内可恢复功能。如伤后2～3个月仍无恢复迹象时，则可早期进行神经探查。

3．胸部损伤

高能量所致肱骨近端骨折时常合并多发损伤，应注意除外肋骨骨折、血胸、气胸等。

（六）治疗措施

1．治　疗

肱骨外科颈接近盂肱关节，骨折又多发生在中老年，特别是老年患者极易因此引起冻结肩。因此仔细了解病情，选择治疗方法，保持肩关节一定的活动度，是治疗所必须考虑的。对①裂纹骨折：用三角巾悬吊患肢2～3周，当疼痛减轻后尽早开始肩关节功能活动；②外展型骨折：骨折有嵌插且畸形角度不大者无须复位，以三角巾悬吊患肢2～3周，并逐步开始肩关节功能活动；无嵌插的骨折应行手法整复，随后以石膏或小夹板固定3～4周；③内收型骨折：有移位者皆应复位。复位方法有手法及切开两种，并给予适当的外固定或内固定。

（1）手法复位外固定

一般需在骨折血肿内麻醉下进行。患者平卧，以内收型为例，一助手用布带绕过患者腋下向上牵拉肩部，另一助手握患肢肘部并保持中立位肘关节屈曲90°，沿肱骨纵轴方向牵引。当两助手将骨折两断端拉开后，术者两拇指按住骨折部位向内推，其余四指抱住骨折远端向外牵拉，同时外展上臂向外成角，矫正后再徐徐前屈肩关节过头部，术者用力向后挤压骨折部位以矫正向前成角，一般骨折即可复位（图2-5）。若畸形较大此法仍不能复位时，可改用以下手法进行复位：术者立于患者前外侧，两拇指置于骨折远段后侧，其余四指环抱肩前侧相当于骨折成角部位，在牵引下持握前臂的助手将上臂逐渐前屈上举过顶，此时术者两拇指抵住骨折远端向前推顶，其余四指由前向后扣挤按压成角部位，如有骨擦感时表示骨折断端相互抵触成角畸形已矫正，骨折已复位，然后根据具体情况应用适当的外固定。

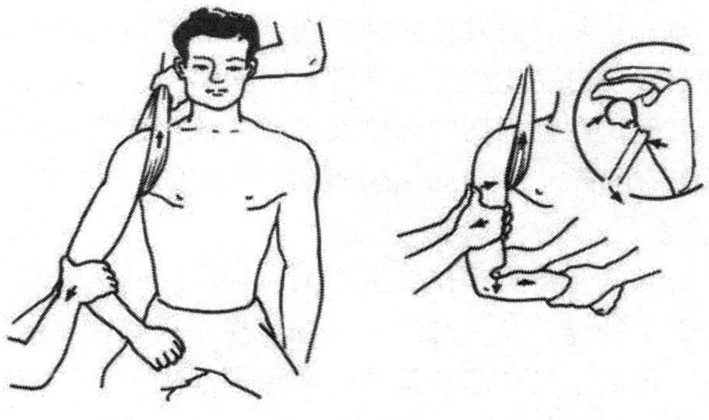

牵引法　　　　手法整复（外展型）

图2-5　肱骨外科颈骨折手法复位

常用者有：

①超肩关节夹板外固定。

②石膏绷带固定：患肢取屈肘位用石膏绷带条环绕肩肘固定；或者用肩人字石膏固定于上举位，2～3周以后改为其他固定。此法只适应骨折向前成角难矫正者。

③外展支架（飞机架）固定：如骨折断端不稳定，复位后不易维持，对位时可用外展支架固定，并沿肱骨纵轴加用皮肤牵引，以控制骨折近端向外成角畸形。此

法现已少用。

无论用哪种方法固定，皆需早期开始功能活动，一般4周左右就可酌情去除固定。

（2）切开复位和内固定

① 适应证：多数肱骨外科颈骨折可用非手术疗法。以下几种情况考虑手术：A.外科颈骨折移位严重，复位后不稳定；手法整复外固定失败者；B.50岁以下病人合并肱骨头粉碎骨折；C.合并肱骨大结节撕脱骨折，有移位并与肩峰下部抵触；D.不能复位的骺板骨折分离（肱二头肌长头嵌入）；E.治疗较晚已不能复位的青枝骨折。

② 手术方法：臂丛麻醉，取肩前外侧切口在三角肌前缘，分开部分肌纤维，并在离肩峰止点1cm处横断三角肌显露骨折处，认清肱二头肌长头腱及两骨折端撬拨断端复位，以克氏针交叉固定缝合肌肉及皮肤（图2-6）。术后当天可起床，臂部固定2～4天后三角巾悬吊患肢3周去克氏针，逐渐练习活动。

（3）康复功能锻炼

肱骨外科颈骨折的练功活动：复位固定后应鼓励患者积极进行适当的练功活动，对中老年患者尤为重要。初期先让患者握拳，屈伸肘、腕关节及舒缩上肢肌肉等活动。3周后逐渐练习肩关节各方向活动。4周解除外固定后，应配合中药熏洗和手法理筋，以促进肩关节功能恢复。

肱骨外科颈骨折的理筋手法：先点按肩髎、臂臑、天宗、曲池、合谷等穴，然后在肩部进行揉按、拿捏、侧滚等手法。

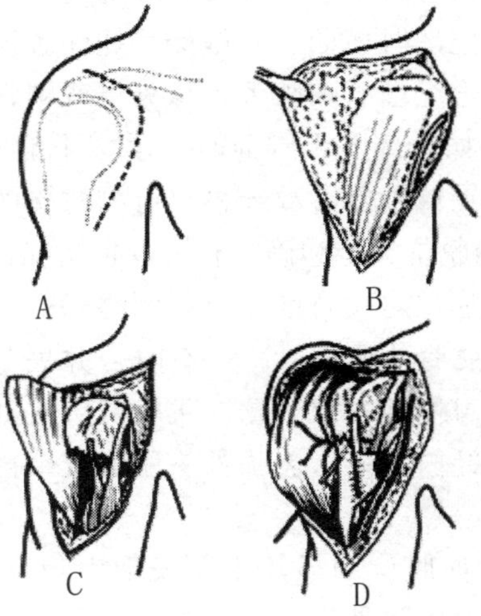

A. 切口；　B. 三角肌切开线；　C. 显露骨折端

D. 复位，克氏针固定

图2-6　肱骨外科颈骨折切开复位克氏针固定

2. 预　后

一般良好，肩关节大部分功能可恢复。老年粉碎型、有肱骨头缺血坏死及严重移位而又复位不佳者，则预后欠佳。

五、肩关节脱位

肩关节脱位最常见，约占全身关节脱位的50%，这与肩关节的解剖和生理特点有关，如肱骨头大，关节盂浅而小，关节囊松弛，其前下方组织薄弱，关节活动范围大，遭受外力的机会多等。肩关节脱位多发生在青壮年、男性较多。

（一）病因病理

肩关节脱位按肱骨头的位置分为前脱位和后脱位。肩关节前脱位者很多见，常因间接暴力所致，如跌倒时上肢外展外旋，手掌或肘部着地，外力沿肱骨纵轴向上冲击，肱骨头自肩胛下肌和大圆肌之间薄弱部撕脱关节囊，向前下脱出，形成前脱位。肱骨头被推至肩胛骨喙突下，形成喙突下脱位，如暴力较大，肱骨头再向前移至锁骨下，形成锁骨下脱位。后脱位很少见，多由于肩关节受到由前向后的暴力作用，或在肩关节内收内旋位跌倒时手部着地引起。后脱位可分为肩胛冈下和肩峰下脱位，肩关节脱位如在初期治疗不当，可发生习惯性脱位。

（二）临床表现

外伤性肩关节前脱位均有明显的外伤史，肩部疼痛、肿胀和功能障碍，伤肢呈弹性固定于轻度外展内旋位，肘屈曲，用健侧手托住患侧前臂。外观呈“方肩”畸形，肩峰明显突出，肩峰下空虚。在腋下、喙突下或锁骨下可摸到肱骨头。伤肢轻度外展，不能贴紧胸壁，如肘部贴于胸前时，手掌不能同时接触对侧肩部（Dugas征，即搭肩试验阳性）。上臂外侧贴放一直尺可同时接触到肩峰与肱骨外上髁（直尺试验）。X线检查可明确脱位类型和确定有无骨折情况。

应注意检查有无合并症，肩关节前脱位病例约30%～40%合并大结节骨折，也可发生肱骨外科颈骨折，或肱骨头压缩骨折，有时合并关节囊或肩胛盂缘自前面附着处撕脱，愈合不佳可引起习惯性脱位。肱二头肌长头肌腱可向后滑脱，造成关节复位障碍。腋神经或臂丛神经内侧束可被肱骨头压迫或牵拉，引起神经功能障碍，也可以损伤腋动脉。

后脱位临床症状不如前脱位明显，主要表现为喙突明显突出，肩前部塌陷扁平，在肩胛下部可以摸到突出肱骨头，上臂略呈外展及明显内旋的姿势。肩部头脚位X线片可明确显示肱骨头向后脱位。

（三）影像学表现

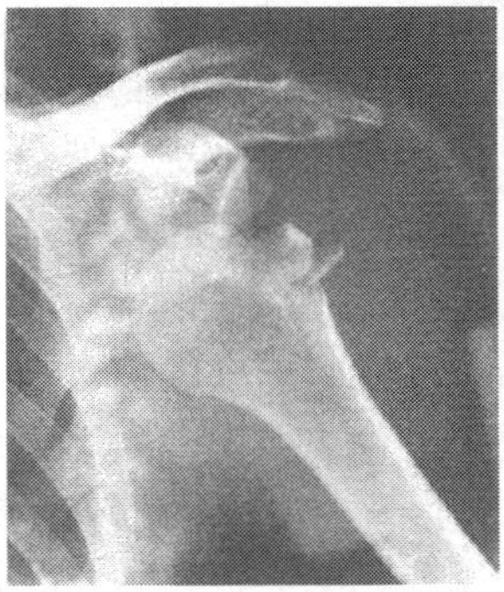

图2-7　肩关节脱位X线片

X线征象是构成肩关节的肩胛骨、肩盂和肱骨头的两关节面失去正常平行的关系（图2-7）。按肱骨头分离的程度和方向，分为以下几型：

1．肩关节半脱位

关节间隙上宽下窄。肱骨头下移，尚有一半的肱骨头对向肩盂。

2．肩关节前脱位

最多见。其中以喙突下脱位尤为常见。正位片可见肱骨头与肩盂和肩胛颈重叠，位于喙突下0.5cm～1.0cm处。肱骨头呈外旋位，肱骨干轻度外展。肱骨头锁骨下脱位和盂下脱位较少见。

3．肩关节后脱位

少见。值得注意的是正位片肱骨头与肩盂的对位关系尚好，关节间隙存在，极易漏诊。只有在侧位片或腋位片才能显示肱骨头向后脱出，位于肩盂后方。

（四）治疗措施

1．手法复位

脱位后应尽快复位，选择适当麻醉（臂丛麻醉或全麻），使肌肉松弛并使复位在无痛下进行。老年人或肌力弱者也可在止痛剂下（如75～100mg杜冷丁）进行。习惯性脱位可不用麻醉。复位手法要轻柔，禁用粗暴手法以免发生骨折或损伤神经等附加损伤。常用复位手法有三种。

（1）足蹬法（Hippocrate's）

患者仰卧，术者位于患侧，双手握住患肢腕部，足跟置于患侧腋窝，两手用稳定持续的力量牵引，牵引中足跟向外推挤肱骨头，同时旋转，内收上臂即可复位。复位时可听到响声。

（2）科氏法（Kocher's）

此法在肌肉松弛下进行容易成功，切勿用力过猛，防止肱骨颈受到过大的扭转力而发生骨折。手法步骤：一手握腕部，屈肘到90°，使肱二头肌松弛，另一手握肘部，持续牵引，轻度外展，逐渐将上臂外旋，然后内收使肘部沿胸壁近中线，再内旋上臂，此时即可复位，并可听到响声。

（3）牵引推拿法

伤员仰卧，第一助手用布单套住胸廓向健侧牵拉，第二助手用布单通过腋下套住患肢向外上方牵拉，第三助手握住患肢手腕向下牵引并外旋内收，三方面同时徐徐持续牵引。术者用手在腋下将肱骨头向外推送还纳复位。二人也可做牵引复位。

复位后肩部即恢复钝圆丰满的正常外形，腋窝、喙突下或锁骨下再摸不到脱位的肱骨头，搭肩试验变为阴性，X线检查肱骨头在正常位置上。如合并肱骨大结节撕脱骨折，因骨折片与肱骨干间多有骨膜相连，在多数情况下，肩关节脱位复位后撕脱的大结节骨片也随之复位。

复位后处理：肩关节前脱位复位后应将患肢保持在内收内旋位置，腋部放棉垫，再用三角巾、绷带或石膏固定于胸前，3周后开始逐渐作肩部摆动和旋转活动，但要防止过度外展、外旋，以防再脱位。后脱位复位后则固定于相反的位置（即外展、外旋和后伸拉）。

2. 手术复位

有少数肩关节脱位需要手术复位，其适应症为：肩关节前脱位并发肱二头肌长头肌腱向后滑脱阻碍手法复位者；肱骨大结节撕脱骨折，骨折片卡在肱骨头与关节盂之间影响复位者；合并肱骨外科颈骨折，手法不能整复者；合并喙突、肩峰或肩关节盂骨折，移位明显者；合并腋部大血管损伤者。

3. 陈旧性肩关节脱位的治疗

肩关节脱位后超过三周尚未复位者，为陈旧性脱位。关节腔内充满瘢痕组织，与周围组织粘连，周围的肌肉发生挛缩，合并骨折者形成骨痂或畸形愈合，这些病理改变都阻碍肱骨头复位。

陈旧性肩关节脱位的处理：脱位在3个月以内，年轻体壮，脱位的关节仍有一定的活动范围，X线片无骨质疏松和关节内、外骨化者可试行手法复位。复位前，可先行患侧尺骨鹰嘴牵引1～2周；如脱位时间短，关节活动障碍轻亦可不做牵引。复位在全麻下进行，先行肩部按摩和做轻轻的摇摆活动，以解除粘连，缓解肌肉痉挛，便于复位。复位操作采用牵引推拿法或足蹬法，复位后处理与新鲜脱位者相同。必须注意，操作切忌粗暴，以免发生骨折和腋部神经血管损伤。若手法复位失败，或脱位已超过3个月者，对青壮年伤员，可考虑手术复位。如发现肱骨头关节面已严重破坏，则应考虑作肩关节融合术或人工关节置换术。肩关节复位手术后，活动功能常不满意，对年老患者，不宜手术治疗，鼓励患者加强肩部活动。

4. 习惯性肩关节前脱位的治疗

习惯性肩关节前脱位多见于青壮年，究其原因，一般认为首次外伤脱位后造成损伤，虽经复位，但未得到适当有效的固定和休息。由于关节囊撕裂或撕脱和软骨盂唇及盂缘损伤没有得到良好修复，肱骨头后外侧凹陷骨折变平等病理改变，关节变得松弛。以后在轻微外力下或某些动作，如上肢外展外旋和后伸动作时可反复发生脱位。肩关节习惯性脱位诊断比较容易，X线检查时，除摄肩部前后位平片外，应另摄上臂60～70°内旋位的前后X线片，如肱骨头后侧缺损可以明确显示。

对习惯性肩关节脱位，如脱位频繁宜用手术治疗，目的在于增强关节囊前壁，防止过分外旋外展活动，稳定关节，以避免再脱位。手术方法较多，较常用的有肩胛下肌关节囊重叠缝合术（Putti-Platt氏法）和肩胛下肌止点外移术（Magnuson氏法）。

六、肩锁关节脱位

肩锁骨关节脱位十分常见。多见于年轻人的运动创伤。肩锁关节脱位可因直接暴力由上部向下冲击肩峰而发生脱位，或间接暴力过度牵引肩关节向下而引起脱位，或上肢贴于胸壁跌倒，肩端或前面或后面撞击地面。其力作用于肩峰端，使肩胛骨向前、向下（或向后）错动，而引起脱位。损伤轻者，仅有关节头撕裂、无畸形移位。重者，肩锁韧带、喙锁韧带等断裂，锁骨外端因斜方肌的作用而向下向内错动，因此肩锁关节部出现畸形移位。

（一）病理生理

脱位机制有直接暴力与间接暴力所致两种，以直接暴力多见，肩峰上受到打击，使肩峰与肩胛骨下沉，结果使肩锁关节的韧带结构破裂。如果暴力过大，将会使附着于锁骨上的斜方肌和三角肌止点处肌纤维破裂，并延及肩锁关节韧带与半月软骨，过大暴力会使喙锁韧带亦断裂。另有一种间接暴力，于倾跌时肩部与肘部均处于90°屈曲位置，此时肱骨头顶住肩胛盂与肩峰，向后方传导的暴力可以使肩锁韧带和喙锁韧带破裂。分类可分成三型：第一型肩锁关节囊与韧带扭伤，并无确切的韧带断裂；第二型肩锁关节囊与韧带破裂，锁骨外侧端“半脱位”；第三型肩锁韧带与喙锁韧带均已破裂，锁骨外侧端“真性脱位”。

（二）症状体征

1. 第一型者在肩锁关节处有轻度肿胀与压痛，临床检查与X线摄片都不能发现锁骨外侧有“半脱位”或“真性脱位”。

2. 第二型者在肩锁关节处有同样的体征，与对侧相比较，锁骨外侧端比较高，用力按压有弹性感觉，X线片上可看到锁骨外侧端挑起，与对侧比较，至少已有1/2以上已脱位，但不是完全性脱位。

3．第三型者锁骨的外侧端已挑出于肩峰的上方，局部肿胀亦比上述两型重，肩关节活动亦受影响，肩关节任何动作都会加重肩锁关节处的疼痛。

（三）诊断检查

X线检查可以显示出肩锁关节的半脱位或真性脱位，必须与对侧的肩锁关节相比较，必要时可在应力下摄片（病人手握4～6kg重物下摄片），此时锁骨外侧端移位情况更为清楚。

（四）治疗方案

1．第一型不必特殊处理，三角巾悬吊数天。

2．第二型有多种意见。①按第一型处理，理由是并不是每个第二型病例都会产生慢性疼痛。一旦出现疼痛，再手术也不迟。②采用压垫与吊带强迫锁骨外侧端复位，这种方法只适用于儿童。③电视透视下闭合复位与内固定：局麻下，由助手压住锁骨外侧端作闭合复位，术者在电视透视监护下经肩峰插入一枚克氏针至锁骨髓腔内。④切开复位及张力带法固定。

3．第三型应手术治疗，有两种手术方法比较常见。①切开复位与张力带法固定。②再加锁骨——喙突拉力螺钉固定术。

七、胸锁关节脱位

胸锁关节是人体最稳定的关节之一，脱位并不常见，仅占肩关节脱位总数的3%，与肩关节后脱位的发病率相仿。胸锁关节脱位，包括锁骨内端向上、向前突出的前脱位和锁骨内端向下、向后突出或锁骨头向胸骨柄后内方滑动的后脱位。

（一）病因病理

胸锁关节脱位的常见原因不外直接暴力和间接暴力，而以间接暴力为主。暴力一般从肩部侧方或外展的上臂沿锁骨向内传至胸锁关节，而将锁骨内端推向上方、前方或后方。胸锁关节脱位的方向取决于暴力的大小和受伤的姿势，按脱位方向可分为前脱位和后脱位两种，以前者多见。持续外力使锁骨过度外展，胸锁韧带受到慢性强力牵拉，亦可引起慢性外伤性脱位。

由于间接暴力作用于肩部，通过第一肋骨为支点的杠杆作用，肩部急骤地向后、向下用力引起锁骨内端向上、向前突出，造成前脱位。暴力直接冲击锁骨内端，致使内侧端向后、向下造成后脱位；也可以由间接暴力从肩部的后外侧向前下方作用，使肩部向前内移动，锁骨以胸锁关节为支点，使锁骨头向胸骨柄后内方滑动产生后脱位，并可有关节囊破裂。轻者仅有胸锁韧带撕裂，严重者肋锁韧带也可撕裂。

（二）诊断依据

一般有明显外伤史，伤后局部肿痛，肩部运动受限，两侧胸锁关节不对称。前脱位者可见锁骨内侧端向前突出移位，常伴有异常活动；后脱位者，局部疼痛，肿胀不明显，但触诊时胸锁关节部空虚。由于锁骨内侧端移位于胸后侧，可能压迫气管引起呼吸困难或压迫食道及纵隔血管出现吞咽困难及血液循环受阻的症状。

体征：胸锁关节部位疼痛、肿胀，颈部向前和患侧屈曲，任何抬头和肩部活动可诱发疼痛，深呼吸、打喷嚏可使疼痛加剧，关节畸形，锁骨内侧端松弛，压痛（＋）。

前脱位可见锁骨内侧端向前突出，并有异常活动。当锁骨头压迫气管和食管时，可产生窒息感和吞咽困难。若刺破肺尖可产生皮下气肿，触诊时胸锁关节部空虚。

辅助检查：X线表现：正斜位片很难显示胸锁关节，采用Rockwood技术，可以显示胸锁关节。必要时可加摄双侧斜位片和分层摄片。

（三）鉴别诊断

注意与锁骨内端骨折相鉴别，二者都有疼痛、肿胀、压痛及肩部活动则症状加剧之表现。但胸锁关节脱位有关节畸形，锁骨内侧端松弛感均非锁骨骨折所见，X线可以加以鉴别。

（四）治疗措施

新鲜胸锁关节脱位复位容易，维持固定困难，解除固定后常有半脱位，但对功能影响不大，亦无痛苦。后脱位有气管或食管等压迫症状时，应紧急处理。慢性劳损性胸锁关节脱位，仅有局部隆起，对功能无妨碍，不需要特殊治疗。

1. 非手术治疗法

（1）轻度损伤，主要是对症处理。上肢作三角巾悬吊，最初24～36小时内局部用冰袋冷敷，以后采用热敷，4～5天后逐渐实施练功活动，一般10～14天可完全恢复。

（2）半脱位和前脱位均可采用闭合复位，外展牵引以手压迫锁骨近端，复位后用前“8”字石膏固定。后脱位：大部分后脱位都可采用闭合复位。局部麻醉后患者仰卧，将沙袋垫于两肩胛骨之间，患者上臂悬于床外，由助手向下牵拉，术者双手捏住锁骨，将锁骨的内侧端向上、前、外牵拉，关节复位时可听到响声，而且立即能触及锁骨内侧。复位后肩部作“8”字石膏绷带固定，6周后拆除。如手法复位不成功，可用巾钳夹住锁骨近端向前牵引复位。

2．手术疗法

（1）切开复位，克氏针内固定术。适用于不能闭合复位及有气管和食管压迫症状的后脱位者。

（2）关节盘切除或锁骨内侧段切除。陈旧性脱位需治疗者，可采用锁骨内端切除术。任何内固定法均可影响关节活动，不宜应用。慢性外伤性胸锁关节逐步前脱位，仅有局部隆起不需特殊治疗。

3．练功活动

固定后即应进行肘腕关节练功活动，解除固定后逐渐进行肩关节功能锻炼，以促进功能早日恢复。

4．针灸及药物治疗

按损伤后三期辨证用药。早期应加用行气、理气、宣肺、止咳之药物，亦可行针灸治疗，选穴可取中府、云门等穴位。

八、肩袖损伤

肩袖是人体肩部运动中非常重要的结构，它是由附着在肱骨头上的四组肌腱组成。肩袖是一个完整的功能解剖单元，主要控制肩关节的旋转，维持肩关节的稳定。它的损伤可以是急性创伤造成，比如跌倒、投掷动作、过头挥球拍、上肢牵拉、突然用力等；也可能是由于反复的劳损引起，而在中老年人常由于肩袖蜕变、质地变脆引起，主要表现为反复发作或持续的肩关节疼痛，上肢疼痛，夜间疼痛加重，不能向患侧睡，肌肉力量减退，关节活动受限等。

肩袖损伤在排球、体操、游泳运动员中多发，对于体育健身参加者来说，若肩部的运动负荷过高或动作过猛，也易发生。在肩袖损伤的同时，往往伴有肱二头肌长头肌腱损伤。其发生主要是由于肩袖（由冈上肌、冈下肌、肩胛下肌和小圆肌组成），在肩关节做背伸、转肩、外展及超正常范围的剧烈活动时，受到反复牵拉和与肩峰、肩喙韧带发生反复摩擦而引起的损伤。常见损伤动作有单杠、吊环中的转肩、棒球的投球、举重抓举时的突然背伸等动作。

（一）病理生理

肩袖由冈上肌、冈下肌、小圆肌和肩胛下肌等四个短肌腱如袖套样包绕肱骨头而成，是肩关节保持稳定的主要结构。冈上肌起于肩胛冈上方的冈上窝，并由后内向前外方向走行，大致与冠状面成45°角，逐渐移行至肱骨大结节止点处。冈下肌和小圆肌分别起于肩胛冈下的冈下窝和肩胛骨外侧缘。肩胛下肌则起于肩胛骨前面的肩胛下窝。前三者肌腱分别止于肱骨大结节的上中下部，而肩胛下肌腱止于肱骨小结节。它们分别从前、上、后方加固肩关节，是肩关节腔与三角肌下肩峰下滑囊间的机械屏障。三角肌下滑囊为一潜在间隙，正常其周围有一层薄的脂肪层。肩袖肌群的收缩对稳定肩关节起着重要作用。此外尚有悬吊肱骨，协助三角肌外展肩关节的功能。肩袖主要由旋肱前后动脉、胸肩峰动脉、肩胛上动脉、肩胛下动脉及肱骨上动脉等分支供血。Lindblom通过对肩部大体解剖血管分布的研究，发现肩胛上下动脉的分支和旋肱前动脉的分支在离冈上肌止点1cm处有明显的乏血管区，即危险区(critical zone）。 Brooks H 通过肩袖血管造影也同样证实了乏血管区的存在。因此认为此区是导致肩袖发生撕裂、退变等的内在因素。

肩袖病变包括炎症、伴或不伴有钙化的退行性变（Ⅰ度异常），不完全肌腱撕裂（Ⅱ度异常）和完全肌腱撕裂（Ⅲ度异常）等。发病机制除主要有内源性（血管性）因素和外源性（撞击）因素外，还包括创伤、关节不稳及发育因素。大多数病变主要发生在冈上肌腱，肩袖血供冈上肌腱止点1cm处有明显的乏血管区，而且随着年龄增大（40岁以后）及上肢的某些运动会导致肩袖血供逐渐减少或短暂缺血，这会加速肌腱的退变老化，机体逐渐丧失对肌腱的修复功能。肩袖撕裂病理过程可分为三个阶段：第一阶段包括肩袖的水肿出血（Ⅰ度异常）；第二阶段包括肩峰下软组织的增厚、纤维化，有时伴有肩袖的部分性撕裂（I～Ⅱ度异常）；第三阶段包括肩袖的完全撕裂（Ⅲ度异常）。

（二）临床表现与诊断

肩袖损伤多见于40岁以上的男性患者，如为青年人必有严重的外伤史。当肩袖破裂时，患者自觉有撕裂响声，局部肿胀，有皮下出血。伤后局部疼痛多限于肩顶，时有向三角肌止点部放射痛。夜间疼痛加重，不能卧向患侧。由于疼痛和肌肉紧张而影响肩关节活动。

肩外侧疼痛，并可以向颈部、上臂部放射；肩外展，或做肩从外旋迅速内旋的鞭打动作时，如网球的头顶扣杀，会使疼痛加重；肩在外展60°～120°之间时，疼痛明显，而小于或超过这一范围时疼痛减轻，肩做外旋外展抗阻时，肩部亦出现明显疼痛；肩袖损伤时间较长时，还会有三角肌萎缩。

1. 物理检查

（1）压痛：冈上肌损伤时，压痛在大结节顶部。冈下肌损伤时，压痛在大结节顶部的外侧，将臂轻度伸直，损伤裂口前移，触痛在结节间沟处。肩胛下肌腱破裂时，压痛在大结节的前下方。

（2）弹响：医者将手掌按压患部，患肩在上举和旋转上臂时可感到有响声，被动活动时弹响较粗糙。慢性肩部滑膜囊炎时亦可发生类似弹响。

（3）肌萎缩：早期外层因有丰满的三角肌而不见明显的肌萎缩。急性期2～3周后即可出现冈上肌、冈下肌萎缩，尤以冈下肌更为明显。病程日久者小圆肌和斜方肌也可明显萎缩，三角肌因萎缩而变扁平。

（4）裂隙：完全断裂者，可以摸到断裂的裂隙。

（5）关节活动异常：肩袖破裂较大时，患臂不能外展，而由耸肩来替代，由于肩袖破损，三角肌的收缩，肱骨沿其垂直轴向上，迫使肩胛骨在胸壁上滑动并旋转，出现肩关节活动异常，同时抗阻力外展力量减弱。

（6）疼痛弧：肩关节外展60°～120°范围内出现疼痛，小于60°或大于120°时疼痛不明显。

（7）患肩坠落试验：被动抬高患臂至上举90°～120°范围内，撤除支持，若患臂不能自主支撑而发生坠落即为阳性。

2. 辅助检查

（1）X线检查：X线平片常规投照肩关节正位、内旋、外旋及轴位片。Cordasco等认为对冈上肌出口部X线投照，了解肩袖出口部的结构性狭窄，测量肩峰——肱骨头间距是十分重要的。刘氏等也认为常规X线片显示肩袖损伤者肱骨头上移和肱骨大结节畸形其阳性率为78%，特异性为98%。

（2）肩关节造影：大多数学者认为肩关节造影是诊断肩袖损伤的经典方法，包括单对比剂和双重对比剂造影，对各层肩袖撕裂、肩袖关节面的部分撕裂、肩袖间隙分裂和冻结肩均有较高的诊断价值，准确率可达90%～100%。作关节内充气或碘油造影，肩袖破裂时，关节腔与滑膜囊相通，造影剂外溢。

（3）MRI（核磁共振成像）：MRI检查是目前临床上常用的诊断肩袖损伤的方法。其完全无创、软组织分辨力高而且能多平面成像，可更为直观地观察肩袖肌腱及其损伤情况，故其应用前景明显好于侵入性检查。

（4）超声学检查：从20世纪80年代开始应用于临床，但因仪器及操作者水平的差异、诊断标准不同，各学者报道的诊断准确率自50%～100%不等。超声诊断肩袖撕裂的优点：无创性、可动态观察、可重复性、准确率高，能发现冈上肌以外的其他肩袖撕裂。操作简便、省时、费用低，能同时对肱二头肌长头疾患作出诊断，对肩袖撕裂术后随访有独特的价值。

（5）关节镜检查：关节镜检查从20世纪70年代开始应用于肩关节，是一种直观下的诊断方法，主要用于其他方法不能确诊的病例。但由于关节镜技术为创伤性诊断方法，多在决定手术的病例中，在肩关节镜下手术时作出诊断。而对能用其他方法确诊的病例中单纯采用关节镜作为确诊是不可取的。

（三）鉴别诊断

1. 肱二头肌长头肌腱断裂多位于肱骨结节间沟中的肌腱处。急性外伤性断裂时肩部剧痛，向上臂前侧放射至肘，局部出现隆凸和凹陷畸形，不能主动屈肘，肌力减弱，肌腹松软。慢性断裂者屈肘力量逐渐减弱。

2．肩关节周围炎起病缓慢，肩周钝痛或刀割样痛，夜间加重，甚至痛醒，可放射至前臂或手部、颈、背部；肩部广泛压痛，活动以外展、外旋、后伸障碍最明显；肩关节造影有助于鉴别诊断。

3．冈上肌腱炎临床表现与肩袖损伤极为相似，可用1%的普鲁卡因封闭痛点。若封闭后疼痛消失，冈上肌腱功能恢复，即表示为炎症；若功能仍不能恢复，则可能为断裂。

（四）治　疗

对于急性肩袖损伤，在急性期要求将上臂置于外展30°位置休息，减少肩部活动量，进行适当的肩部柔韧性练习，局部进行理疗、针灸、按摩、中药外敷或痛点封闭均有较好效果；另外要注意加强肩部肌肉力量，改进技术动作。长期保守疗法无效，可考虑手术治疗。

肩袖损伤治疗的主要目的是解除疼痛并恢复肩部运动强度和范围。对有症状的肩袖撕裂以及发生肩峰下碰撞而非手术治疗无效的病人，建议不要再盲目地服用止痛药及使用外用药物，而必须行手术治疗，目前首选方法是用肩关节镜来治疗。这是一种微创性的检查及治疗方法，通过2～3个0.5cm左右的微创切口，进行关节内组织的检查及治疗，创伤小，减少了患者的痛苦，且术后功能恢复快。肩袖撕裂如果不经治疗最后可发展为肩袖关节病，最终形成肱骨头塌陷，后果非常严重。

肩袖新鲜和比较小的破裂损伤保守治疗极为有效。完全性断裂应行手术修补，且于伤后3周以上、肌力恢复不满意时进行为宜。此时断端已形成坚强瘢痕，有利于缝合固定。

1．手法治疗

肩袖裂口不大的新鲜损伤，采用上举位皮肤牵引治疗为宜。即仰卧位，患臂外展和上举各155°牵引，这样有利于损伤的肌腱在低张力下修复和愈合。2周后解除固定，顺肩袖肌腱走向以手法弹拨，或行揉摩手法。

2．药物治疗

（1）内服药。损伤初期内服活血止痛散，待肿胀消退后服舒筋活血汤，后期服橘术四物汤加钩藤、五加皮等。

（2）外用药。早期外敷跌打膏或接骨止痛膏等，后期配合舒筋活血散外洗。

3．功能锻炼

开始时被动上举，随后练习侧方外展、上举，外展、上举无痛且达到最大上举范围后，开始做增强肌力训练。3个月内应避免提举重物和攀岩等动作。

4．其他疗法

（1）*局部封闭疗法*。肩袖损伤局部疼痛较剧烈的患者，在肩峰下间隙行局部封闭。

（2）*手术疗法*。完全断裂或陈旧性断裂的患者，非手术治疗一般无效。若不行恰当的手术修补，势必造成肩袖性关节病，出现不同程度的关节功能障碍。肩袖断裂通常发生于大结节近侧1cm处，这是冈上肌腱近侧端滋养血管与大结节部骨膜滋养血管交界处，是供血薄弱部位，因此破裂口的直接缝合因局部供血较差而不利于愈合。临床证实，完全破裂且撕裂的范围和间距较大的病例，自愈的机会较少，应考虑手术修补。

九、冈上肌钙化性肌腱炎

冈上肌起于肩胛冈上窝，由肩峰下通过，止于肱骨大结节的外上方。肩峰与冈上肌腱之间有肩峰下滑囊相隔，以减轻两者之间的摩擦。肱二头肌长头肌腱位于肱骨大结节、小结节之间的骨性沟内。在不同的姿势下可扭伤不同的肌腱，但瘀血肿胀时也会影响相邻组织，如发生挫伤，就更难截然分开，临床上以冈上肌腱炎较常见。

（一）病理生理

当肩外展至90°时，肩峰下滑囊完全缩进肩峰下面，冈上肌腱很容易受到摩擦（图2-8），日久形成劳损。中年以后冈上肌退行性变更易劳损，呈慢性炎症变，即冈上肌腱炎，临床比较多见。少数患者的冈上肌腱渐趋粗糙，甚至钙化，或冈上肌腱的部分断裂。局部急性筋伤，特别是中年以上患者，将加重冈上肌腱的退变，转变为冈上肌腱炎。

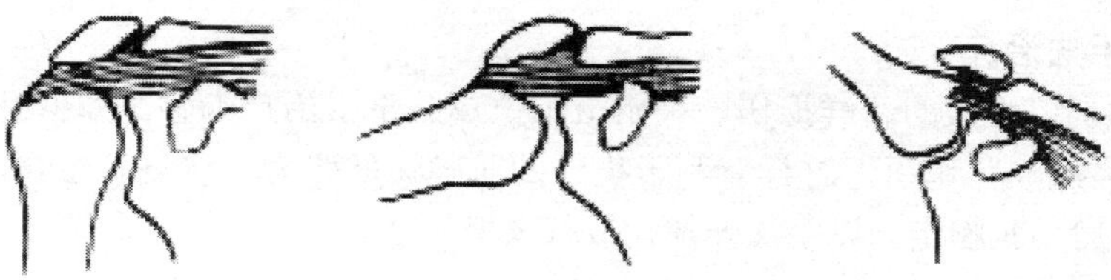

图2-8　冈上肌腱解剖图

（二）临床表现与诊断

多数缓慢发病，肩部渐起疼痛，用力外展时疼痛较明显，动作稍快时，肩部肌腱“咿轧”作响。当自动外展至60°左右时，因疼痛不能继续外展及上举，但可被动外展及上举。此点与肩关节周围炎是不同的。压痛点在肱骨大结节部或肩后冈上部。

所谓“疼痛弧”是指患肩外展未到60°时疼痛较轻，被动外展至60°～120°范围内时，疼痛较重，当上举超过120°时，疼痛又减轻，且可自动继续上举。因而对

60° ～120° 这个范围称为“疼痛弧”（图2-9）。冈上肌腱钙化时，X线片可见局部有钙化影。

肩峰下滑囊炎主要表现为肩峰下疼痛、压痛，并可放射至三角肌，严重者有微肿。病程久时可引起局部肌肉萎缩，肩关节不能作外展、外旋等动作。肱二头肌长头腱鞘炎起病缓慢，逐渐加重，疼痛、压痛以肱骨结节间沟为主，肱二头肌抗阻力屈肘时疼痛加重，久则亦有功能障碍及肌肉萎缩。根据临床表现，冈上肌腱炎可与肩峰下滑囊炎、肱二头肌长头腱鞘炎相鉴别。

冈上肌腱断裂时，会出现典型肩外展肌力消失，无力外展上臂。如果帮助患肢外展至60° 以上后，就能自动抬举上臂。

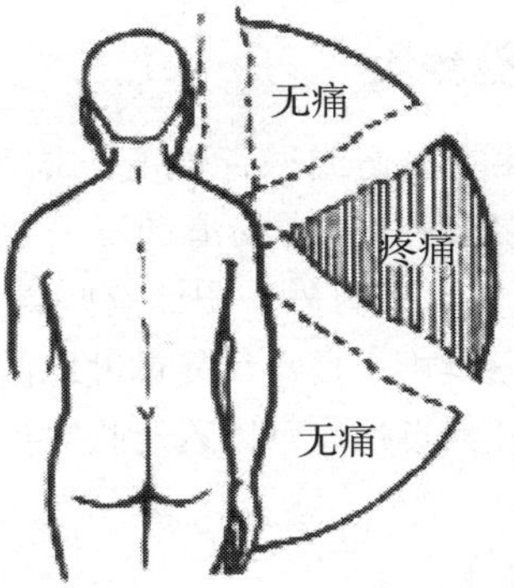

图2-9　冈上肌腱病变引起的肩外展疼痛弧

（三）治　疗

1. 理筋手法

急性期以轻手法为主，慢性期手法宜稍重。施行手法时，先用拿法，拿捏冈上部、肩部、上臂部，自上而下，疏松筋络。然后以冈上及肩部为重点，自上而下揉摩，以舒筋活血。再拨动并点按冈上及肩部筋络，以理顺粗糙、肿胀或扭转的筋络。最后术者一手扶住肩部，另一手托住肘部，将肩部摇转并尽量外展，先向前摆4～5周，再向后摇4～5周，在摇转过程中，将患肩尽量外展90° ～120° （轻度上举）。

2. 药物治疗

急性期医疗宜舒筋活血、清热止痛为主，用舒筋活血汤加减；慢性期可服用舒筋丸，每次服1丸，每日服2次。局部疼痛畏寒者可服小活络丸或活血酒。体弱血虚者可内服当归鸡血藤汤。急性期肿痛较重时，外敷消瘀止痛膏或三色敷药。后期外贴宝珍膏或伤湿止痛膏，亦可用熏洗或腾药热熨患处。

3. 针灸治疗

取穴如天宗、肩髃、肩髎、臂臑、曲池等，用泻法，提插捻转，以肩臂酸麻胀为度，留针20分钟。可加作艾灸，亦可用当归注射液作痛点注射。

4. 封闭疗法

1%普鲁卡因或利多卡因2ml加醋酸泼尼松龙25mg作局部封闭。或复方丹参液2～4ml局部注射。每周1次，连续2～4次。

5. 固定和练功活动

急性期肿痛难忍者可用三角巾悬吊，作短期制动。肿痛缓解后进行功能锻炼，如肩外展、前屈、外旋等，以舒筋活络，恢复肩臂活动功能。

十、肱二头肌长头肌腱鞘炎

肱二头肌腱的急性和慢性的损伤或退行性变，均可造成肱二头肌腱及腱鞘的炎症，使鞘内产生粘连，肱二头肌腱在鞘内的滑动发生困难，于是产生相应的症状。

本病好发于40岁以上的人，大多有外伤史。有些青年运动员亦易患此病，尤其是网球运动员、垒球队的投手。这是由于日常反复过度地做肩部动作所致。由于肱二头肌腱鞘与肩关节相通，肩关节的任何炎症均可以累及肱二头肌腱鞘而产生肱二头肌腱炎。

（一）临床表现与诊断

主要的症状为肩前方疼痛，常放射至三角肌止点及肱二头肌肌腹；有时疼痛很难定位。疼痛于晚间尤甚，影响睡眠，病人常喜欢将肘关节屈曲并避免旋转活动。轻症者肩活动正常，有些病人肩上举过头受限。

特征性的表现为自肩关节至肱骨结节间沟肱二头肌腱的压痛（图2-10）。凡是使肱二头肌牵伸的活动，不管是主动还是被动的可以产生疼痛，这包括肩外展、外旋、屈伸及伸肘抗阻力外展上臂等。Yergason征阳性：在抗阻力下，屈肘及旋前手，可产生肩前及肩内侧的疼痛（图2-11），有诊断价值，但阴性并不能排除本病。三角肌、斜方肌等有时也有不同程度的痉挛。

病人的症状可为急性起病，（尤其是在有外伤史的情况下），更多病人为亚急性及慢性发病。疼痛和功能障碍常在患者可以忍受的范围内，常因过度应用上肢或轻微损伤而使症状加重。有些病人的肩活动进行性受限，但与肩周炎不同。症状一直要进行到肱二头肌腱与喙肱韧带处的关节囊粘连时为止。有的病人在感到一次肩部弹响后疼痛戏剧性地解除，活动也得到恢复，这是因为肱二头肌腱断裂所致，其远端常因粘连而不会回缩。

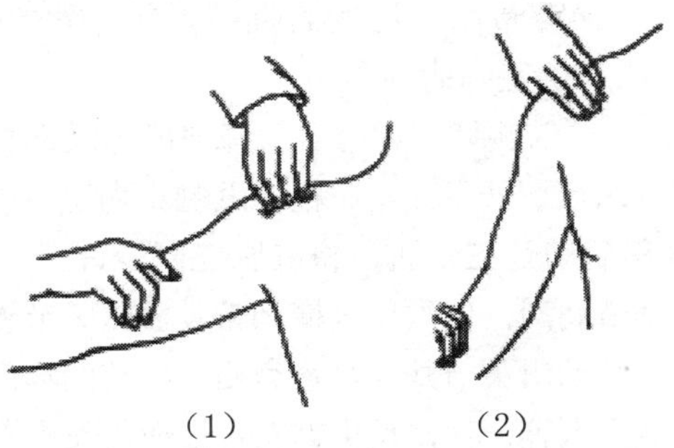

（1）压迫关节囊内部位　（2）压迫肱二头肌腱间沟

图2-10　肱二头肌损伤检查法

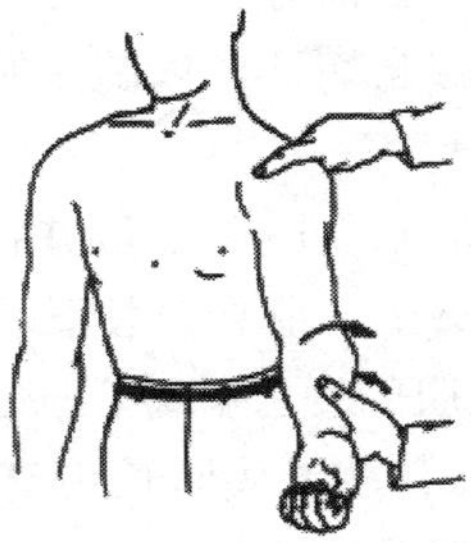

肘屈，前臂旋前，抗阻力时肩前和内侧有疼痛

图2-11　Yergason试验

特殊位拍摄的X光片可以看到肱骨结节间沟内的情况，如变浅、变狭窄以及骨质增生等。肩关节造影亦有帮助，可见造影剂在结节间沟处被阻。

（二）治　疗

1. 非手术治疗

应避免过度使用肩关节，疼痛较重者可用三角巾悬吊前臂加以保护，2～3周后去除三角巾开始日常活动，非手术疗法多可奏效，如减少肩部活动，外涂中药红花油等活血消肿药物，贴敷膏药，口服非甾体消炎药。必要时可做局部封闭治疗，将0.5～1ml利多卡因与醋酸曲安奈德的混悬液注射于腱鞘之内，早期者1针即可见效，对顽固者可每周1次，2～3次为1疗程，不超过4次，效果良好。局部理疗或热敷有助于炎症消退。疼痛一旦缓解，即应开始主动肩关节活动练习，以防发生冻结肩。

2. 手术治疗

（1）手术适应证：①长时间持续性、顽固性疼痛，非手术治疗无效者；②肱二头肌长头腱已在结节间沟内粘连、闭锁，阻碍肌腱的滑动功能；③骨性纤维腱鞘管内骨赘形成或其他骨性、横韧带因素造成的腱鞘管狭窄者；④肱二头肌长头腱变性引起肌腱断裂、疼痛，以及功能障碍显著者。

（2）*手术方法*：取肩部前侧切口，起自肩峰前侧部沿锁骨外侧端平行切开，至喙突转向下方沿三角肌前缘纵行切开至三角肌粗隆近侧。为避免损伤头静脉引起术后上肢肿胀，应在三角肌前缘稍后切开三角肌，将静脉连同少许三角肌前部纤维向前内侧牵开，于肱骨头前方显露结节间沟，依次切开横韧带及盂肱关节囊，在盂上粗隆处切断肱二头肌长头腱起点，并将其抽出关节外，检查肩峰、结节间沟内有无异常，如有骨赘等可作切除、修整或肩峰成形术等，并作长头腱固定处理。长头腱固定方法如下。

①Lippmann法：作长头腱关节外切断，使鞘内短、长头腱缝合固定于结节间沟内。

②Hitchcock法：于长头腱起点处切断，沿结节间沟两侧骨嵴部作纵形骨皮质劈开，并由两侧向前方翻转，在长头腱前方与长头腱一起缝合，使肌腱固定于该骨性管道内。并在胸大肌上缘作纵形减张切开，以减少肱二头肌腱收缩中产生的摩擦和刺激。

③Depalrna法：切断肱二头肌长头腱起点，并将其抽出关节外，在喙突上作一垂直小骨槽，将长头腱移植于喙突上，缝合时使长头腱仍保持适当的张力。将长头腱近端5cm与肱二头肌短头和喙肱肌的联合腱缝合一起，同时在肱二头肌长头腱与胸大肌相交部位作胸大肌纵形切开，使肱二头肌长头腱得到减张。

（3）*术后处理*：术后应用颈腕吊带固定，疼痛缓解后在颈腕吊带保护下作摇摆上臂活动，每3～4小时活动1次。5～7天后练习时去除颈腕吊带，并逐渐增加摆动范围，以不引起疼痛为限度。2周拆线。3周后完全去除颈腕吊带作主动肩活动练习及日常活动。肩功能完全恢复约需3～4个月。

十一、肩峰下滑囊炎

肩峰下滑囊又称三角肌下滑囊，是全身最大的滑囊之一，位于肩峰、喙肩韧带和三角肌深面筋膜的下方。肩袖和肱骨大结节的上方。肩关节外展并内旋时，此滑囊随肱骨大结节滑入肩峰的下方，不能被触摸到。肩峰下滑囊有许多突起，以伸入到肩峰下部分的最明显。另外，此囊附着于冈上肌的囊底较小，而游离缘较大，对肩部的运动很是有利。因此，肩峰下滑囊对肩关节的运动十分重要，被称为第二肩关节。

（一）病理生理

肩峰下滑囊又名三角肌下滑囊，分为肩峰下和三角肌下两部分，两者中间可能有一薄的中隔，但大多数是相通的。滑囊将肱骨大结节与三角肌、肩峰突隔开，使肱骨大结节不致在肩峰下面发生摩擦。

肩峰下滑囊炎，可因直接或间接外伤引起，但大多数病例是继发于肩关节周围组织的损伤和退行性变，尤以滑囊底部的冈上肌腱的损伤、退行性变、钙盐沉积最为常见。肩峰下滑囊由于损伤或长期受挤压、摩擦等机械性刺激，使滑囊壁发生充血、水肿、渗出、增生、肥厚、粘连等无菌炎症反应。

（二）临床表现与诊断

1．一般症状

疼痛、运动受限和局限性压痛是肩峰下滑囊炎的主要症状。疼痛为逐渐加重，夜间痛较著，运动时疼痛加重，尤其在外展和外旋时（挤压滑囊）。疼痛一般位于肩部深处，涉及三角肌的止点等部位，亦可向肩胛部、颈部和手等处放射。

2．局部检查

在肩关节、肩峰下、大结节等处可触及压痛点，可随肱骨的旋转而移位。当滑囊肿胀积液时，整个肩关节区域和三角肌部均有压痛。为减轻疼痛，患者常使肩关节处于内收和内旋位，以减轻对滑囊的挤压刺激。随着滑囊壁的增厚和粘连，肩关节的活动范围逐渐缩小以至完全消失。晚期可见肩胛带肌肉萎缩。

3．其他辅助检查

X线摄片可发现冈上肌的钙盐沉着。

（三）治　疗

首先查明原发病因，施以针对性的处理。急性期的治疗包括休息、给以消炎镇痛药、物理治疗、针灸和将患肢置于外展外旋位，类固醇激素局部注射有较好效果。慢性期除了上述疗法外，要强调不增加疼痛的康复治疗，主要恢复肩关节在三个轴上的运动功能。对经保守治疗无效者，可考虑手术治疗，包括滑囊切除术、冈上肌腱钙化灶刮除术、肩峰和喙肩韧带切除等成形手术等。

1．止　痛

治疗原则主要是止痛，防止滑囊粘连和恢复肩关节功能。急性期悬吊前臂制动，也可用支架保持肩关节于外展90°位，局部热敷、理疗、按摩等，可用醋酸氢化可的松加普鲁卡因作滑囊内注射。慢性滑囊炎，在理疗和药物治疗的同时，逐渐增加活动范围，恢复关节功能。

2．手　术

顽固性疼痛的三角肌下滑囊炎，非手术疗法无效，可考虑手术切除滑囊，但陈旧性腱袖完全撕裂时，修补手术很难奏效。在滑囊增厚严重影响肩关节外展时，可切除肩峰。

3．针灸治疗

（1）刺　灸

选穴：肩髃、臑俞、肩前、肩贞、肩髎、肩井、合谷、阿是穴。

刺灸方法选用泻法，或加灸，或温针灸等。

（2）穴位注射

在肩外侧局部压痛点作注射治疗，药选当归注射液或威灵仙注射液等。

（3）拔罐法

在患部痛点（阿是穴）点刺出血，加拔火罐，每次留罐10～15分钟。

4．推拿治疗

取穴以阿是穴为主，其他基本同针灸处方。

操作手法：滚、按、揉、提拿、弹拨、擦和摇法等。

急性期治疗：患者取坐位。医者在患肩之肩峰下和三角肌部施于按揉法，手法宜柔和缓慢，同时配合患肩部周围轻快地提拿法治疗，以加强局部血液循环。然后在三角肌及其周围施于擦法治疗，以透热为度。

慢性期治疗：患者取坐位。医者在患肩之肩峰下和三角肌部施于滚法治疗，手法宜轻柔，同时配合上臂的内收、外展和旋转活动。其次在患肩施以拿、按、揉法治疗，手法宜深沉而缓和。再在上臂外展30°状态下，肩峰下和三角肌部施以弹拨法治疗，手法宜轻柔。最后患肩及上肢的摇、搓、抖手法治疗。可加用中药热敷。

十二、肩关节周围炎

肩关节周围炎又称漏肩风、五十肩、冻结肩，简称肩周炎，是肩关节囊和关节周围软组织的一种退行性、炎性病变。其临床表现为：多见于45岁以上的中老年人，早期以疼痛为主，日轻夜重；晚期则以功能障碍为主，外展、外旋及后伸等动作受限最明显。

中医学中，本病称“漏肩风”“肩凝”等，属痹症范畴。多因年老体虚，风寒湿邪乘虚而入，致经脉痹阻；或跌仆损伤，瘀血留内，气血不行，经筋作用失常而导致本病。

（一）病理生理

肩关节周围的病变主要发生在盂肱关节周围，包括如下。

1．肌和肌腱

肌和肌腱可分两层。外层为三角肌，内层为冈上肌、冈下肌、肩胛下肌和小圆肌4个短肌及其联合肌腱。联合肌腱与关节囊紧密相连，附着于肱骨上端如袖套状，称为旋转肩袖或肩袖。肩袖是肩关节活动时受力最大结构之一，易于损伤。肱二头肌长腱起于关节盂上方，经肱骨结节间沟的骨纤维隧道，此段是炎症好发之处。肱二头肌短头起于喙突，经盂肱关节内前方到上臂，受炎症影响后肌肉痉挛，影响肩外展、后伸。

2. 滑 囊

滑囊有三角肌下滑囊、肩峰下滑囊及喙突下滑囊。其炎症可与相邻的三角肌、冈上肌腱、肱二头肌短腱相互影响。

3. 关节囊

盂肱关节囊大而松弛，肩活动范围很大故易受损伤。上述结构的慢性损伤主要表现为增生、粗糙及关节内、外粘连，从而产生疼痛和功能受限。后期粘连变得非常紧密，甚至与骨膜粘连，此时疼痛消失，但功能障碍却难以恢复。

（二）临床表现与诊断

好发于50岁左右，女性多于男性。起病多隐匿，大多数无外伤史，常因上举或外展动作引起疼痛始被注意，少数有轻微肩部或上肢受伤史。

主要症状为疼痛及肩关节活动障碍或僵硬。疼痛与活动障碍并不一致，有的疼痛严重而活动基本正常，有的全无活动度却几无疼痛。

疼痛是最突出的症状，多呈持续性疼痛。疼痛的性质和程度可有较大差异，或为钝痛或为刀割样痛，夜间加重，影响睡眠，疼痛除局限于肩部外，也可放射至枕部、后背、前臂或手。疼痛诱发持续性肌肉痉挛，尤其是斜方肌。局部血管痉挛，肌肉活力降低，有时继发性改变明显，甚至掩盖了原发病变。

检查时可见，局部压痛点在肩峰下滑囊、肱二头肌腱长头或结节间沟、喙突、冈上肌止点等处，用拇指推动二头肌腱可加重疼痛，表明其是疼痛主要来源。亦可常见局部广泛性压痛而无局限性压痛点。

早期疼痛尚可忍受时，盂肱关节活动不受限，但是大多数已有内外旋活动受限，举臂至头颈困难，妇女不能梳头。后期盂肱关节几无活动，接近强直，但仍有矢状面上的少许活动度。少数病人患肩僵硬，却无疼痛感觉。几乎所有病人均出现肩肱关节活动障碍。病程较长者，可见肩胛带肌萎缩，尤以三角肌为明显。

活动障碍可分为三期：

冻结进行期（初期）：本期患者的主要临床表现为肩前外侧疼痛，可扩展至三角肌止点。因疼痛诱发持续性肌肉痉挛而出现肩关节活动受限。

冻结期（中间期）：持续性肩痛，夜间加重甚至痛醒，上臂活动受限，多在此时就诊。通常在数周、数月或数年后（常不能预测）疼痛逐渐缓解，进入解冻期。

解冻期（末期）：疼痛逐渐减轻，肩部粘连缓慢地但进行性松解，活动度逐渐增加。

X线检查肩关节多数阴性，但可排除骨与关节疾病。有时可见骨质疏松、冈上肌腱钙化或大结节处有密度增高影。

（三）治　疗

肩周炎的治疗方法包括：（1）针灸（2）药物（3）推拿（4）功能锻炼（5）理疗（6）封闭疗法。

1. 针　灸

针灸治疗肩痛在《针灸甲乙经》《备急千金要方》《针灸资生经》及《针灸大成》等著作中，均有记载。现代明确提到肩关节周围炎的针灸治疗首见于1954年。20世纪60年代报道颇多，但以传统的针刺法为主。近20年来，几乎各种穴位刺激疗法被用于本病的治疗，诸如刺血、针刺、艾灸、拔罐、穴位激光照射、热针、穴位微波法、电针以及穴位注射等，为提高疗效，还往往将两三种方法结合运用。目前，针灸及各种穴位刺激法的疗效大致类似，有效率在95%以上。

可取肩髃、肩外俞、巨骨、臂臑、曲池等，并可取阿是穴，用泻法结合灸法，每日一次。

2. 药　物

药物的治疗包括中药和西药，中药的一些经验药方、食疗药膳等和西药的一些消炎镇痛药物。

3. 推　拿

在急性期，一般不宜过早采用推拿按摩方法，以防疼痛症状加重，使病程延长。一般可自我采取一些主动运动练习，保持肩关节活动度，在急性期限过后方可推拿、按摩，以达到改善血液循环，促进局部炎症消退的目的。

4. 功能锻炼

功能锻炼对肩周炎的治疗尤为重要，中医认为，人的经络有12条，其中6条通过肩膀，3条通过手背面，3条通过手掌面，因而疏通经络可以治疗肩周炎。运动使局部血液循环加快，从而改善了局部的营养供给，加快了新陈代谢，使各种症状减轻，病情好转。从祖国医学的经络学说来解释功能锻炼对防治肩周炎的作用也有一定意义，手掌内侧面有手太阴肺经、手少阴心经、手厥阴心包经。肺主气，心主血脉，健身球在手中运动，刺激手上的穴位和经络，疏通经络，调整气血，从而达到治疗作用，因此，肩周炎患者应该经常加强该部的功能锻炼，以利早日康复。

5. 理　疗

TDP、红外线、超短波、中药离子导入均可选用。

6. 封闭疗法

有明显痛点者，可用曲安奈德4ml，加4ml利多卡因，可明显减轻疼痛和肌痉挛。

（四）功能锻炼常用方法

下面介绍肩周炎的八个自我防治动作供患者参考。

1．屈肘甩手

患者背部靠墙站立，或仰卧在床上，上臂贴身、屈肘，以肘点作为支点，进行外旋活动。

2．手指爬墙

患者面对墙壁站立，用患侧手指沿墙缓缓向上爬动，使上肢尽量高举，到最大限度，在墙上作一记号，然后再徐徐向下回原处，反复进行，逐渐增加高度。

3．体后拉手

患者自然站立，在患侧上肢内旋并向后伸的姿势下，健侧手拉患侧手或腕部，逐步拉向健侧并向上牵拉。

4．展臂站立

患者上肢自然下垂，双臂伸直，手心向下缓缓外展，向上用力抬起，到最大限度后停10分钟，然后回原处，反复进行。

5．后伸摸棘

患者自然站立，在患侧上肢内旋并向后伸的姿势下，屈肘、屈腕，中指指腹触摸脊柱棘突，由下逐渐向上至最大限度后停住不动，2分钟后再缓缓向下回原处，反复进行，逐渐增加高度。

6．梳　头

患者站立或仰卧均可，患侧肘屈曲，前臂向前向上并旋前（掌心向上），尽量用肘部擦额部，即擦汗动作。

7．头枕双手

患者仰卧位，两手十指交叉，掌心向上，放在头后部（枕部），先使两肘尽量内收，然后再尽量外展。

8．旋　肩

患者站立，患肢自然下垂，肘部伸直，患臂由前向上向后划圈，幅度由小到大，反复数遍。

第二节　肘部运动损伤

一、肘关节解剖结构

肘关节（图2-12）：由肱尺、肱桡和桡尺近侧三组关节包于一个关节囊内构成，故称为复关节。其中肱骨滑车与尺骨半月切迹构成肱尺关节，属于蜗状关节，是肘关节的主体部分；肱骨小头与桡骨头凹构成肱桡关节，属球窝关节；桡骨头环状关节面与尺骨的桡骨切迹构成桡尺近侧关节，属车轴关节。关节囊附着于各关节面附近的骨面上，肱骨内、外上髁均位于囊外。关节囊前后松弛薄弱，两侧紧张增厚形成侧副韧带。尺侧副韧带呈三角形，起自肱骨内上髁，呈放射状止于尺骨半月切迹的边缘，有防止肘关节侧屈的作用。桡侧副韧带也呈三角形，附于肱骨外上髁与桡骨环状韧带之间。此外，在桡骨头周围有桡骨环状韧带，附着于尺骨的桡骨切迹的前后缘，此韧带同切迹一起形成一个漏斗形的骨纤维环，包绕桡骨头。4岁以下的幼儿，桡骨头发育不全，且环状韧带较松弛，故当肘关节伸直位牵拉前臂时，易发生桡骨头半脱位。

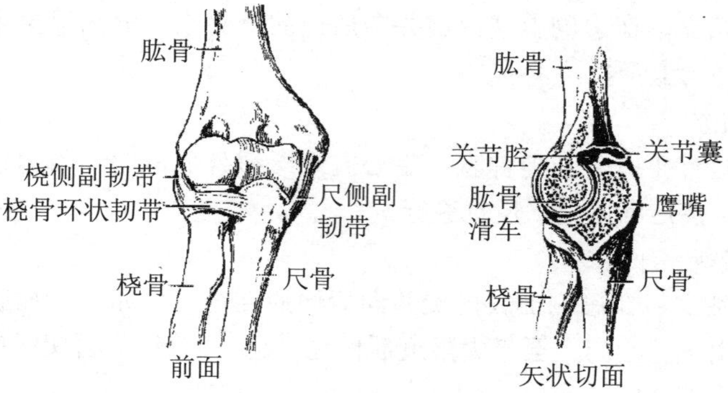

图2-12　肘关节（右侧）

当肘关节伸直时，肱骨内、外上髁与尺骨鹰嘴尖恰位于一条直线上，屈肘时则形成以鹰嘴尖为顶角的等腰三角形，临床上常以此鉴别肘关节脱位或肱骨髁上骨折。肘关节在伸直的情况下，若受暴力（如跌倒）时一侧手掌着地，使肱骨下端向前移位、尺骨鹰嘴则向后移，形成肘关节后脱位。当肘关节伸直，前臂处于旋后位时，上臂与前臂并不在一条直线上，前臂的远侧端偏向外侧，二者之间形成一向外开放的钝角，称为提携角。

肘关节的肱尺关节可沿略斜的额状轴做屈伸运动；桡尺近侧关节与桡尺远侧关节是必须同时运动的联合关节，司前臂的旋转运动；肱桡关节虽属球窝关节，但只能配合上述两关节的活动，即与肱尺关节一起，共同进行屈伸运动，配合桡尺近侧关节进行垂直轴的旋转运动，但却失去矢状轴的内收、外展运动的能力。

肘关节由肱骨下端和桡骨、尺骨上端构成，由肱尺关节、肱桡关节和桡尺近侧关节，三个关节共同包在一个关节囊内。

二、肱骨髁上骨折

肱骨髁上骨折以小儿最多见，占儿童肘部骨折的30%～40%，好发年龄为5～12

岁。早期处理不当易发生缺血性挛缩，晚期可出现肘内翻等畸形。

（一）病因病理

肱骨髁上骨折多系间接暴力所致。发病机制：肱骨髁上骨折多发生于运动伤、生活伤和交通事故，系间接暴力所致。各个类型骨折，损伤机制不尽一致。通常将骨折分为伸展型、伸展尺偏型、伸展桡偏型和屈曲型。

1. 伸展型

跌倒时，肘关节呈半屈状手掌着地，地面的反作用力经前臂传导至肱骨下端；在肱骨髁上部骨折，骨折的近侧端向前移位远侧端向后移位（图2-13）。骨折线方向由后上至前下方斜形经过。移位严重者，骨折近侧端常损伤肱前肌并对肱动脉造成损伤。骨折近侧端引起神经损伤多为正中神经、桡神经。

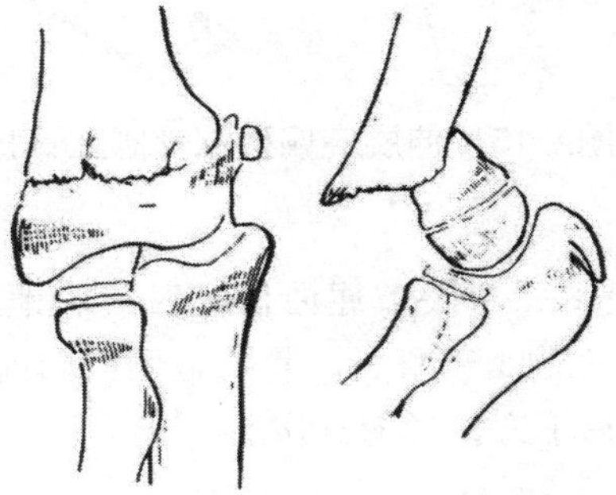

图2-13　伸展型肱骨髁上骨折

2. 伸展尺偏型

外力自肱骨髁部的前外侧，肱骨髁受力的作用，使肱骨髁上骨折的远侧端向尺侧和后侧移位。内侧骨质可能部分被压缩，外侧骨膜有时尚完整（图2-14）。此类骨折的内移和内翻的倾向性大，骨折移位时必须加以整复，以避免肘内翻畸形。

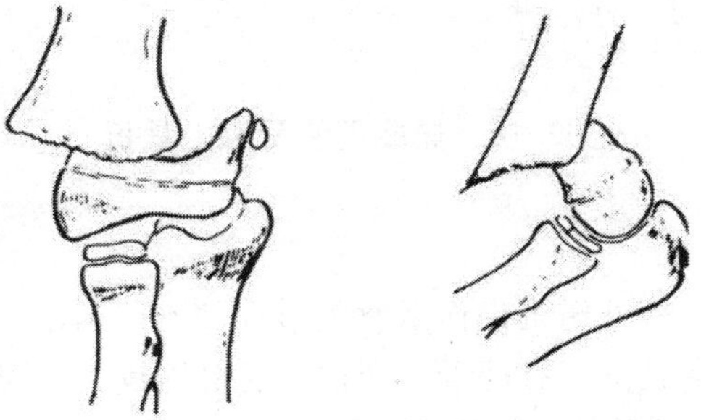

图2-14　伸展尺偏型肱骨髁上骨折

3. 伸展桡偏型

外力自肱骨髁部的前内侧，骨折后，远侧骨折端向桡侧和后侧移位；这种骨折不易发生肘内翻畸形。（图2-15）

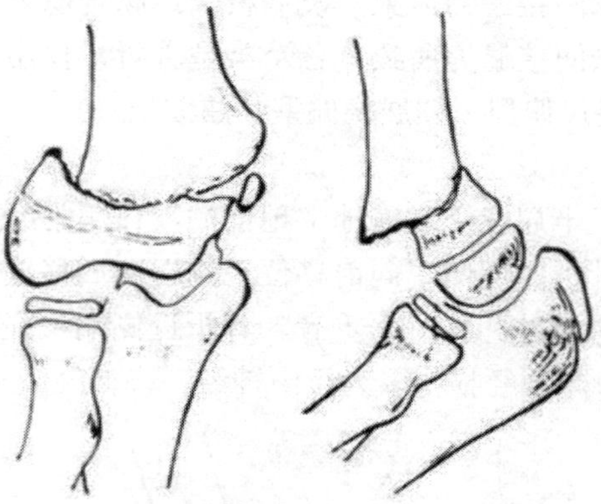

图2-15 伸展桡偏型肱骨髁上骨折

4. 屈曲型

屈曲型肱骨髁上骨折多系肘关节屈曲位，肘后着地。外力自下而上，尺骨鹰嘴直接撞击肱骨髁部，使之髁上部骨折。骨折远侧段向前移位，近侧段骨端向后移位。骨折线自前上方斜向后下方。（图2-16）

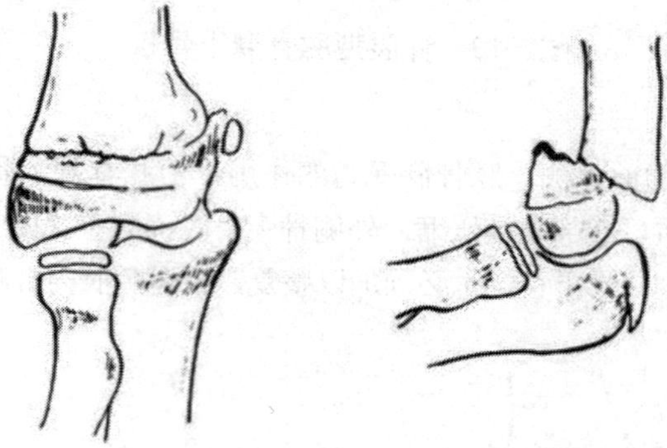

图2-16 屈曲型肱骨髁上骨折

（二）临床表现

患者多见于儿童，有外伤史，伤后肘关节局部不能活动，肿胀明显。肘部骨性三角关系存在，表示未脱位。肘处于半屈位，肘窝饱满。且可在肘窝触到肱骨近折端。如因肿胀、疼痛重无法做仔细检查，应迅速拍X线正、侧位片以确定骨折及移位情况。

在5～6岁以下的儿童，肱骨髁上骨折应注意和肱骨远端全骺分离相鉴别。因肱骨小头的骨化中心在1岁左右出现，而滑车的骨化中心在10岁左右才出现，故骨骺全分离在X线片无骨折线，桡骨纵轴线与肱骨小头关系不改，但与肱骨下端关系改变，肘部肿胀，环周压痛。单纯肱骨小头骨折，则在X线片上可以桡骨纵轴线不通过肱骨小头而确诊（图2-17）。在诊断中应注意桡动脉搏动及正中神经的功能。

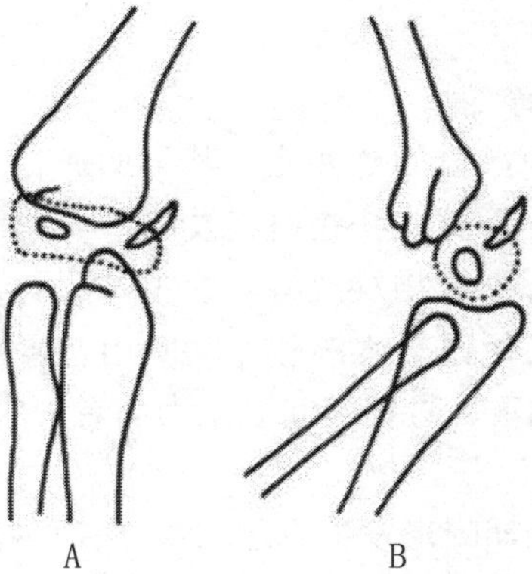

A．干骺端骨片移向尺侧　B．干骺端骨片向后移位

图2-17　肱骨下端骨骺分离

伸直型肱骨髁上骨折的特点是：骨折线位于肱骨下段鹰嘴窝水平或其上方，骨折的方向为前下至后上，骨折向前成角，远折端向后移位。屈曲型肱骨髁上骨折的骨折线可为横断，骨折向后成角，远折端向前移位或无明显移位。

（三）诊断依据

主要依据以下内容。

1．外伤史，以生活及运动意外为多发，且多见于学龄前儿童。

2．临床表现以肘部肿胀（多较明显）、剧痛及活动受限为主，并应特别注意有无血管损伤。

3．骨折种类：上臂短缩、前臂正常型和上臂正常、前臂短缩型。

4．影像学检查常规正、侧位X线片即可确诊及分型。

（四）鉴别诊断

肱骨髁上骨折主要需与肘关节脱位鉴别，其要点主要有以下几点。

1．肱骨髁上骨折（伸直型）：肘关节可部分活动，肘后三角无变化，上臂短缩、前臂正常。

2．肘关节脱位：肘关节弹性固定，肘后三角有变化，上臂正常，前臂短缩。

3．5～6岁以下的儿童，肱骨髁上骨折应注意和肱骨远端全骺分离相鉴别。因肱骨小头的骨化中心在1岁左右出现，而滑车的骨化中心在10岁左右才出现，故骨骺全分离在X线片无骨折线，桡骨纵轴线与肱骨小头关系不改变，但与肱骨下端关系改变，肘部肿胀，环周压痛。

（五）并发症

1．Volkmann缺血性肌挛缩

是肱骨髁上骨折常见而严重的合并症。其早期症状为剧烈疼痛，桡动脉搏动消失或减弱，末梢循环不良，手部皮肤苍白、发凉，被动伸直、屈曲手指时引起剧痛等。应立即将肘伸直，松解固定物及敷料，经短时间观察后血运无改善者，应及时探查肱动脉。痉挛的动脉可用温盐水湿敷，动脉用普鲁卡因封闭。确有血管损伤者应行修补手术，前臂肿胀加重、骨筋膜间室压力高者，应切开骨筋膜室减压。

2．肘内翻

是常见的髁上骨折，晚期畸形发生率达30%。对肘内翻发生的原因有许多不同的解释：如骨折时肱骨内髁骺线发育不均衡；骨折远折段旋转未矫正；或在复位后由于前臂的自然旋前位及与上臂形成一向内侧的夹角又导致旋转移位；尺偏型骨折未能矫正。因尺偏发生率高，故要求对尺偏型骨折应准确复位，或矫枉过正使之轻度桡偏。在整复骨折复位后1周拍X线正位片，根据骨痂在骨折端内外分布情况，预测肘内翻发生与否。若预知有肘内翻发生，在充分麻醉下手法轻柔折骨矫正，于伸直位固定。肘内翻畸形并不影响肘关节的伸屈活动，但影响外观及患者心理。畸形超过20°以上，伤后1～2年畸形稳定，则可行肱骨髁上外侧楔形截骨术矫正。

3．肘外翻

肘外翻很少发生，可见于肱骨外髁骨折复位不良，病例严重时引起尺神经炎，应及早行神经前移或截骨矫正术。

4．神经损伤

正中神经损伤较多见，桡神经及尺神经损伤少见。主要因局部压迫、牵扯或挫伤，断裂者少见。随着骨折整复大多数于伤后数周内可自行恢复，若伤后8周仍无恢复，可考虑手术探查，并作适当处理。

5．肘关节骨化性肌炎

在功能恢复期强力被动伸屈肘关节，可导致关节周围出现大量骨化块，致使关节又肿胀，主动屈伸活动逐渐减少。遇此种情况应立即停止被动牵拉关节，并应制动数周以后再重新开始主动。练习关节屈伸活动。在儿童很少有手术切除增生骨性组织的必要。

（六）治疗措施

本病的治疗需根据病情的不同给予相应的治疗。

1. 青枝骨折

骨折端无移位，若前倾角消失不需复位；前倾角增大，在臂丛麻醉或全麻下轻柔手法复位，长臂石膏固定于功能位3～4周。

2. 有移位的骨折

在臂丛或全麻下手法复位，长臂石膏固定4～6周。手法复位的要点为：先纵向牵引纠正重叠移位，再侧方挤压纠正侧方移位，最后纠正前后移位。桡侧侧方移位，不必完全纠正；尺侧侧方移位应矫枉过正，以避免发生肘内翻畸形。屈曲型骨折复位后固定于半伸直位；伸直型骨折复位后固定于小于90°屈曲位，以骨折稳定又不影响手部循环为度。若屈曲位影响循环，稍伸直后骨折又不稳定，可在电视X线机透视下，经皮克氏针交叉固定，外加石膏托适当屈曲位外固定；亦可牵引治疗，消肿后再石膏固定。

3. 牵引治疗

适用于骨折超过24～48小时，软组织严重肿胀，已有水泡形成，不能手法复位或复位后骨折不稳定者。

4. 开放复位

适用于手法复位失败者；开放性骨折；骨折合并血管损伤者；骨不连；骨折畸形连接或肘内外翻畸形严重者可行截骨术矫正。

5. 骨折合并神经损伤

先复位固定骨折，观察1～3个月若无恢复，则行神经探查松解或修复术。

6. 缺血性挛缩

关键是早期诊断和预防，对出现“5P”征者首先复位骨折，解除压迫因素，仍无改善者，即应早期探查修复血管，必要时行筋膜间室切开减压。

（七）预　后

肱骨髁上骨折的治疗过程中，血管、神经、骨骺并发症比较多，应随时调整治疗方案。一旦并发症发生或形成，需立即或后期手术治疗，尤其后期手术治疗其效果很难满意。

三、肱骨内上髁骨骺分离与骨折

肱骨内上髁骨折是肘部损伤中，最常见的一种，多见于青少年，约占肘关节骨折的10%，仅次于肱骨髁上骨折与肱骨外髁骨折，占肘部损伤的第三位。

（一）病因病理

常为平地跌倒或投掷运动致伤，当肘关节伸直位摔倒时，手部撑地上肢处于外展位，外翻应力使肘关节外翻，同时前臂屈肌群猛然收缩，将内上髁撕脱。内上髁是一个闭合比较晚的骨骺，在未闭合以前骺线本身就是潜在的弱点，故可发生骨骺分离，牵拉向下向前并旋转移位，同时肘关节内侧间隙暂时被拉开或发生肘关节后外侧脱位，撕脱的内上髁（骨骺）被夹在关节内。根据损伤的严重程度可分为4度。

Ⅰ度损伤：仅有骨折或骨骺分离，移位甚微。

Ⅱ度损伤：骨块向下有移位并向前旋转移位可达关节水平。

Ⅲ度损伤：骨折块嵌夹在关节内并有肘关节半脱位。

Ⅳ度损伤：肘关节后脱位或后外侧脱位骨块夹在关节内。

发病机制：肱骨内上髁骨折常见于平地跌倒或投掷等运动性损伤。跌倒时前臂后伸并外展，前臂屈肌猛烈收缩时肱骨内上髁被屈肌群牵拉而造成撕脱骨折。被撕脱的骨折块向前下方移位并可能旋转，因为肘关节置于外翻位，故内上髁撕脱骨折常并合肘关节脱位。

（二）临床表现

儿童比成年人多见。受伤后肘内侧和内上髁周围软组织肿胀，或有较大血肿形成。临床检查肘关节的等腰三角形关系存在。疼痛，特别是肘内侧局部肿胀、压痛，正常内上髁的轮廓消失。肘关节活动受限，前臂旋前、屈腕、屈指无力。合并肘关节脱位者，肘关节外形明显改变，功能障碍也更为明显，常合并有尺神经损伤症状。

发生肱骨内上髁的撕脱骨折时，肘关节内侧组织，如侧副韧带、关节囊、内上髁和尺神经等均可损伤。肘关节内侧肿胀、疼痛、局部皮下可见瘀血。压痛局限于肘内侧。有时可触及骨摩擦感。肘关节伸屈和旋转功能受限。

肱骨内上髁骨骺与肱骨下端内髁部分离、移位或旋转移位，并据骨折片移位情况判断其移位程度。儿童肱骨内上髁骨折，较易与肱骨内髁、桡骨小头撕脱骨折有移位者相混淆，儿童肱骨内髁骨骺尚未出现之前（通常6岁），骨化中心的征象不能在X线片显示出来，骨骺线未闭合，更增加了鉴别诊断难度，必要时拍对侧肘关节X线片。详细体格检查，询问受伤情况，结合年龄特点。只有这样，才能准确诊断并选用较好的手术治疗方法。

X线诊断十分重要，应注意仔细观察。

Ⅰ度骨折有时可能漏诊，但有以下情况存在应考虑有骨折存在的可能：①当有脂肪垫征（fatpadsign）出现时，即肘部伤后出血或渗出物将冠状窝和鹰嘴窝内脂肪垫推开呈“八”字型；②骨骺与干骺端不平行；③骨骺边缘不清楚，特别是发现有薄层干骺端骨折片；④肱骨下端内外侧突起对称者，因正常的肱骨下端内外侧突起形状是不对称的，内上髁向内突起较多。

Ⅲ、Ⅳ度骨折应注意观察内上髁骨骺是否存在，如有困难应强调拍摄双侧同位置的正侧位或斜位X线片，观察双侧关节间隙是否等宽，双侧内上髁是否对称。5岁以下的儿童，因肱骨内上髁的骨化中心尚未出现，故较难与肱骨内髁骨折区别。严重损伤时应注意有无合并桡骨头、尺骨鹰嘴、肱骨外上髁骨折存在。

尺神经走行于肱骨内上髁后方的尺神经沟内，骨折时尺神经可能被牵拉、辗挫，甚至连同骨折块一起嵌入关节间隙，造成尺神经损伤。

损伤类型：根据撕脱骨折片移位及肘关节变化，可分为4度。（图2-18）

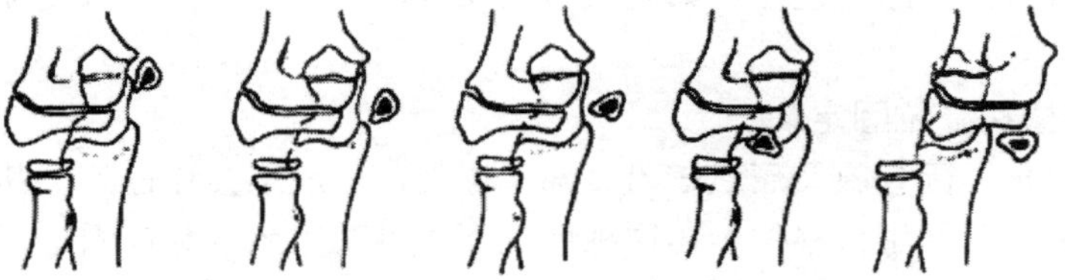

A　　B　　C　　D　　E

A. Ⅰ度，轻度移位；B、C. 不同情况的Ⅱ度移位到关节平面；

D. Ⅲ度，骨折块夹到关节内；E. Ⅳ度，合并肘关节脱位。

图2-18　小儿肱骨内上髁骨折移位

Ⅰ度：肱骨内上髁骨折，轻度分离或旋转移位。

Ⅱ度：内上髁骨折片，牵拉移位明显，可达肘关节水平位，并可能有旋转移位，手法复位较困难。

Ⅲ度：骨折片撕脱瞬间，外翻暴力较大，使关节内侧张开，骨折片嵌夹在关节间隙内，此骨折片与关节囊粘在一起，如纽扣样进入关节很难手法整复。

Ⅳ度：肱骨内上髁撕脱骨折伴肘关节脱位，为内上髁骨折最严重的损伤，少数有合并尺神经损伤。

（三）诊断依据

外伤史，肘关节内侧肿胀，疼痛，皮下瘀血及局限性压痛，有时可触及骨折片，X线检查可确定诊断。同时应注意有无合并其他损伤，如桡骨头、颈、尺骨鹰嘴骨折等。

（四）治疗措施

无移位的肱骨内上髁骨折，无须复位，仅用长臂石膏托或超关节小夹板固定3～4周，拆除石膏或夹板后进行功能锻炼。Ⅱ度以上骨折应先利用手法复位，失败者再手术。

1. 手法复位

局麻或臂丛麻醉，Ⅱ度骨折应采用肘关节屈曲90°，前臂旋前，使前臂屈肌放松，术者用拇指推开血肿，将骨折片自下向上推挤，使其复位。如为Ⅲ度骨折，可先由助手将前臂外展、旋后，使肘关节外翻，使之将内侧间隙张开，然后伸腕、伸指，再过伸肘关节，即所谓“三伸”复位法，然后迅速将前臂屈肌拉紧，将骨折片拉出关节间隙之外，变成Ⅱ度骨折后，再按Ⅱ度骨折处理；另一手法为一助手固定上臂下端，另一助手将前臂极度旋前，术者用拇指在肱骨滑车部由前上方向后下方推按，直至推出骨折块。合并肘关节脱位者即Ⅳ度骨折，在肘关节复位过程中，移位的内上髁骨折常可随之复位，如肘关节已获复位，而内上髁尚未复位，可按Ⅱ度骨折处理。

2. 经皮撬拨复位固定

除Ⅰ度骨折，因骨膜及屈肌腱附着部无撕裂，一般不会移位外，其他类型骨折复位后不稳定，可发生再移位。在这种情况下，可采用闭合穿针固定，如骨折片有旋转，手法难以复位者，可采用经皮钢针撬拨复位，并用1～2枚克氏针作内固定，术后用石膏托或超关节小夹板外固定3～4周。

3. 切开复位

适用于骨折分离较明显，或骨折片嵌入关节腔手法难以解出，旋转移位手法未能纠正及合并尺神经损伤者。手术应取肘内侧切口，保护尺神经，显露骨折端，清除血肿或肉芽组织，辨清骨折面方向，屈肘90°，前臂旋前，用毛巾钳夹持骨折片复位，用两枚细克氏针交叉固定。成年人骨折片较大的可用松质骨螺丝钉固定。较小的也可切除，将屈肌腱附着部缝合在附近筋膜上。儿童也可采用丝线缝合固定骨折片。合并尺神经挫伤应予以检查，如较严重可同时做尺神经前置手术。术后用石膏托固定4～5周，拆除石膏托拔除钢针后进行功能锻炼。

（五）预　后

一般预后良好。

四、桡骨小头半脱位

1671年由Fournier首先描述。桡骨小头半脱位是婴幼儿常见的肘部损伤之一。发病年龄1～4岁，其中2～3岁发病率最高，占62.5%，男孩比女孩多，左侧比右侧多。当肘关节伸直，前臂旋前位忽然受到纵向牵拉时容易引起桡骨小头半脱位。常见的是大人领患儿上台阶，牵拉胳膊时出现。

（一）病因病理

桡骨头的关节面和桡骨纵轴有一定的倾斜度，其大小与前臂旋转活动有关。倾斜度的变化会影响环状韧带的上下活动，在前臂的旋前旋后位这种倾斜度的可变性无疑使之易于脱位。当肘关节伸直位，手腕或前臂突然受到旋转动作的纵向牵拉，环状韧带下部将产生横行撕裂，向下轻微活动肱桡关节间隙变大，关节囊及环状韧带上部由于关节腔的负压作用，只需滑过桡骨小头倾斜远端一部分，关节面就可嵌顿于桡骨关节间隙，从而阻止了桡骨小头复位，造成桡骨小头半脱位。

（二）临床表现

半脱位时肘部疼痛，患儿哭闹，肘部半屈曲，前臂中度旋前，不敢旋后和屈肘，不肯举起和活动患肢，桡骨头部位压痛，X线检查阴性。

（三）诊断依据

1．本病多为间接暴力所致。如：用双手牵拉幼儿腕部走路中跌倒；穿衣服时由袖口牵拉幼儿腕部；在床上翻滚时，身体将上肢压在身下，迫使肘关节过伸等外力造成。

2．受伤后不愿上抬患肢，前臂不能旋后。

3．肘关节处于伸展、前臂旋前下垂位。

4．肘关节无肿胀、畸形，但桡骨小头处有明显压痛。

5．X线片无异常。

（四）治疗措施

本病的治疗主要是依靠手法复位，复位时不用麻醉，先将前臂旋后，伸肘稍加牵引，拇指压肘前桡骨小头处，屈曲肘关节，必要时前后旋转前臂，可感到复位的响声，复位后肘部及前臂可活动自如。复位后用三角巾悬吊一周。如活动时疼痛或复发，宜用石膏固定于屈肘90° 2周，应注意勿提拉小儿手臂，防止复发。4～6岁后桡骨头长大，即不易脱出。

（五）预　防

小儿桡骨小头半脱位的预防。

1．平时牵拉（提）小儿手部时应同时牵拉衣袖。

2．防止跌仆。

3．成人与小儿嬉闹时应注意方法，不能单牵（提）手。

4．若出现上述表现，家长可自行复位，若不成功则应到医院就诊。

5．避免反复脱位形成习惯性。

6．穿衣服时应避免手部旋前位牵拉，应和衣袖同时拉扯。

五、肘关节脱位

肘关节脱位占全身四大关节脱位总数的一半。构成肘关节的肱骨下端呈内外宽厚，前后薄扁。侧方有坚强的韧带保护，关节囊前后部相当薄弱。肘关节的运动，主要为屈伸。尺骨冠状突较鹰嘴突小。因此对抗尺骨向后移动的能力要比对抗向前移动的能力差。所以肘关节后脱位远比其他方向的脱位较为常见。新鲜脱位经早期正确诊断及适当处理后，不会遗有明显的功能障碍。如早期未能得到及时正确的处理，则可能导致晚期严重的功能障碍。此时无论何种精心治疗，都难以恢复正常功能，而仅仅是得到不同程度的功能改善而已。

（一）病因病理

肘关节脱位多为间接暴力，偶有直接暴力亦可致伤。发病机制：肘关节脱位主要系由间接暴力所引起。肘部系前臂和上臂的联结结构，暴力的传导和杠杆作用是引起肘关节脱位的基本外力形式。

1．肘关节后脱位

这是最多见的一种脱位类型，以青少年为主要发生对象。当跌倒时，手掌着地，肘关节完全伸展，前臂旋后位，由于人体重力和地面反作用力引起肘关节过伸，尺骨鹰嘴的顶端猛烈冲击肱骨下端的鹰嘴窝，即形成力的支点。外力继续加强，引起附着于喙突的肱前肌和肘关节囊的前侧部分撕裂，则造成尺骨鹰嘴向后移位，而肱骨下端向前移位的肘关节后脱位。

由于构成肘关节的肱骨下端内外髁部宽而厚，前后又扁薄，侧方有副韧带加强其稳定，但如发生侧后方脱位，很容易发生内外髁撕脱骨折。

2．肘关节前脱位

前脱位者少见又常合并尺骨鹰嘴骨折。其损伤原因多系直接暴力，如肘后直接遭受外力打击或肘部在屈曲位撞击地面等，导致尺骨鹰嘴骨折和尺骨近端向前脱位。这种损伤肘部软组织损伤较严重。

3．肘关节侧方脱位

以青少年为多见。当肘部遭受到传导暴力时，肘关节处于内翻或外翻位，致肘关节的侧副韧带和关节囊撕裂，肱骨下端可向桡侧或尺侧（即关节囊破裂处）移位。因在强烈内、外翻作用下，由于前臂伸或屈肌群猛烈收缩引起肱骨内、外髁撕脱骨折，尤其是肱骨内上髁更易发生骨折。有时骨折片可嵌夹在关节间隙内。

4．肘关节分裂脱位

这种类型脱位极少见。由于上、下传导暴力集中于肘关节时，前臂呈过度旋前位，环状韧带和尺桡骨近侧骨间膜被劈裂，引起桡骨小头向前方脱位，而尺骨近端向后脱位，肱骨下端便嵌插在二骨端之间。

（二）临床表现

1．脱位之一般症状

外伤后肘关节部出现疼痛、畸形及活动受限等关节脱位的一般症状。

2．肘后三角变形

此时肘关节呈半屈曲位，肘窝饱满状，肘后三角关系改变（图2-19），上肢呈弹性固定。

3．其他畸形

后脱位时则肘后方空虚，可触及向后突出之尺骨鹰嘴，侧方脱位时有肘内、外翻畸形。

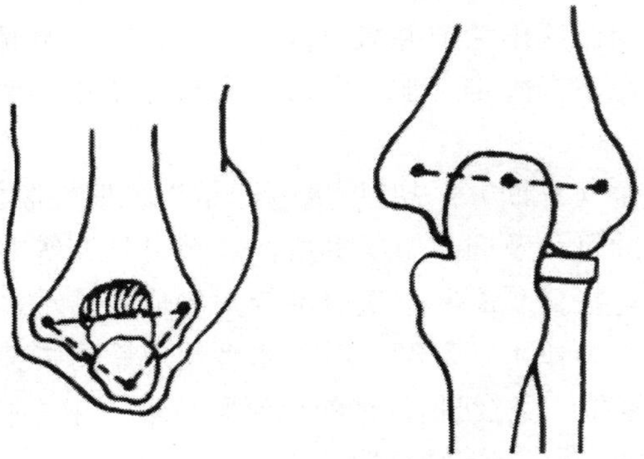

图2-19　肘后三角（内上髁、外上髁及尺骨鹰嘴）

（三）并发症

可并发Volkmann缺血挛缩，骨化性肌炎，肘关节创伤后僵直，迟发性尺神经炎。

（四）诊断依据

1．外伤史

2．临床表现

肘关节肿胀疼痛及半屈曲位畸形，肘窝饱满，肘后三角关系改变。

3．影像学检查

正、侧位X线平片检查可明确诊断，并可判定关节脱位类型，以及是否合并骨折及移位情况。一般无需CT及MRI检查。

（五）治疗措施

1. 手法复位

新鲜肘关节脱位或合并骨折的脱位主要治疗方法为手法复位，对某些陈旧性骨折，为期较短者亦可先试行手法复位。

单纯肘关节脱位取坐位局部或臂丛麻醉，如损伤时间短（30分钟内）亦可不施麻醉。令助手双手紧握患肢上臂，术者双手紧握腕部着力牵引，将肘关节屈曲60°～90°，并可稍加旋前，常可听到复位响声或复位的振动感。复位后用上肢石膏将肘关节固定在功能位，3周后拆除石膏，做主动的功能锻炼，必要时辅以理疗，但不宜做强烈的被动活动。

合并肱骨内上髁撕脱骨折的肘关节脱位：复位方法基本同单纯肘关节脱位。肘关节复位之时，肱骨内上髁通常可得以复位。如果骨折片嵌夹在关节腔内，则在上臂牵引时，将肘关节外展（外翻）使肘关节内侧间隙增大，内上髁撕脱骨片借助于前臂屈肌的牵拉作用而脱出关节并得以复位。若骨折片虽脱出关节，但仍有移位时，加用手法复位及在石膏固定时加压塑形。也有如纽扣样嵌顿无法复位者，要考虑手术切开。

陈旧性肘关节脱位（早期）：超过3周者即定为陈旧性脱位。通常在1周后复位即感困难。关节内血肿机化及肉芽组织形成，关节囊粘连等对肘关节陈旧性脱位的手法复位造成困难，可在臂丛麻醉下做肘部轻柔的伸屈活动，使其粘连逐渐松解。将肘部缓慢伸展在牵引力作用下逐渐屈肘，术者用双手拇指按压鹰嘴并将肱骨下端向后推按，即可使之复位。经X线拍片证实已经复位后，用上肢石膏将肘关节固定略＜90°位，于3周左右拆除石膏做功能锻炼。

2. 手术治疗

（1）手术适应证

①闭合复位失败者，或不适于闭合复位者，这种情况少见，多合并肘部严重损伤，如尺骨鹰嘴骨折并有分离移位的；②肘关节脱位合并肱骨内上髁撕脱骨折，当肘关节脱位复位，而肱骨内上髁仍未能复位时，应施行手术将内上髁加以复位或内固定；③陈旧性肘关节脱位，不宜试行闭合复位者；④某些习惯性肘关节脱位。

（2）开放复位

臂丛麻醉。取肘后纵行切口，肱骨内上髁后侧暴露并保护尺神经，肱三头肌腱做舌状切开。暴露肘关节后将周围软组织和瘢痕组织剥离，清除关节腔内的血肿、肉芽和瘢痕，辨别关节骨端关系加以复位。缝合关节周围组织。为防止再脱位可采用一枚克氏针自鹰嘴至肱骨下端固定，1～2周后拔除。

（3）关节成形术

多用于肘关节陈旧脱位，软骨面已经破坏者，或肘部损伤后关节僵直者。臂丛麻醉。取肘后侧切口切开肱三头肌腱，暴露肘关节各骨端将肱骨下端切除，保留肱骨内外髁一部分。切除尺骨鹰嘴突的顶端及部分背侧骨质缘，冠状突尖端亦少切一些，保留关节软骨面，桡骨头若不影响关节活动可不切除，否则切除桡骨头。根据新组成的关节间隙，如狭窄可适当将肱骨下端中央部分切除0.5cm呈分杈状。理想的间隙距离应在1～1.5cm。

关节间衬以阔筋膜的关节成形术，对于骨性强直的肘关节有良好作用。注意衬缝阔筋膜作关节面及关节囊时，要使阔筋膜的深面向关节腔一侧，将阔筋膜衬于关节面，缝合后检查伤口，将肘关节对合，观察关节成形的情况，逐层缝合伤口。术后用上肢石膏托将肘关节固定于90°，前臂固定于中立位。抬高伤肢，手指活动。几天后戴上肢石膏托进行功能锻炼，3周左右拆除固定，加强伤肢功能锻炼，并辅以理疗。

六、肘管综合征

（一）病因病理

任何使肘管容积绝对或相对减小的因素均可引起尺神经的卡压，常见的原因如下。

1. 发病原因

（1）慢性损伤

肱骨内外髁骨折和髁上骨折以及桡骨头骨折，都可因畸形愈合产生肘外翻或其他畸形使提携角增大，尺神经相对缩短，从而使尺神经受到牵拉压迫和摩擦。

（2）肘关节风湿或类风湿关节炎

风湿或类风湿病变侵及肘关节滑膜，使之增生肥厚，晚期引起肘关节变形、骨赘增生，从而亦可引起肘管容积减小。

（3）肿　块

如腱鞘囊肿、脂肪瘤等，但较少见。

（4）先天性因素

如先天性肘外翻，尺神经沟变浅而致的尺神经反复脱位、Struthers弓形组织等。

（5）其他长期屈肘工作

医源性因素引起的卡压，枕肘睡眠引起的“睡眠瘫”。

2. 发病机制

肘管是一骨纤维性管道，尺神经伴尺侧副动脉通过肘管从肱骨后面至前臂屈侧。肘管的底为肘内侧韧带，肘内侧韧带的深面即为滑车的内侧唇和肱骨内上髁后下方的尺神经沟；顶为联结肱骨内上髁和鹰嘴内侧面的三角形的弓形韧带。因而弓形韧带也就桥接于尺侧腕屈肌的肱骨头和尺骨头之间，肘管的大小随着肘关节的屈伸而有所变化：伸肘时弓形韧带松弛，肘管的容积变大；屈肘至90° 时弓形韧带紧张，而每屈曲45° ，肱骨内上髁和尺骨鹰嘴间的距离就会加宽0.5cm；另外在加宽0.5cm状态下屈肘时，肘内侧韧带隆起也使肘管的容积减小，因而尺神经易受压迫。有人测定肘关节伸直时肘管内的压力为0.93kpa，屈肘至90° 时为1.5～3.2kpa。

尺神经在经过肘关节时发出2～3个细支至肘关节；在肱骨内上髁以远4cm内，尺神经发出支配尺侧腕屈肌的运动支，一般有2支，它们从肌肉的深面进入并支配环（第4指）、小指指深屈肌，分支在尺侧腕屈肌支稍远侧从肌肉的前面进入并支配此二肌肉。

（二）临床表现

肘管综合征多见于中年人，尤以屈肘工作者如键盘操作、乐器演奏者、投掷运动员，以及枕肘睡眠者多见。

患者可因尺神经卡压的轻重及病程的长短不同，而表现为疼痛和一系列尺神经功能受损的症状。疼痛位于肘内侧，亦可放射至环指、小指或上臂内侧，疼痛的性质为酸痛或刺痛。感觉症状先表现为环指、小指的刺痛、烧灼感，随后有感觉减退，最终发展到感觉丧失。运动症状有手部活动不灵活、抓捏无力，手内在肌及小鱼际肌萎缩，形成爪形手。

检查时可见肱骨内上髁或其后方压痛，尺神经沟处Tinel征阳性，表现为在肘管上、下各2cm处轻轻叩击，尺神经疼痛可放射到环指、小指。有的患者屈肘时可扪及尺神经前脱位，但并非所有尺神经前脱位的患者都有症状。两点间距离辨别力减弱或消失通常为最早表现。随着病情的进展可出现抓捏无力、夹纸力减弱，小鱼际肌及骨间肌萎缩，爪形手。

（三）诊断依据

根据病史，临床表现的症状、体征，Tinel征阳性，肌电图检查及X线片检查，能够确立诊断。

（四）治疗措施

1. 保守治疗

适用于患病的早期、症状较轻者。可调整臂部的姿势、防止肘关节长时间过度屈曲，避免枕肘睡眠，带护肘。非类固醇抗炎镇痛药物偶尔可缓解疼痛与麻木，但不提倡肘管内类固醇激素封闭。

2. 手术治疗

适用于保守治疗4～6周无效，或有手内在肌萎缩的患者。手术的方法可分为局部减压和神经前植两大类。局部减压分肘管原位切开减压和内上髁切除，因分别有尺神经前脱位、术后复发、肘关节不稳等缺点，现已很少应用。尺神经前植包括皮下、肌间、肌下前植3种。肌间前植因术后并发症少而应用最为广泛。

（五）预　后

经手术治疗，疗效良好。

七、肱骨外上髁炎

肱骨外上髁炎，又名肘外侧疼痛综合征，俗称网球肘。以肘关节外侧疼痛，用力握拳及前臂做旋前伸肘动作（如拧毛巾、扫地等）时可加重，局部有多处压痛，而外观无异常为主要临床表现。

肱骨外上髁炎属中医学中伤筋、肘痛等范畴，认为系由肘部外伤或劳损、或外感风寒湿邪致使局部气血凝滞，络脉瘀阻而发为本病。

在古籍中，有关肘痛的针灸治疗早见于《针灸甲乙经》《备急千金要方》《针灸资生经》等，针对不同肘痛症候处以不同的穴方。《针灸大成》称为肘劳，处方用穴更趋成熟。

现代针灸治疗本病，20世纪50～60年代临床资料不多。自70年代后期起，多病例观察逐渐增加。在穴位刺激方法上，早期或针或灸，较为单一，近年来不仅多种穴位刺激法被用于本病，且提倡综合互补，或针刺与灸治结合，或刺血加拔罐，意在疏通局部气血，使疗效有所提高。纵观各家报道，针灸治疗本病的有效率约在90%以上。

（一）病理生理

起于肱骨外上髁部的有桡侧腕长伸肌、桡侧腕短伸肌、肱桡肌、旋后肌等，主要功能为伸腕、伸指，其次使前臂旋后。当腕背伸或前臂旋后过度，都会使附着于肱骨外上髁部的腕伸肌腱、筋膜受到牵拉而致伤。本病的病理变化较为复杂，常有肌纤维在外上髁部分撕脱，或关节滑膜嵌顿或滑膜炎，或支配伸肌的神经分支的神经炎，或桡骨环状韧带变性，或肱骨外上髁骨膜炎等。其局部反应多有充血、水肿，或渗出、粘连等。

（二）临床表现与诊断

症状往往逐渐出现。初始为做某一动作时肘外侧疼痛，休息后缓解，以后疼痛为持续性，轻者不敢拧毛巾，重者提物时有突然“失力”现象。一般在肱骨外上髁部有局限的压痛点，压痛可向桡侧伸肌腱总腱方向扩散。局部无红肿现象，肘关节屈伸活动一般不受影响，但有时前臂旋前或旋后时局部疼痛。晨起时关节有僵硬现象。因患肢在屈肘、前臂旋后位时疼痛常缓解，故患者多取这种位置。部分患者每在肘部劳累、阴雨天疼痛加重。

1. 密耳（Mills）试验阳性

即肘、腕、指屈曲，前臂被动旋前并逐渐伸直时，肱骨外上髁处出现疼痛。

2. 伸肌腱牵拉试验

肘伸直，握拳、屈腕。然后将前臂旋前，能诱发肘外侧剧痛者为阳性。肱骨外伤髁炎由于有肌筋膜炎，做该试验时疼痛明显。

3. X射线检查

X射线摄片一般无异常表现。病程长者可见骨膜反应，在肱骨外上髁附近有钙化沉积。

局部无红肿，肘关节屈伸活动一般不受影响，肘外侧疼痛，局部压痛明显，轻者不敢拧毛巾，重者提物有突然“失力”现象，密耳（Mills）试验阳性，即可成立诊断。

（三）治　疗

临床可分为急性期瘀滞型、慢性期僵凝型。急性期应使用颈腕带悬吊制动休息1～2周，后期配合手法治疗。治疗期间应避免拧衣物或大螺丝帽，注意防治结合。

1. 休　息

对早期或病程短者，应告知注意休息，以避免患侧腕部用力。

2. 外　敷

局部湿热敷或外敷伤湿膏之类止痛、消炎药物，均可减轻症状或促进治愈。

3. 局部封闭

局部封闭于痛点，注射局麻剂、激素混合液，可收到明显的疗效。尤其是对病程较短的病例，注射1～2次即可治愈。顽固、慢性病例需隔1～3天反复施行局部注射，连续数次。所用药物除0.5%～1%利多卡因（或普鲁卡因）外，长效激素如泼尼松龙（强的松龙）、曲安西龙（康宁克痛、氟羟强的松龙）疗效更佳。局部注射的部位与疗效有着密切的关系，首先要选准痛点，用7号（1/2号）针头垂直刺入，直至骨膜，再稍许退针，回吸无血液后注药1ml。注药部位应在肌腱与骨膜附着处，注药时有阻力、患者感到胀痛明显者，效果最佳。切忌进针过浅，将药物注于皮下。病情严重，涉及前臂疼痛者，除上述方法外，可在肱骨外上髁处阻滞，可沿旋前、旋后肌筋膜及痛点周围组织行放射状浸润阻滞。部分病例可于注药后7～8小时，局部出现剧痛反应，呈灼痛、胀痛、沉重感。此时不必惊慌，可行一般对症处理，如局部干冷敷（热敷）、服一般止痛剂，或不做处理。数小时后即可缓解。

4. 体　针

（1）取　穴

主穴：阿是穴。

配穴：手三里、尺泽。

阿是穴位置：有二穴点，一为肱骨外上髁前缘凹陷处；一为肱骨外上髁髁体后缘凹陷处。

（2）治　法

阿是穴每次两点均取，前者以1寸毫针成90°角直刺；后者，则从肱骨外上髁髁体正中针向腕背部，以45°角刺向髁体后缘凹陷处。如前臂旋前受限加手三里，旋后受限加尺泽。常规针法：针刺得气后，用泻法运针1分钟，留针20～30分钟。每隔5分钟运针1次，亦可通以电针仪，用密波，频率30赫兹，强度以患者可耐受为度。隔日1次，10次为一疗程。

5. 穴位埋针

（1）取　穴

主穴：阿是穴、小海。

配穴：曲池、手三里。

阿是穴位置：为肱骨外上髁之压痛点（下同）。

（2）治　法

一般仅取主穴，效不佳时加配穴。主穴消毒后，分别将皮内针刺入皮肤，进针后与皮面平行推进，直至针体全部进入皮内，然后用胶布固定。令患者活动患肢，以无任何不适为宜。曲池、手三里，以普通毫针刺入后，于针柄套一寸长左右的艾段，点燃，施温针灸20分钟。皮内针3～5日更换1次，3次为一疗程。

6. 硫磺灸

（1）取　穴

主穴：阿是穴。

（2）治　法

患者取正坐位，将患侧肘关节搁于桌上，反复按压肱骨外上髁处，找到最痛点，以龙胆紫作一标记。然后按部位大小选择硫磺结晶颗粒（系采用高压消毒过的结晶，加工成碎米粒大小），置于阿是穴上，用火柴点燃后，迅速用橡皮揿灭，要求施术部位不起泡，感到刺痛为原则。一般仅治1次，如不愈，可隔3天后再按原法灸1次。在治疗当天，切勿下水，以防感染。

7. 艾　灸

（1）取　穴

主穴：阿是穴。

配穴：太溪。

（2）治　法

艾灸分隔药灸和隔饼灸，可任选一法。

① 隔药灸：灸药制备，麝香1g，樟脑10g，血竭、儿茶、川乌、草乌各3g，共为细末，贮瓶备用。

用面粉加水搓成线绳状面条，于阿是穴四周绕成直径为1.5cm之圆圈，将上述药末铺于圈内约3～4分厚。再将纯艾卷剪成1.5cm长之艾段（艾炷），置于药末上点燃，以能耐受为度，如过分灼烫，可用镊子夹去，另易1炷，灸3壮。太溪穴，用米粒大纯艾炷作直接无瘢痕灸，亦灸3壮。上法每日1次，7次为一疗程，疗程间隔3天。

② 隔饼灸：灸饼制备，以白附子、生川乌、乳香、细辛、没药等研末，加赋形剂制成直径3cm、高1cm之药饼，饼上穿刺10数孔。

患者正坐伏案，屈肘、前臂内收暴露阿是穴，将灸饼中心置于最痛处。将纯艾制成的底面直径2.5cm、高1.5cm的圆锥或圆柱状艾炷放在饼上，点燃施灸。灸治过程，患者初感温热，至热不可耐（约灸后3分钟），可将饼夹起，下垫适量药棉（以缓减热量），再将灸饼放上，艾炷燃完，随着热量徐减，分两次将所垫药棉减去。灸后皮肤可出现深红晕，局部留有色素沉着或起小水泡。如有水泡可涂以龙胆紫用小块消毒敷料包扎，4～5天可结痂脱落，不留瘢痕。一般2～3天（如起水泡可5～6天）1次，3次为一疗程，疗程间隔1周。

8. 皮肤针

（1）取　穴

主穴：阿是穴。

配穴：手三里、曲池、少海。

（2）治　法

每次取主穴和一个配穴，先用拇指在所取之穴位上进行按揉片刻，以七星针扣刺，先用轻刺激手法，待局部有酸胀感后，加重手法，直至局部渗出大小不等之血珠，叩刺面积为直径1cm左右。揩净血迹，以艾条在局部作回旋灸，约灸15分钟，以局部潮红为度，每日1次，6次为一疗程，疗程间隔3日。

9. 穴位注射

（1）取　穴

主穴：曲池、阿是穴。

（2）治　法

药液：强的松龙25mg加1%～2%普鲁卡因注射液1～4ml，摇匀。

每次任取一主穴。用注射器抽吸后，从曲池进针0.7～1.5寸，针尖斜向肱骨外上髁，用提插手法，得气后回抽无血，将药注入。亦可直刺入阿是穴，针头深刺至筋节（伸腕肌起始部），推入药液。出针后，活动肘关节2分钟。6日1次，3次为一疗程。

10. 温　针

（1）取　穴

主穴：阿是穴、手三里。

配穴：曲池、外关、尺泽、少海。

（2）治　法

主穴每次均取，疼痛在肘外侧加曲池、外关；向肘内侧放射者，加另外二穴。以30号1.5～2寸毫针，快速刺入，得气后行平补平泻法。将DAJ-10型多功能艾灸仪的两个艾垫和灸头套在二主穴的针柄上施灸，温度调为40～50℃。均留针30分钟。每日1次，6次为一疗程。

11. 手术疗法

该症绝大多数病例，经非手术疗法均能治愈，对极少数治疗无效者，痛苦较大，影响本职业的工作或生活十分不便时，可考虑施行前臂伸肌起点切开术。切除自伸肌总腱穿出的血管、神经束，或作桡侧腕伸短肌肌腱延长术。

八、肱骨内上髁炎

（一）病理生理

肱骨内上髁炎主要是由于前臂屈肌起点肱骨内上髁处反复牵拉累积性损伤所致，与网球肘的发病机理类似，因常见于高尔夫球运动员、学生、矿工，故俗称高尔夫球肘、学生肘、矿工肘。

多因腕关节背伸、前臂半旋前位时，受到肘的外翻拉力，使紧张的屈腕肌群突然被动过牵，造成前臂屈肌总腱在肱骨内上髁附着处损伤。或经常用力做屈腕、屈指或前臂旋前动作时，屈腕肌和旋前圆肌反复紧张收缩，使肱骨内上髁附着处长期受牵拉，而发生疲劳性损伤。急性损伤常见于前者，慢性损伤多见于后者。

（二）临床表现与诊断

本病的临床表现主要为肘关节内侧局限性疼痛、压痛，屈腕无力，肘活动正常。

1. 肘关节内侧疼痛或酸痛，尤其是在作前臂旋前并主动屈腕时疼痛加重，可沿尺侧屈腕肌向下放射，屈腕无力，提水桶等困难。

2．肱骨内上髁处有明显压痛。肘关节无肿胀，活动正常。

3．前臂屈肌腱牵拉试验阳性：伸肘腕背伸握拳，然后前臂外旋或后旋，引起肘内侧疼痛。

（三）治　疗

1．一般治疗

休息、局部热敷或红花油等外用，症状重、发病急者可三角巾悬吊患肢，腕部制动1～2周。

2．药物治疗

主要为非甾体类抗炎药，如双氯芬酸25mg，3次/天。

3．点阻滞

在肱骨内上髁压痛最明显处注射1%利多卡因、维生素B_{12}50mg、得宝松3～4mg、混合液2～3ml，每周1次，3次为1个疗程。

4．物理治疗

可在压痛点处行激光、超短波等治疗。

5．手术治疗

对经久不愈的反复发作者，可据具体情况选择皮下神经血管束切除术、屈肌总腱附着点松解术等。

6．常用的中医治疗方法

（1）*推滚前臂活血法*：病人仰卧位平臂伸肘，术者位于伤侧坐于低凳上。先用一手掌自下而上推前臂腕屈肌数遍；继之用手的小鱼际部往返滚腕屈肌3～5分钟，以达到活血之目的。

（2）*揉搓局部散瘀法*：病人仰卧位，术者用手掌或大鱼际部反复揉搓病变局部3～5分钟，以达到散瘀消炎及祛痛之目的。

（3）*推按伸屈回旋法*：病人仍取仰卧位，术者用一手拇指按压于肘内侧疼痛部位，另手握伤肢腕部，两手协同推按屈伸及回旋肘关节，以达到剥离粘连、滑利关节之目的。

（4）*旋臂过伸理筋法*：病人取坐位，术者立于伤侧，用一手托握伤肘，另手握伤肢腕部，先将肘关节屈曲，前臂外旋，并嘱病人充分伸腕，然后迅速用力托肘将肘关节过伸；继之在肘过伸位用中、无名二指推理按压该肌腱数遍，以达舒筋之目的。

（四）预　防

高尔夫球肘多见于某些职业，如高尔夫球运动员、学生矿工和家庭妇女，但远不及网球肘常见，二者之比为1∶7。网球肘和高尔夫球肘均为一种自限性疾病，保守治疗常能奏效，极少数症状严重保守治疗无效者，可手术治疗，并能取得较好的效果，同时平常要注意锻炼。锻炼方法如（表2-1、表2-2）所示。

表2-1　加强腕旋前屈肌的锻炼

1. 坐在靠桌的椅子上。 2. 把前臂放在桌上，手掌面朝下，肘部伸直，腕和手悬在缘外。 3. 手中握一个重0.5kg的重物。 4. 缓慢通过腕的弯曲和伸直使手升高和降低。 5. 重复10次为1遍，休息1分钟，反复2遍（如果感觉疼痛立即停止，2天后再尝试，隔天练习）。 6. 当练习变得容易时，增加手的负重。 然后： （1）手掌面朝下，卷紧一个重0.5kg的重物，这个重物是用绳子系在一扫帚柄粗的木头上。 （2）重复10次，如觉疼痛即停止，隔天练习。 （3）逐渐增加重量，不要增加练习次数。

表2-2　加强腕旋前屈肌的锻炼

1. 坐在靠桌的椅子上。 2. 前臂放在桌上，手掌面朝上，肘部和手悬在缘外。 3. 手中握一个重0.5kg的重物。 4. 缓慢通过腕的弯曲和伸直使手抬高放下。 5. 做10次为1遍，休息1分钟，重复2遍以上，若感觉疼痛立即停止，隔天再尝试。 6. 当练习变得容易时，增加负重。 接着： （1）手掌面朝上，卷紧一个重0.5kg的重物，这个重物是用绳子系在一扫帚柄粗的木头上。 （2）重复20次，若觉疼痛即停止，逐步增加负重，不要增加重复次数。 然后，一天数次，任何方便的时候，捏放柔软的海绵球。

九、旋后肌综合征

旋后肌综合征是由于桡神经深支，在穿过旋后肌深浅层之间时受到压迫产生的一组症候群。桡神经深支亦叫前臂背侧骨间神经，故该病也有人称之为前臂背侧骨间神经麻痹、前臂骨间背侧神经卡压症、桡管综合征等。

（一）病因病理

1. 发病原因

桡管综合征以优势手常见。手工劳动者及需反复用力旋转前臂的运动员易发生此病。患者以40～60岁较多见，男女比例相似，发病前无明显创伤病史，症状逐渐出现。这些资料支持“微创理论”，即桡管综合征的发生以重复性前臂慢性损伤为主。据统计，网球肘患者中约5%为桡管综合征。其他引起桡管综合征的原因如下。

（1）外伤。Spinner报道了10例桡管综合征的病例，其中9例有前臂外伤史。外伤所致的前臂损伤，可在桡神经易卡压部位形成瘢痕和粘连，引起神经卡压的发生。

（2）肿瘤。旋后肌管内的腱鞘囊肿和脂肪瘤。

（3）骨折和脱位。桡骨小头脱位和孟氏骨折易致桡神经损伤。

（4）类风湿关节炎。类风湿病变可使滑膜增厚，晚期可破坏肱桡关节囊，致桡骨小头脱位，损伤神经。

（5）局部瘢痕。炎症和创伤后，逐渐出现局部瘢痕，可致神经卡压。

（6）病毒性神经炎。发生症状3个月者，大多可问及“感冒”史，不能追问到其他有关病因。病毒感染后，也可造成神经内外结缔组织增生。

（7）医源性损伤。主要是局部注射封闭药物、中药等，可致神经周围瘢痕形成和神经的损伤。

2. 发病机制

桡管位于桡骨近端前侧，长约4cm，起于肱骨桡骨小头关节的近端，其远端的止点位于旋后肌浅面，桡神经由其深部穿过。外侧壁由肱桡肌和桡侧腕长、短伸肌构成，桡侧腕短伸肌的筋膜边界向内侧与前臂深筋膜相邻，与骨间后神经保持紧密接触，这些肌肉跨过神经形成桡管的前壁。桡管的底部由肱桡关节囊构成。内侧壁由肱肌和肱二头肌肌腱构成。

桡管综合征引起骨间后神经卡压的解剖结构有5个，其中4个在桡管内。（图2-20）

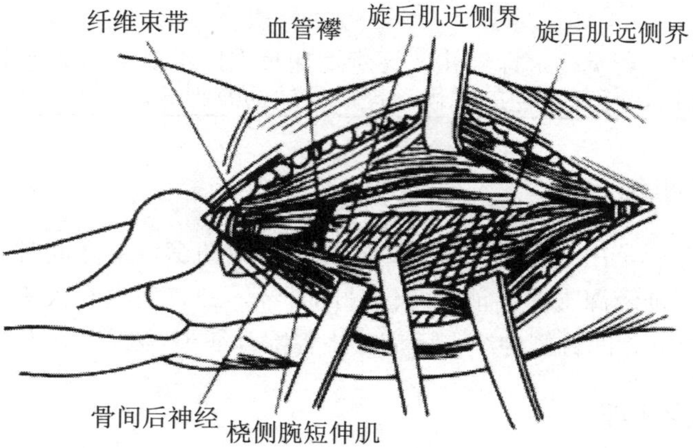

图2-20 桡管综合征常见的卡压点

第1个神经卡压点：位于桡骨小头水平，为肱肌和肱桡肌之间的筋膜束带或两肌之间的组织粘连引起。由于该束带变异较多，因此在此部位的压迫临床较少见。

第2个神经卡压点：位于桡骨颈水平，由Henry血管襻卡压神经所致。Henry血管襻由桡动脉返支和静脉的分支组成，跨越神经。这些血管有时与神经缠绕，向旋后肌、肱肌和前臂伸肌群发出分支。

第3个神经卡压点：是桡侧腕短伸肌近端内侧引起的功能性神经卡压。桡侧腕短伸肌源于伸肌群止点和肘关节的侧副韧带。它的起点为筋膜，与旋后肌的起点相连续，这一结构具有一定的临床意义。当松解Frohse弓时，同时可减小桡侧腕短伸肌对外上髁的张力，可对外上髁炎起到一定的治疗作用。然而，松解桡侧腕短伸肌不能缓解Frohse弓的卡压。

第4个神经卡压点：为Frohse弓，是桡管综合征的最常见原因。Frohse弓为反折型弓形结构，距桡侧腕短伸肌边界远端1cm，距肱桡关节2～4cm（图2-21、图2-22）。

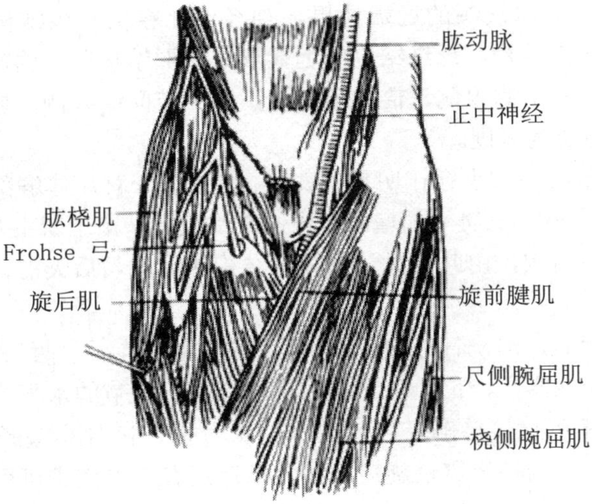

图2-21 肘前解剖与Frohse弓

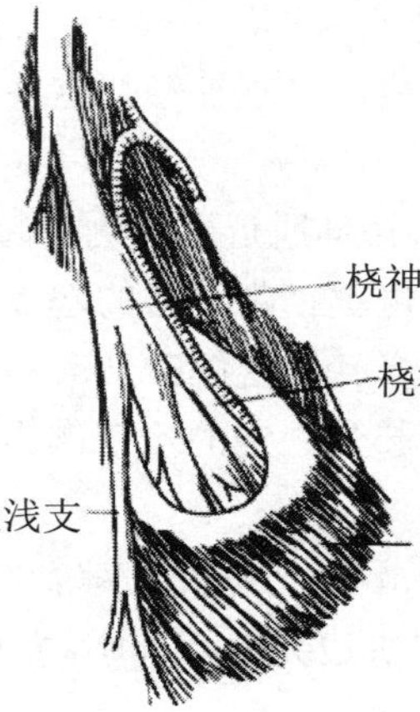

图2-22　Frohse弓显微结构

弓型结构为旋后肌浅头的近端边界，神经由此穿出。该结构的外侧起自外上髁的最外端，为腱性结构。纤维结构向远端形成弓形结构前，回旋并与内侧纤维合并。内侧纤维起自外上髁内侧，恰位于肱骨小头关节面的外侧。内侧纤维为腱性或膜性结构，使腱弓更为坚硬。

纤维腱弓的厚度和大小存在明显的变异。Spinner对尸体解剖的研究发现，约30%的成年尸体存在Frohse腱弓的增厚和内侧纤维坚硬。由于新生儿尸体标本旋后肌浅头近端总是肌性结构，由此可以认为纤维结构的形成与后天前臂旋前和旋后活动有关。

神经穿出桡管后，沿桡骨近端1/3行向后方，位于旋后肌两头间的长度为4cm。两头止点间存在一裸露区，位于桡骨的后部肱二头肌结节的水平。在此处，前臂旋后时，神经与骨膜可直接接触。当该区域发生骨折、桡骨小头脱位和进行内固定时，易损伤桡神经。当神经穿过旋后肌浅头下后还有许多束带可引起神经卡压。束带偶尔在旋后肌中部形成。桡管内的变异，如桡侧腕短伸肌起点腱性化和止点分裂可致桡管综合征的发生。

神经出旋后肌后，在前臂背侧，骨间后神经分出浅支和深支。浅支支配尺侧腕伸肌、指总伸肌、小指伸肌。深支支配拇长展肌、拇长伸肌、拇短伸肌、食指固有伸肌。最后神经通过第4伸肌间室支配腕背侧关节囊和指间关节。

（二）临床表现

1. 疼　痛

桡管综合征最主要的临床表现是疼痛。疼痛为钝痛，肘外侧疼，可向近端沿桡神经放射，也可向远端沿骨间后神经放射。上肢活动可使症状加重。夜间痛比较明显，严重者常常夜间疼醒。静脉瘀滞，特别是应用止血带时，也可使疼痛加重。

2. 肌力减弱

感觉迟钝和麻木较少见。伸指、伸拇肌力减弱常因疼痛所致。晚期亦可发生肌肉萎缩。

（三）物理检查

1. 桡管压迫试验

可在一些患者的距肱骨外上髁约5cm处触及一可滑动的小束，此为骨间后神经穿过Frohse弓的部位，轻触可有压痛（图2-23）。检查时应进行双侧对比。

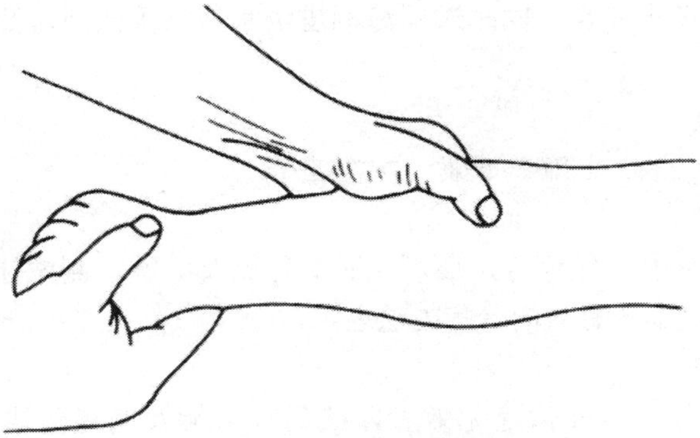

图2-23　桡管压迫试验

2. 中指伸指试验

伸中指使桡侧腕短伸肌筋膜绷紧，压迫骨间后神经。检查方法：肘部旋前位、前臂完全伸直时，使患者中指对抗阻力，伸指桡管区疼痛者为阳性。局部封闭治疗有助于鉴别诊断。

（四）诊断依据

根据病史，临床特点及物理检查即可确立诊断。

（五）治疗措施

1. 手法治疗

（1）痛点分筋法

在旋后肌腱弓、疼痛部位，医者屈拇指至于筋结之上，深压着骨，稳健用力弹拨、分筋5～6次。可重复施术。

（2）屈肘旋转法

医者以手掌托患肘，另手握患腕，使患肢被动屈肘旋前、旋后各10余次，局部配合弹拨或理筋手法。

2. 内服药治疗

（1）劳损型

多与工作中肘关节的旋后动作有关，前臂旋后、伸腕、伸指等诸肌力逐渐减弱，劳累后加重，休息后减轻。舌质淡，苔白，脉沉缓无力。治宜补益肝肾、强筋健骨。药用健步虎潜丸。

（2）风寒湿型

患侧前臂及手重着，背侧方向运动无力，遇寒加重，得热减轻。舌质淡，苔白滑或腻，脉弦紧。治宜祛风除湿，散寒通络。药用蠲痹汤。

3. 外用药治疗

局部外敷消炎止痛膏，同时选用海桐皮汤水煎后熏蒸或湿热敷局部，具有散瘀活络止痛作用。

4. 针灸疗法

取曲池、手三里、上廉、下廉、外关诸穴。

5. 物理疗法

可在肘部做热敷、磁疗等，还可在肘的外侧及前臂背侧做计算机中频治疗，中药离子透入疗法是临床有效的治疗方法之一。

6. 手术疗法

对于反复发作，保守治疗无效者，或局部可触及明显包块者，应考虑手术治疗。前臂背侧骨间神经的麻痹和其他神经受压一样，时间过久再行手术松解则效果不好。因此，早期的诊断十分重要。

（六）功能锻炼

1. 屈肘前后

先左弓箭步，左臂屈肘上提，拳停于眼前；右拳屈肘向后，停于髋关节后，眼看左拳心，15字（一呼一吸为一字）。换右箭步，左右同姿、同数。（图2-24）

图2-24　屈肘前后

2. 屈肘上下

正位，右手掌上举过头，掌心朝天，指尖向左，左手下按，掌心向下，指尖朝前（图2-25）。左手移背后下按，指尖朝右，右肘屈曲，手抱枕颈，头向后抬，手向下按，二力相争。背后五指翻摸背，左右同姿，各做15字，可重复一次。

（1）　（2）

图2-25　屈肘上下

（七）预防与护理

在发病早期可选用三角巾或石膏托将患肢适当固定，同时配合理疗及外用中药治疗。如果触及有明显的包块存在，则不宜过多地进行保守治疗，尤其慎用理筋手法，应及早考虑手术治疗。

十、创伤性前臂伸肌腱周围炎

前臂肌肉共20块，分前后两群，其中后群大都起于肱骨外上髁，主要为伸腕、伸指及使前臂旋后的肌肉，共11块，分深浅两层。通常临床上将它们称为前臂伸肌，包括：①浅层，桡侧腕长伸肌、桡侧腕短伸肌、指总伸肌、小指固有肌、尺侧腕伸肌及肘肌。②深层，旋后肌、拇长展肌、拇短伸肌、拇长伸肌、食指固有肌。以上大部分肌肉（除肘肌及旋后肌外），大多以长腱形式通过前臂中、下1/3。前臂伸肌腱周围炎，又称为“捻发音肌腱周围炎”，好发于运动量较大的青壮年。

（一）病因病理

1. 大多为一次暴力的急性外伤引起，如拉伤、扭伤或挫伤。

2. 部分患者可因反复多次摩擦劳损而发病，如木工、瓦工等。

前臂伸肌腱周围炎是前臂伸肌群腱与腱之间，肌腱与腱旁组织间摩擦，产生炎性液体，蓄积在腱旁组织内的一种损伤性病变。发病后由于病变肌腱活动摩擦可听到或感觉到如捻头发样的声音，故称为“捻发音肌腱周围炎”。

（二）临床表现

1．患肢前臂桡背侧中下1/3段沿肌腱走行方向肿胀。

2．局部疼痛明显，部分患者局部皮肤轻度变红。

3．功能稍受限，主要表现在腕关节背伸运动时。

（三）诊断依据

1．前臂桡背侧中下1/3段伸肌腱处有压痛。

2．局部可触及捻发音，并可感到局部肤温稍增高。

3．前臂伸肌抗阻试验阳性，阳性反应点在前臂桡背侧中下1/3段伸肌腱处。

（四）治疗措施

治疗原则：活血化瘀，消肿止痛。

1．用指揉法或一指禅推法在局部操作3～5分钟。

2．令患者伸出患肢，肘关节屈曲，前臂中立位，助手固定肘关节。医者一手与患者之手相握，并与助手做对抗牵引，在拔伸牵引下，医者另一手拇指在患侧沿肌腱行走方向用推法自腕关节方向推向肘关节方向，操作3～5次，当即可感到捻发音减弱或消失。

3．局部外敷活血化瘀中药。

4．局部包扎固定，前臂中立位悬吊于胸前。

另外可配合内服活血止痛散、七厘散等。也可用局部封闭疗法。

第三节　腕及手部运动损伤

一、腕及手部解剖结构

手关节包括桡腕关节、腕骨间关节、腕掌关节、掌骨间关节、掌指关节和手指间关节。

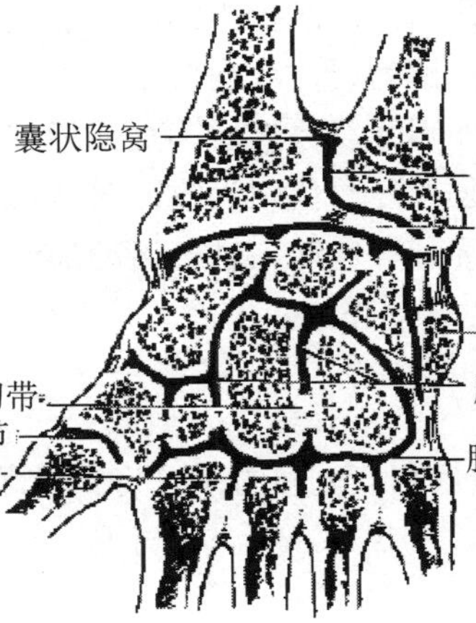

图2-26 手关节（冠状切面）

（一）桡腕关节

桡腕关节又称腕关节，是典型的椭圆关节，由桡骨的腕关节面和尺骨头下方的关节盘做成关节窝，手舟骨、月骨和三角骨的近侧关节面构成关节头。关节囊松弛，关节腔宽广，关节的前、后两侧均有韧带加强，其中掌侧韧带较坚韧，因而腕后伸运动受到限制。桡腕关节可作屈、伸、展、收及环转运动。

（二）腕骨间关节

腕骨间关节为相邻各腕骨之间构成的关节，可分为：

1. 近侧列腕骨间关节；

2. 远侧列腕骨间关节；

3. 近侧列与远侧列腕骨之间的腕中关节。

但各骨又借韧带连结成一整体，各关节腔彼此相通，属微动关节，只能做轻微的滑动和转动。实际生活中，腕骨间关节常和桡腕关节联合运动。

（三）腕掌关节

腕掌关节由远侧列腕骨与5个掌骨底构成。除拇指和小指的腕掌关节外，其余各指的腕掌关节运动范围极小。

（四）拇指腕掌关节

拇指腕掌关节由大多角骨与第1掌骨底构成，是典型的鞍状关节，为人类及灵长目所特有。关节囊松弛，可作屈、伸、收、展、环转和对掌运动。由于第1掌骨的位置向内侧旋转了近90°，故拇指的屈、伸运动发生在冠状面上。即拇指在手掌平面上向食指靠拢为屈，离开食指为伸；而拇指的收、展运动发生在矢状面上，即拇指在与手掌垂直的平面上离开食指为展，靠拢食指为收。换言之，如以手背平置于桌面，将拇指来回沿桌面伸向外侧并复原的运动是拇指的伸、屈运动；如将拇指提起对向房顶的运动则是展，反之，复原位则为收。对掌运动是拇指向掌心，拇指尖与其余四个指的掌侧面指尖相接触的运动，这一运动加深了手掌的凹陷，是人类进行握摘和精细操作时所必需的主要动作。

（五）掌骨间关节

掌骨间关节是第2～5掌骨底相互之间的平面关节，其关节腔与腕掌关节腔交通。

（六）掌指关节

掌指关节共5个，由掌骨头与近节指骨底构成。关节囊薄而松弛，其前、后有韧带增强，前面有掌侧韧带，较坚韧，并含有纤维软骨板，囊两侧有侧副韧带，从掌骨头两侧延向下附于指骨底两侧，此韧带在屈指时紧张，伸指时松弛。当指处于伸位时，掌指关节可作屈、伸、收、展及环转运动，旋转运动因受韧带限制，幅度甚微。当掌指关节处于屈位时，因掌骨头前面的关节面不是球形的，同时侧副韧带特别紧张，故仅允许做屈伸运动。手指的收展是以通过中指的正中线为准，向中线靠拢为收，远离中线的运动是展。握拳时，掌指关节显露于手背的凸出处是掌骨头。

（七）指骨间关节

指骨间关节共9个，由各指相邻两节指骨的底与滑车构成，属典型的滑车关节。除拇指外，各指均有近侧和远侧两个手指间关节。关节囊松弛，两侧有韧带加强，只能做屈、伸运动，指屈曲时，指背凸出的部分是指骨滑车。

二、腕部扭挫伤及骨错缝

腕关节是运动中最重要的运动关节，它具有一定的灵活性，因此它的稳定性相对薄弱，腕部也是运动中常受损伤的关节。腕部的结构复杂，活动频繁，常因各种运动不慎或用力不当，而造成运动扭挫伤。腕部包括：桡、尺骨远端，腕骨、掌骨基底，桡腕关节，腕中关节，腕掌关节及有关软组织。前臂肌腱及滑液鞘均经过腕部。这些结构借特殊增厚的深筋膜与腕骨保持密切的联系。这样的解剖关系，可以适应腕部的广泛运动和手的多种复杂功能。当外力超越一定范围时，即可发生腕部扭挫伤，而影响手的功能。

（一）病因病理

多为间接外力所至，最常见为拧扭时用力过猛，或由于跌扑时手掌或手背着地，迫使腕部过度背伸或掌屈，甚至旋转，而引起腕部韧带、筋膜的扭伤，甚至撕裂。

（二）临床表现

轻者腕部酸痛无力，重者肿胀疼痛，压痛拒按，功能活动障碍，挫伤者，一般肿胀较甚，可见皮下瘀斑。

（三）治疗方法

1. 手法治疗

腕部肿胀，压痛不明显时，可用轻缓的按、摩、揉、捏腕部等手法，再拿住拇指及第一掌骨左右摇晃3到6次，拔伸2到5指，使筋急、筋挛得以松弛，然后屈伸腕部，理顺经络。

2. 固　定

损伤严重者，应用贴合腕部的纸板或铝板将腕部固定在功能位，随病情好转可在3周去除外固定，或改用布绷带或护腕保护。

3. 功能锻炼

受伤24小时疼痛缓解后，练习手指屈伸活动。3～5天疼痛减轻后，练习腕伸屈及前臂旋转功能，注意功能锻炼不能加重腕部的疼痛。

4. 药物治疗

（1）内服药

① 瘀滞证：多见损伤早期，局部疼痛肿胀，皮肤灼热，按压痛，腕部活动不利。舌质红，苔薄黄，脉弦数或弦涩。治宜活血化瘀，消肿止痛，方用活血止痛汤加减（《伤科大成》）。

组成：当归6g，川芎6g，乳香6g，苏木6g，红花5g，没药6g，地鳖虫3g，三七3g，赤芍9g，陈皮5g，落得打6g，紫荆藤9克。

功效主治：活血止痛。治跌打损伤肿痛。

制用法：水煎服。

② 寒湿阻络证：伤后日久，手腕沉重冷痛，顽麻，肿胀反复，时轻时重，手腕屈伸不利。舌淡胖，苔白滑，脉沉弦或滑。治宜除湿散寒，祛风通络，方用薏苡仁汤加减（清. 林佩琴《类证治裁》）。

组成：薏苡仁10g，川芎10g，当归10g，麻黄5g，桂枝5g，羌活5g，独活10g，防风10g，川乌5g，苍术10g，甘草10g，生姜10克。

功效适应证：除湿运脾，祛风散寒。治损伤后着痹。

制用法：水煎服。

（2）其他疗法

① 针刺疗法：取合谷、腕骨、阳池、大陵等穴，强刺激，不留针。

② 理疗：可选用超短波，中药离子导入治疗。

三、腕三角纤维软骨损伤

发生于跌倒时，由于手掌撑地、腕关节过度背伸、前臂旋前或向尺侧偏斜等扭转挤压的暴力致伤。软骨盘挤压于尺骨和三角骨及月骨之间而发生破裂或撕脱。也有腕部作过多的支撑固定动作时，因反复背伸、旋转挤压引起软骨的慢性损伤。多见于体操、排球运动中。易忽略，导致经久不愈，严重影响运动员的训练。

该病也是临床常见病，常与下尺桡关节损伤同时出现，三角纤维软骨盘具有限制前臂过度旋转的功能，因此，当腕关节受到突然外力时，可引起损伤。

（一）诊断依据

1．有急性腕部扭伤史或长期劳损史，青壮年多见。

2．下尺桡关节肿胀、压痛、旋前、旋后运动时，感到明显疼痛。

3．患者不能持举重物，不能作拧扭等活动和腕背伸及尺偏活动受限。

4．尺骨小头向背侧移位，尤以前臂作旋前运动时明显，此时常听到“咔嗒”弹响声。

5．X线片显示，下尺桡关节间隙增宽，尺骨小头向外侧移位。应用碘油作腕关节造影，可见造影剂通过软骨盘裂口，流入下尺桡关节腔。

（二）治疗方法

1．手法疗法

患者坐位，先行相对拔伸，并将腕部环转摇晃10次左右，然后在桡骨下端和尺骨小头的侧方互相挤压以复位，最后痛点按压，使两骨合拢。

2．离子能量疗法

国内最新高科技产品“骨康聚能离子治疗贴”贴敷于患处，离子能量治疗，透过皮肤肌肉等组织，到达病灶部位，起到改善局部微循环、改善组织供氧及营养代谢、松解软组织粘连、镇痛消肿等作用，因而能迅速消除痛源，修复受损组织。“骨康聚能离子治疗贴”每次1～2贴，每贴贴敷48小时，15天为一个疗程。

3．封闭疗法

在腕上压痛点，用泼尼松龙加1%普鲁卡因，作局部封闭，每周1次，3次为一疗程。

4．小针刀疗法

对病程长，妨碍腕部运动，疼痛难忍，其他方法无效可用此法治疗。患者坐位，常规消毒腕部皮肤，在压痛明显处，将小针刀刀口沿腕背部肌纤维走行方向平行刺入，直达尺骨小头处，先纵行后横行剥离，最后用铲剥离法出针，压迫针孔片刻，用无菌纱布包扎，术后48小时用食醋热敷5个晚上，每次20～30分钟。

四、腕管综合征

（一）病因病理

腕管是腕掌部的一个骨——纤维管，拇长屈肌和4根屈指浅肌腱、4根屈指深肌腱及正中神经通过此管进入手部。腕管在手腕掌桡侧，由腕骨和腕横韧带构成。腕横韧带坚韧，近侧缘增厚，是压迫正中神经的主要因素。正中神经在腕管中位置表浅，容易受腕横韧带的压迫，造成损伤。腕管综合征的发病与慢性损伤有关。手及腕劳动强度大时容易发病。

引起腕管综合征的原因很多，大致可分为三类。

1．发病原因

（1）局部因素

① 引起腕管容积减小的因素：如Colles骨折、Smith骨折、舟骨骨折及月骨脱位后畸形愈合，以及肢端肥大症等。

② 引起腕管内容物增加的因素：如脂肪瘤、纤维瘤、腱鞘囊肿、腕管内肌肉位置异常（指浅屈肌肌腹过低、蚓状肌肌腹过高）、非特异性滑膜炎、血肿。

（2）全身性因素

① 引起神经变性的因素：如糖尿病、酒精中毒、感染、痛风等。

② 改变体液平衡的因素：如妊娠、口服避孕药、长期血液透析、甲状腺功能低下。

（3）姿势因素

用腕过度劳动者，如计算机操作人员、扶拐杖走路的残疾人，手指及腕关节反复屈伸。Gellman等人对77例截瘫患者调查发现，其中有38例（占49%）患有腕管综合征。但需指出的是，有一部分患腕管综合征的患者病因不清楚。

2．发病机制

腕管是由腕骨沟和桥架其上的腕横韧带共同构成的骨纤维性管道。腕管的桡侧为舟骨及大多角骨；尺侧为豌豆骨及钩骨；背侧为头骨、舟骨、月骨及小多角骨；掌侧为腕横韧带。腕横韧带尺侧附着于豌豆骨及钩骨沟，桡侧附着于舟骨结节和大多角骨顶。腕横韧带很坚韧，近似梯形，大小如一般的小邮票（约2cm×2cm），厚1～2mm，远端与掌腱膜相延续，近端与腕掌侧韧带（前臂深筋膜）相延续，其位置约在近腕骨与掌骨基底部水平。

腕管的横断面略似椭圆形，其顶点在桡侧。在腕管中有9条屈肌腱和1条神经（即正中神经）通过，腕管的面积与9条屈肌腱和1条神经的面积总和之比约为3∶1，因而，腕管的面积为腕管内容物的活动提供了一定的空间。9条肌腱分浅、深两层排列，浅层为指浅屈肌腱，由小指至食指依次重叠排列，深层为指深屈肌腱，从桡侧向尺侧重叠排列。它们又被两个腱滑液鞘所包绕，即桡侧滑液囊和尺侧滑液囊，拇长屈肌腱位于浅层桡侧，其位置较为恒定。

正中神经在指浅屈肌腱的浅面（多位于中指环指指浅屈肌腱浅面），位置较为恒定，正中神经总是直接与腕横韧带相接触，这一特定的局部解剖关系加之腕横韧带又是较为坚韧的纤维组织，弹力纤维少，所以任何原因引起的腕横韧带变性必将引起对正中神经的摩擦及卡压，尤其在腕背伸时更为明显。正中神经绝大多数（约95%）在腕横韧带远侧缘分成内、外侧两支，外侧支发出返支支配拇短展肌、拇对掌肌及拇短屈肌（浅头），终末支为第1指掌侧总神经，其末端又分为3支指掌侧固有神经，分别分布于手拇指桡、尺侧及食指桡侧缘皮肤，且至食指桡侧缘的固有神经有分支至第1蚓状肌；内侧支分为第2、第3指掌侧总神经，至掌指关节近侧又各分为2条指掌侧固有神经，分布于食指、中指与中指、环指相对缘的皮肤，第2指掌侧总神经还分支至第2蚓状肌。因而正中神经卡压后出现相应的感觉运动障碍。（图2-27）

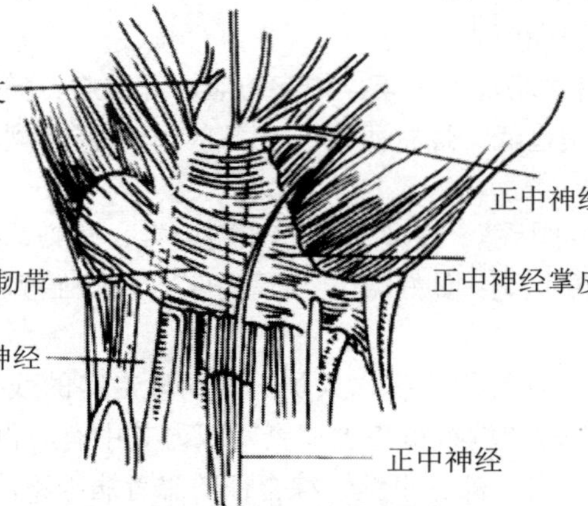

图2-27　腕部和腕管的解剖

（二）临床表现

腕管综合征的临床表现主要为正中神经受压，食指、中指和无名指麻木、刺痛或呈烧灼样痛，白天劳动后夜间加剧，甚至睡眠中痛醒；局部性疼痛常放射到肘部及肩部；拇指外展肌力差，偶有端物、提物时突然失手。检查：压迫或叩击腕横韧带、背伸腕关节时疼痛加重；病程长者，可有大鱼际肌萎缩。腕部、手掌面、拇指、食指、中指出现麻、痛，或者伴有手动作不灵活、无力等；疼痛症状夜间或清晨加重，可放射到肘、肩部，白天活动及甩手后减轻；上述部位的感觉减弱或消失；甚至出现手部肌肉萎缩，瘫痪。如果出现了这种情况，且连续几天不缓解，一定尽快去正规医院看医生，以便早日作出诊断，采取措施。

腕管综合征好发于30～50岁年龄，女性为男性的5倍。双侧发病者约占1/3～1/2，双侧发病者女性和男性比例为9∶1。由于正中神经受压，拇指、食指、中指产生疼痛和感觉麻木。初期常表现为指端的感觉功能障碍，常常因入睡后数小时出现麻木或烧灼痛而致醒，活动后缓解。少数患者由于病程较长而出现神经营养障碍，发生大鱼际肌萎缩，间歇性皮肤发白、发绀，严重者可出现拇指、食指发绀，指尖坏死或萎缩性溃疡。检查时可叩击腕部掌侧正中，造成正中神经支配区的麻木、疼痛，此即Tinel征阳性。部分病人手腕关节极度屈曲60秒钟后手指感觉异常加重，此为Phalen试验阳性（图2-28）。利用血压计在上臂加压至远端肢体静脉扩张可诱发症状出现。

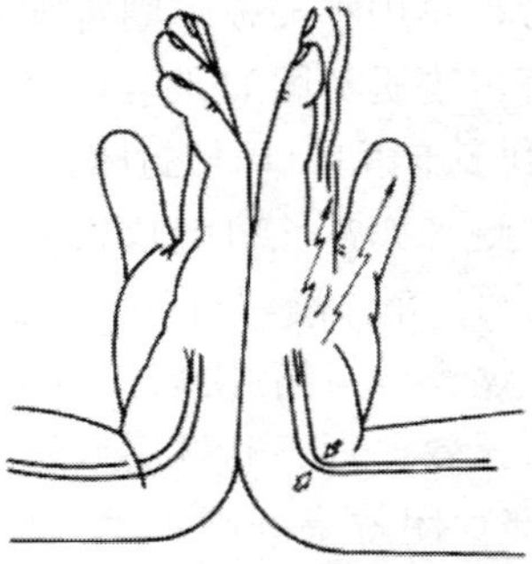

图2-28　Phalen 征示意图

（三）诊断依据

疑有腕管综合征时应进一步行如下检查以明确诊断：

1. Tinel征

在腕横韧带近侧缘处用手指叩击正中神经部位，拇指、食指、中指三指有放射痛者为阳性。

2. 屈腕试验

双肘搁于桌上，前臂与桌面垂直，两腕自然掌屈。此时正中神经被压在腕横韧带近侧缘，腕管综合征者很快出现疼痛。

3. 可的松试验

在腕管内注射氢化可的松，如疼痛缓解则有助于确诊。

4. 止血带试验

将血压计充气到收缩压以上30～60秒钟即能诱发手指疼痛者为阳性。

5. 伸腕试验

维持腕于过伸位，很快出现疼痛者为阳性。

6. 指压试验

在腕横韧带近侧缘正中神经卡压点用指压迫能诱发手指疼痛者为阳性。

7. 正中神经传导速度

正常时正中神经从近侧腕横纹到拇对掌肌或拇短展肌之间的运动纤维传导速度短于5微秒。如长于5微秒为异常，腕管综合征可达20微秒，表明正中神经受损。传导时间大于8微秒者应考虑手术治疗。

（四）治疗方法

1. 非手术治疗

对患病早期、症状较轻者，可用小夹板等固定腕关节于中立位1～2周，多数患者有效果。另外，可采用腕管内皮质类固醇激素封闭治疗。通常用曲安奈德（曲安西龙、确炎舒松A）0.5g加2%利多卡因1ml局部封闭，每周1次，用3～4周。封闭方法为：在远侧腕横纹紧靠掌长肌腱（如掌长肌腱缺如就在环指的延长线）尺侧进针，针尖指向中指，针管与皮肤成30°角，缓缓进入腕管约2.5cm。如果引起感觉异常，则需退出针头重新定位。有人调查，封闭3次后，81%的患者有缓解，但通常2～4个月后复发。如果第一次封闭后无效，则不能再次封闭。还有人发现，局部封闭的效果和手术疗效密切相关，局部封闭效果好则手术治疗的效果必然好。必须注意的是，如果患者患有类风湿关节炎、糖尿病、甲状腺功能低下，则必须首先积极治疗原发病。

2. 手术治疗

对症状严重、保守治疗2个月无效者应及早手术治疗。通常行腕横韧带切开腕管减压术手术。切口一般采用小鱼际桡侧缘凸向尺侧的弧形切口，并向腕上延长，这样可以避免损伤正中神经掌皮支。将掌长肌腱及桡侧腕屈肌肌腱分别向两侧牵开后即可暴露正中神经及腕横韧带，沿正中神经的尺侧由近及远切开腕横韧带，以免损伤正中神经回返支，因为有约23%的人正中神经回返支穿过腕横韧带至大鱼际肌（图2-29）。切开腕横韧带后，探查腕管内的情况，如正中神经与周围的肌腱滑囊粘连，则小心松解，如腕管内有新生物则手术摘除。腕横韧带切开后不需重建，止血彻底后缝合伤口。术后短臂石膏固定手于伸腕位7～9天，以免屈肌腱疝出，然后去掉石膏开始主动活动。

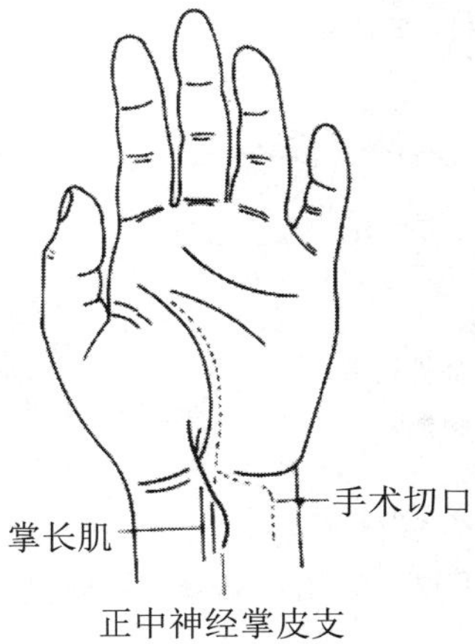

图2-29　腕管综合征手术切口示意图

五、尺管综合征

（一）病因病理

1．发病原因

腕尺神经卡压最常见的病因为结节性压迫。有文献报道，29%～34%的病例因结节压迫引起。其中无明显创伤的病例中，86%的患者由结节性压迫引起，压迫神经的部位多数位于三角骨与钩骨的关节处。肌肉变异，如副小指屈肌、小指展肌以及掌长肌延伸至Guyon管等引起的神经卡压，也是尺管综合征的主要原因，约占患者总数的16%。其他因素，如脂肪瘤、巨细胞瘤、腱鞘囊肿、韧带增厚、豌豆骨钩骨联合等也可致尺神经卡压。

骨折导致的尺管综合征是主要的卡压因素。腕尺侧骨折，特别是钩骨骨折，约14%的患者可出现尺神经卡压。骨折片压迫、神经牵拉或瘢痕压迫等均可导致神经病变。尺动脉栓塞可单纯引起感觉障碍，此类因素占尺管综合征的7%。重复性创伤所致尺管综合征约占患者总数的6%。类风湿性腱滑囊炎，特别是尺侧腕屈肌和指浅屈肌腱滑囊炎，也与尺管综合征的发生有关。

2．发病机制

腕尺管亦称Guyon管（图2-30），入口为三角形，由豌豆骨尺侧、腕掌韧带浅面和腕横韧带后侧的横向面组成。在Guyon管的底部，豆钩韧带位于中央，腕横韧带纤维位于桡侧，豆掌韧带位于尺侧和远端。其顶部由腕横韧带、掌腱膜近端的纤维束和掌短肌远端组成。Guyon管在出口处由钩骨分为两个管道。其远端的裂孔由源自小指展肌和小指屈肌组成的纤维弓构成，将豌豆骨与钩骨连接在一起。尺神经运动支由裂孔深部穿出，感觉支由浅面穿出。

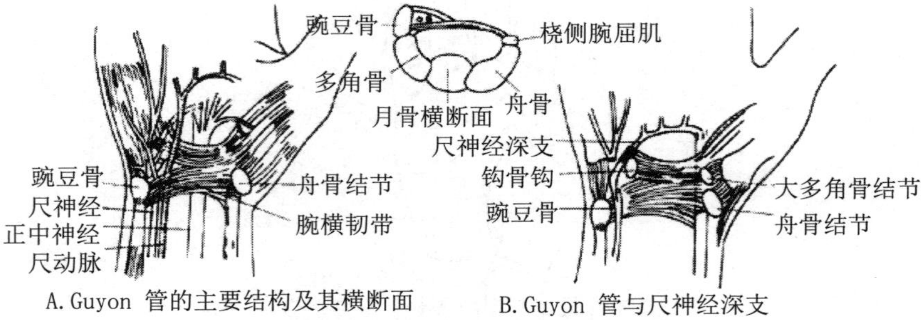

图2-30　Guyon管应用解剖

Shea和Mc Clain将尺管分为3个区。在1区，神经卡压位于近端或尺管内。由于神经的运动和感觉支均在此区内，因此，临床表现既有尺神经支配区手内肌肌力减弱或萎缩，又有小鱼际掌侧和尺侧一个半手指掌侧的感觉变化。在2区，出现运动神经卡压，解剖区域位于尺管出口处、钩骨钩部、小指展肌和小指屈肌起点之间。尺神经在运动支穿过小指对掌肌时出现卡压，或在跨过掌部深达屈肌腱和掌侧掌骨时出现卡压。在3区，感觉支出现卡压，卡压的解剖位置位于尺管出口的远端或尺管内，临床表现为小鱼际和环指、小指的感觉障碍。

（二）临床表现

1. 病史及临床表现

常以环指、小指麻木，手内肌无力为患者的主诉，手部尺侧摔伤史、长期使用振动工具、类风湿病史、骨性关节炎等病史对诊断具有参考价值。

2. 物理检查

（1）腕钩骨区压痛或肿块：1区和2区卡压最常见的原因为钩骨骨折，因此，此类患者常有钩骨附近的压痛。

（2）Tinel征：腕尺管区Tinel征阳性对诊断具有一定的价值。

（3）运动和感觉检查：小指及环指尺侧半掌面感觉异常和手内肌萎缩（图2-31）。

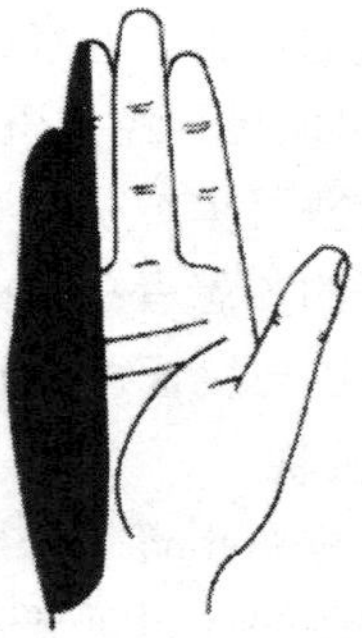

图2-31　尺管综合征感觉异常示意图

（三）诊断依据

依据病史、临床表现、物理检查、肌电图检查肌力及感觉障碍，X线检查可除外骨折，MRI检查可除外局部占位性病变，进而确立诊断。

（四）治疗方法

对诊断明确者，可行手术治疗，手术步骤如下。

1. 切口经尺管间“Z”形切口（图2-32）

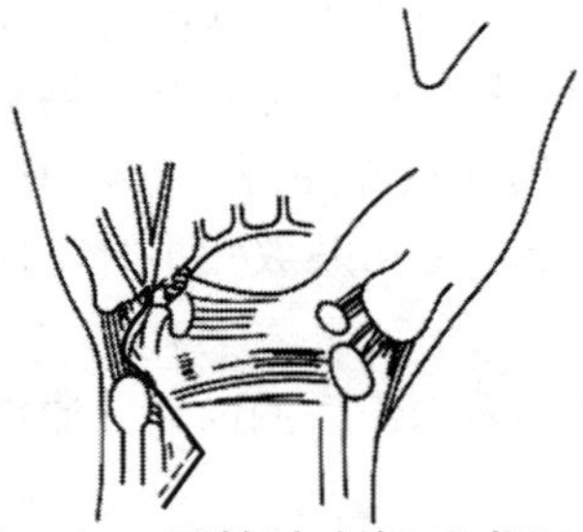

图2-32 尺管综合征手术切口

2. 显露尺神经及其深、浅支

手术中应清晰显露尺管，然后将尺神经显露。

3. 松解粘连

在手术显微镜下检查可能存在的卡压因素，并予松解，可同时注射曲安奈德（曲安西龙）和其他防粘连药物。

六、掌指关节侧副韧带损伤

手指侧方被撞伤，手指扭转或挫伤，使掌指关节超过了正常的活动范围，发生侧副韧带撕裂、断裂的损伤即为本病，多见于篮球、排球、手球运动员。

（一）诊断要点

1. 掌指关节有急性扭、挫伤史。
2. 伤后掌指关节肿胀，剧烈疼痛。
3. 掌指关节伸、屈、内收、外展活动受限。
4. 掌指关节侧方有明显压痛，以一侧明显。
5. 侧副韧带断裂时，侧方活动范围比正常增大，关节不稳，有异常活动。
6. X线片。若侧副韧带断裂时，掌指关节伤侧加宽，有时见有撕脱的骨折片。

（二）治疗方法

1. 制　动

第1掌指关节侧副韧带断裂者，用石膏托或纸板将掌指关节固定于功能位，第2～5掌指关节侧副韧带断裂者，可将靠近伤侧的健指与伤指，用胶布环绕固定在一起，允许轻度地做屈伸掌指关节的功能锻炼。切忌任何侧方运动。固定3～4周，去除外固定，开始做功能锻炼。

2. 离子能量疗法

“骨康聚能离子治疗贴”贴敷于患处，离子能量治疗，透过皮肤肌肉等组织，到达病灶部位，起到改善局部微循环、改善组织供氧及营养代谢、松解软组织粘连、镇痛消肿等作用，因而能迅速消除痛源、改善关节功能，修复受损组织。“骨康聚能离子治疗贴”每次1～2贴，每贴贴敷48小时，15天为一个疗程。

3. 药物辅助治疗

初期以活血祛瘀、消肿止痛为主，后期以活血通络为主。

4. 物理疗法

选用神灯、红外线等配合治疗。

5. 手法治疗

适用于侧副韧带撕裂伤及断裂伤愈合后遗有疼痛、肿胀及掌指关节功能障碍的患者。采用局部痛点按揉法、拨伸法、摇晃法等，以舒适轻松为度。每日1次，10次为一疗程。

6. 封闭治疗

醋酸曲安奈德加2%普鲁卡因作痛点封闭，每周1次，3～4次为一疗程。

七、腱鞘囊肿

腱鞘囊肿是发生于关节部腱鞘内的囊性肿物，一种关节囊周围结缔组织退变所致的病症。内含有无色透明或橙色、淡黄色的浓稠黏液，多发于腕背和足背部。患者多为青壮年，女性多见。本病属中医学“筋结”“筋瘤”范畴。

（一）临床表现

以半球样隆起于皮下浅表，柔软可推动，多发于腕部中央为主要临床特征。腕背或足背部缓慢发展的囊性肿物，呈圆球状，表面光滑，边界清楚，质软，有波动感，无明显自觉症状或有轻微酸痛；囊液充满时，囊壁变为坚硬，局部压痛。触摸时皮下饱满并有波动囊样感，伴有腕部无力，不适或疼痛，多为酸痛或放射性痛，可有一定的功能障碍。

（二）病因病机

中医学中，本病症称为聚筋或筋瘤，认为系外伤筋膜，邪气所居，郁滞运化不畅，水液积聚于骨节经络而成。多因患部关节过度活动、反复持重、经久站立等，劳伤经筋，以致气津运行不畅，凝滞筋脉而成。

（三）治疗方法

本病症的现代针灸治疗，首见于1958年，用隔姜灸，取得较好的效果。20世纪60年代多采用针刺加挤压之法，70年代又用三棱针点刺、温针来提高疗效。自80年代以后，有关本病各种穴位刺激法的报道颇多，在继承以往各法的基础上，又增添了火针、指针、针刺加罐及穴位注射等法。为了防止复发，一般都主张针刺后局部加压。从已有的经验而言，针灸确是本病较好的保守疗法之一。西医学认为本病多与关节或腱鞘部的慢性劳损、机械性刺激、外伤等有关。

1. 针　灸

（1）取　穴

主穴：阿是穴。

阿是穴位置：囊肿顶部（下同）。

（2）治　法

先常规消毒阿是穴，如囊肿较小，直接针刺；囊肿较大者，可用注射器先吸尽囊内容物再针刺。针刺方法分为两种：①扬刺，正中刺入1针，从囊肿四周对称地向中央刺入囊内，用泻法；②恢刺，用28号1.5寸毫针，对准囊肿顶部直刺。针尖刺破囊壁达囊中后，呈45°及75°分别向四周来回点刺，针刺深度以刺破四周囊壁为度，留针20～30分钟。起针后用力挤压囊肿，使之破裂，部分病人在留针时用艾卷灸针柄，越热越好，但要避免烫伤；亦可起针后作回旋灸或用TDP灯照射15分钟。取针后，宜局部作加压包扎，每日1次，10次为一疗程。

2. 挑　治

（1）取　穴

主穴：阿是穴。

（2）治　法

先令患者腕关节向掌侧屈，使囊肿暴露明显，术者以左手拇指和食指各压一消毒棉球在囊肿左右，压挟挤紧，使囊肿固定，然后用2%碘酒及75%酒精充分消毒。右手持消毒三棱针对准囊肿之最高点快速刺入，注意勿透过囊肿的下层，然后快速拔针，以掐持囊肿的左手用力掐挤囊肿（拔针与掐挤囊肿应同时进行），囊肿较大者，用双手拇指从囊肿周围向中心挤压，务使囊内的胶性黏液（呈透明糊状物）从针孔中全部排出。如囊肿部位大，时间久，黏液未能排净，针孔被阻塞的，可用消毒三棱针在原针孔处再刺入，并在囊内轻轻拨动数下，直至黏液排净。然后用消毒后的光滑小竹片（约20mm×15mm），紧贴囊肿壁上，用绷带扎紧（不可太紧，以免影响局部血液循环），嘱患者勿沾生水及不可过度用腕力，3天后取下绷带及竹片。如有复发，可用同样方法治疗。

3．火　针

（1）取　穴

主穴：阿是穴。

（2）治　法

用2号火针或普通小号三棱针（亦可以大头针代替），用止血钳挟持后，在酒精灯上烧红，左手拇指、食指挤住囊肿，将内容物推至一边，避开血管，使囊肿突起。将烧红之针具，对准囊肿迅速刺入深部（以达囊肿基底部为度），快速取出，根据囊肿大小可刺2～3针。然后，两手持干棉球在针孔周围挤压，放出胶状液体，挤压干净，用酒精棉球拭干消毒后，用消毒干棉球压迫包扎局部，3日内不沾水，4日后取下敷料。如1次未愈，可隔5～7天再行针1次。

4．针刺加穴位注射

（1）取　穴

主穴：阿是穴。

（2）治　法

先按揉局部5分钟，使局部潮红，囊肿变软。局部常规消毒，用三棱针在囊肿边缘平行向中央快速进针，刺至囊肿中央即退针。退针时，用一手拇指按住与针眼相对的侧面，向针眼方向挤压，边挤压边退针，囊肿内容物即随针外溢，至溢尽为止。然后从原针眼进针，注入强的松12.5～25mg、0.5%普鲁卡因2ml，注完药液后，再向多方向刺破囊壁。出针后稍加按揉，加压包扎。一周后如仍有囊肿残留或复发，可重复使用上法。

5．温针加拔罐

（1）取　穴

主穴：阿是穴。

（2）治　法

囊肿局部以26号或28号1寸毫针，直刺入1针，两旁各刺入1针的齐刺法，每一针上各加2cm长之艾段，从下部点燃。燃尽起针后即以微型玻璃罐吸拔3～5分钟，以拔出黄色黏稠样液体为佳。拔后用消毒敷料加压固定。1次未愈，隔2～3日再针。

八、桡骨茎突狭窄性腱鞘炎

桡骨茎突狭窄性腱鞘炎是由于拇指或腕部活动频繁，使拇短伸肌和拇长展肌腱在桡骨茎突部腱鞘内长期相互反复摩擦，导致该处肌腱与腱鞘产生无菌性炎症反应，局部出现渗出、水肿和纤维化，鞘管壁变厚，肌腱局部变粗，造成肌腱在腱鞘内的滑动受阻而引起的临床症状。其临床表现主要为桡骨茎突部隆起、疼痛，腕和拇指活动时疼痛加重，局部压痛。本病多见于中年以上，女多于男（约6∶1），好发于家庭妇女和手工操作者（如纺织工人、木工和抄写员等），哺乳期及更年期妇女更易患本病。起病缓慢。本病经非手术治疗，多能获满意效果。个别反复发作或非手术疗法无效者，可行手术切开狭窄的腱鞘，疗效良好。

（一）病因病理

1．慢性损伤：肌腱在腱鞘内长期、反复和快速用力活动。

2．急性损伤：暴力作用于腱鞘引起腱鞘损伤。

3．病理因素：结核、类风湿性关节炎或风湿病，先天性肌腱异常等。早期腱鞘充血、水肿及渗出增多，反复损伤，迁延日久，则肌腱和腱鞘发生慢性结缔组织增生、肥厚，肉芽组织形成，透明性变和粘连等病理变化。腱鞘韧带的水肿和增生使骨——纤维隧道狭窄，压迫水肿和增生的肌腱形成葫芦样肿大，限制肌腱的滑动。腱鞘的厚度可由正常的0.1cm增至0.3cm。若肿大肌腱通过狭窄腱鞘时，可发生弹拨动作和响声，称弹响指或扳机指。

（二）症状体征

1．桡骨茎突处隆起、疼痛，可向前臂及拇指放射痛，活动腕及拇指时疼痛加重，不能提重物。

2．桡骨茎突处明显压痛，有时可触及硬结节。腕和拇指活动稍受限。

3．握拳尺偏试验（Finkelstein征）阳性。

（三）诊断依据

1．腕部用力或提物时疼痛。

2．桡骨茎突处压痛，可摸到硬结节。

3．Finkelstein征阳性。

（四）治疗方法

1．早期行局部封闭

用醋酸氢化可的松或强的松龙12.5～25mg加1%普鲁卡因2ml行局部鞘管内注射，每周1次，连续3～4次为一疗程。药物应准确注入鞘管内，疗效多满意。

2．局部制动

尽量避免手部活动，如洗衣、拧毛巾等。必要时石膏固定2～4周。

3. 理疗或热敷

4. 手术疗法

反复发作，而非手术疗法无效者，可作手术切开狭窄的腱鞘和松解粘连，但要注意勿伤及头静脉和桡神经浅支。术后早期行功能锻炼。

（五）建议及提示

本病主要由于腕和拇指活动频繁，致使桡骨茎突处肌腱和腱鞘反复摩擦，产生慢性炎症而造成肌腱滑动受限所致。因此，预防本病的关键在于避免腕和拇指过度劳累。在平时的生活或工作中，要注意劳逸结合，尽量避免腕部和拇指长时间活动。非手术方法的物理和药物治疗常可缓解症状或治愈。极个别顽固病例，才需手术治疗，效果良好。

第三章　下肢运动损伤

第一节　髋及大腿部运动损伤

一、髋及大腿部解剖结构

髋关节：由髋臼与股骨头构成，是典型杵臼关节。髋臼的周缘附有纤维软骨构成的髋臼唇，以增加髋臼的深度。髋臼切迹被髋臼横韧带封闭，从而使髋臼内的半月形的关节面扩大为环形的关节面，增大了髋臼与股骨头的接触面。股骨头的关节面约为圆球的2/3，几乎全部纳入髋臼内，与髋臼的关节面接触，髋臼窝内充填有脂肪组织。

关节囊紧张而坚韧，向上附着于髋臼周缘及横韧带，向下附着于股骨颈，前面达转子间线，后面仅包罩股骨颈的内侧2/3。故股骨颈骨折可分为囊内、囊外骨折。关节囊周围有韧带加强，其中以前方的髂股韧带最为强大（图3-1）。髂股韧带起自髂前下棘，向下呈人字形，经关节囊前方止于转子间线。此韧带除增强关节囊外，还可限制大腿过伸，对维护人体直立姿势有很大作用。关节囊后下部较薄弱，脱位时，股骨头易向下方脱位。关节囊内有股骨头韧带，连结于股骨头凹和髋臼横韧带之间，为滑膜所包被，内含营养股骨头的血管。

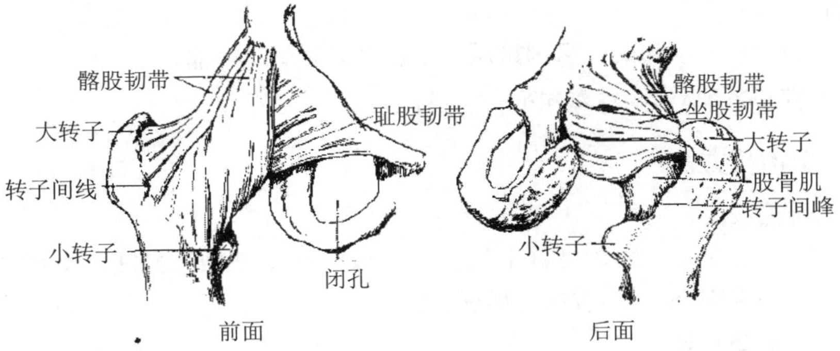

图3-1　髋关节

髋关节可作三轴性运动，即在额状轴上的前屈、后伸，矢状轴上的内收、外展，垂直轴上的旋内、旋外以及环转运动。但由于股骨头深藏于髋臼内，关节囊紧张而坚韧，又受各种韧带的限制，故其运动幅度远不及肩关节，而具有较大的稳固性，以适应其支持体重和下肢行走的功能。

二、坐骨结节滑囊炎

坐骨结节滑囊炎是一种常见病，多发于体质瘦弱而久坐工作的中老年人，臀部摩擦、挤压经久劳损而引起局部炎症，故又称“脂肪臀”。儿童可因蹲挫伤引起。

（一）病因病理

发病与长期过久地坐位工作及臀部脂肪组织缺失有关，特别是体质较瘦弱者。由于坐骨结节滑囊长期被压迫和摩擦，囊壁渐渐增厚或纤维化而引起症状。因剧烈活动髋关节使附着在坐骨结节上的肌腱损伤，从而牵拉损伤滑囊或肌腱损伤处的疤痕刺激周围滑囊所致。

（二）临床表现

臀尖（坐骨结节部）疼痛，坐时尤甚，严重者不能坐下。但疼痛局部局限，不向它处放射。日久臀尖部酸胀不适。

（三）诊断依据

1．长期坐位工作史、蹲伤史。

2．坐在硬板椅上，臀部接触椅面的部位疼痛。在坐骨结节处局麻后，再让患者坐于硬板椅上，臀部无疼痛，即可帮助确诊。

3．疼痛部位仔细触诊可扪及边缘较清晰的椭圆形肿块与坐骨结节粘连在一起，压之疼痛。

4．做屈膝屈髋动作时，可因挤压、牵扯滑囊而引起疼痛。

5．坐骨结节部X线检查无异常。

（四）治疗方法

1．保守疗法

应减少坐位时间，或在坐具上加软垫，或局部穿刺抽液后注入醋酸曲安奈德2ml，加2%普鲁卡因2ml。热敷后可缓解症状。

2．离子能量疗法

局部贴敷“骨康聚能离子治疗贴”，补充能量离子，沟通大小循环，改善组织供养，修复受损组织。离子能量冲击治疗，激活细胞活性，消除炎症，镇痛消肿。“骨康聚能离子治疗贴”每次一贴，每贴贴敷48小时，30天为一个疗程。

3．针灸

可在局部取穴，如承扶等。

4．手术疗法

尽量避免手术，但对久治不愈，疑有滑膜瘤者，可行坐骨结节滑囊切除术。

三、髋部滑囊炎

髋关节滑囊炎是关节周围的滑囊积液、肿胀和炎症反应。髋部周围有很多滑囊，临床上比较重要的有三个：髂耻滑囊、大转子滑囊和坐骨滑囊。

1．髂耻滑囊炎

髂耻滑囊位于髂腰肌与骨盆之间，其上后方为髂耻隆凸，下方为髋关节囊，内侧为股血管和股神经，是髋部最大的滑囊。80%的滑囊于髂股韧带内、外两侧带之间处，和髋关节囊相通。

2．大转子滑囊炎

大转子滑囊是多房性的滑囊，位于臀大肌腱附着点与大转子后外侧骨突之间。

3．坐骨滑囊炎

坐骨滑囊附着在坐骨结节上，位于臀大肌之深面。由于生理上和发育上的原因，滑囊、腱鞘和关节滑膜在发生和功能上很相似，其发病原因也相似。创伤、感染、化学性刺激、类风湿性病变等，均可导致滑囊炎。

（一）临床表现

1．髂耻滑囊炎

股三角外侧有疼痛和压痛。屈曲髋或伸直髋关节，可加剧疼痛。滑囊过度肿胀时，腹股沟的正常凹陷消失，有时隆起，有波动感，疼痛剧烈。股神经受刺激或压迫时，疼痛可沿大腿前部放射至小腿上方内侧。

2．大转子滑囊炎

大转子处有疼痛及压痛。不能向患侧卧，跛行。髋关节内旋，使臀大肌紧张压迫滑囊时疼痛加剧。髋关节被动活动时无明显疼痛。滑囊明显肿胀时大转子后方的凹陷消失，局部可摸到直径约3～4cm的扁平肿块，有压痛。患者常采取屈髋体位以缓解疼痛。有时疼痛放射至大腿后外侧。

3．坐骨滑囊炎

多见于老年人，特别是长期坐于硬座位的工作者。局部疼痛影响下坐，臀肌收缩时也可产生疼痛并放射至臀部。坐骨结节处压痛阳性。滑囊肿大时，可在体表触及一韧性包块，有触痛。坐骨神经受刺激时，可出现坐骨神经痛症状。

（二）诊断依据

1．髂耻滑囊炎：X线片有助于诊断和鉴别诊断。

2．股骨大转子滑囊炎：X线检查有时可见钙化斑。

3．必要时可做穿刺，穿刺液为淡黄色黏液。

（三）鉴别诊断

1．髂耻滑囊炎

诊断时需排除髋关节病变、腰骶部结核、闭孔疝、色素沉着绒毛结节状滑膜炎等。

2．大转子滑囊炎

应与腰椎间盘突出症、大转子骨骺炎、大转子化脓性骨髓炎、髋关节结核、寒性脓肿等鉴别。

（四）治疗方法

治疗应查明病因，对症处理，如：

1．创伤性滑囊炎

急性期应适当休息，减少压力，局部可用理疗或穿刺抽液后注入曲安奈德（确炎舒松-A）类药物；慢性期经久不消，影响功能者，需行滑囊摘除术。

2．感染后化脓性滑囊炎

应在抗生素积极控制炎症下早期切开引流，如侵犯邻近关节，应同时引流关节腔。

3．结核性滑囊炎

必须在抗结核药物控制下，行滑囊摘除术。病变已蔓延至大转子骨质者，同时行病灶清除术。

祖国医学认为本病因疲劳过度，经筋损伤，局部气血运行阻滞，痰气凝结所致。治当活血通络、消肿止痛、散寒解毒、逐痰利湿。局部可用中药双柏散药膏外敷，亦可用中药煎水外洗、热敷。急性期可以三妙丸加味内服。病者局部肿胀较甚，脉弦数，舌质红，苔薄黄者，可用四妙散加味内服。感染后局部红、肿、热、痛者，可用五味消毒饮内服。

四、髋部扭挫伤

（一）病因病机

髋部扭挫伤多因间接暴力使髋关节过度展、收、屈、伸，致其周围肌肉和韧带撕伤或断裂，关节囊撕伤，滑膜充血、水肿等而出现相关症状。直接暴力致髋部挫伤相对少见。

（二）临床表现与诊断

患者多数有下肢过度劳累或扭伤史。受伤后髋部疼痛、肿胀或有瘀斑、跛行、活动或负重功能障碍。髋部疼痛活动时加重，休息静止时疼痛明显减轻。患侧腹股沟部多有明显压痛，髂前上棘下方、髂嵴后上方、骶髂关节、坐骨结节、股骨大粗隆后方亦可分别有压痛，髋关节各方向被动活动时均可出现疼痛，“4”字试验可阳性。X线摄片检查一般无异常发现。

（三）治疗方法

1. 理筋手法

患者卧位，先予髋部痛点作按揉，将患肢轻柔做伸屈、转摇动作2～3次，以理顺肌筋。

2. 药物治疗

治宜活血化瘀、通络止痛，内服活血止痛汤和舒筋丸加减，外贴宝珍膏。

3. 针　灸

可在局部取穴，阿是穴等。

4. 理　疗

可用舒活酒涂于患部，然后用红外线灯（TDP）局部照射30分钟。

五、梨状肌综合征

梨状肌综合征是指因梨状肌急慢性损伤引起的梨状肌水肿、痉挛、肥厚等刺激或压迫了坐骨神经及其他骶丛神经、臀部血管而产生的一系列症状。是临床中常见病和多发病。

梨状肌的解剖位置：梨状肌是臀部的深部肌肉，从骶椎前面开始，穿出坐骨大孔，而将其分成梨状肌上孔与下孔，止于股骨大转子。梨状肌主要是协同其他肌肉完成大的外旋动作。坐骨神经走行恰好经梨状肌下孔穿出骨盆到臀部。可见梨状肌和坐骨神经的解剖关系非常密切，梨状肌若受损伤或梨状肌与坐骨神经解剖发生变异，就可能使坐骨神经受到挤压而发生各种症状。

（一）病因病理

梨状肌损伤是导致梨状肌综合征的主要原因，大部分患者都有外伤史，如闪、扭、跨越、站立、肩扛重物下蹲、负重行走及受凉等。某些动作如下肢外展、外旋或蹲位变直位时使梨状肌拉长、牵拉而损伤梨状肌。梨状肌损伤后，局部充血水肿或痉挛，反复损伤导致梨状肌肥厚，可直接压迫坐骨神经而出现梨状肌综合征。其次，梨状肌与坐骨神经的解剖关系发生变异，也可导致坐骨神经受压迫或刺激而产生梨状肌综合征。此外，由于部分妇科疾患如盆腔卵巢或附件炎症以及骶髂关节发生炎症时也有可能波及梨状肌，影响通过梨状肌下孔的坐骨神经而发生相应的症状。因此对于此病的女性患者还需了解有无妇科炎症疾患。

（二）临床表现

疼痛是梨状肌综合征的主要表现。疼痛以臀部为主，并可向下肢放射，严重时不能行走或行走一段距离后疼痛剧烈，需休息片刻后才能继续行走。患者可感觉疼痛位置较深，放散时主要向同侧下肢的后面或后外侧，有的还会伴有小腿外侧麻木、会阴部不适等。疼痛严重的可诉说臀部呈现“刀割样”或“灼烧样”的疼痛，双腿屈曲困难，夜间睡眠困难。大小便、咳嗽、打喷嚏等因为能增加腹压而使患侧肢体的窜痛感加重。

（三）诊断依据

梨状肌综合征主要的临床表现如上面所说：臀部疼痛且向同侧下肢的后面或后外侧放射；大小便、咳嗽、喷嚏可增加疼痛。除此之外，梨状肌综合征的诊断还需要一些检查体征的支持：患侧臀部压痛明显，尤以梨状肌部位为甚，可伴萎缩，触诊可触及弥漫性钝厚，成条索状或梨状肌束，局部变硬等。直腿抬高在60°角以前出现疼痛为试验阳性，因为梨状肌被拉长至紧张状态，使损伤的梨状肌对坐骨神经的压迫刺激更加严重，所以疼痛明显，但超过60°以后，梨状肌不再被继续拉长，疼痛反而减轻。另外，除了直腿抬高试验外，还要做梨状肌紧张试验。通常梨状肌综合征时梨状肌紧张试验也为阳性。

梨状肌紧张试验是检查梨状肌损伤的一种方法。具体步骤如下：患者仰卧位于检查床上，将患肢伸直，做内收内旋动作，如坐骨神经有放射性疼痛，再迅速将患肢外展外旋，疼痛随即缓解，即为梨状肌紧张试验阳性，是梨状肌综合征的常用检查方法。其他方法还有：Freiberg手法，即内旋患肢产生疼痛。Pace手法，即外展患肢诱发疼痛。Beatty手法，即让患者躺在桌上，健侧卧位，患侧下肢膝关节弯曲，置于健侧下肢后面的桌面上，抬高膝关节十几厘米即引起疼痛。Mirkin试验，患者取站立位，双膝伸直，缓慢弯腰向下，检查者按压臀部坐骨神经穿越梨状肌的部位，在两者接触的那一点起引起疼痛，并延伸至小腿后侧。骨盆和直肠检查亦会出现疼痛。

梨状肌综合征的主要表现为臀部疼痛并向患侧放射，即坐骨神经压迫症状。在临床中造成坐骨神经压迫症状的疾病有多种，因此确诊梨状肌综合征时需要除外其他疾病造成的坐骨神经疼痛，主要有坐骨神经炎和根性坐骨神经痛。坐骨神经炎起病较急，疼痛沿坐骨神经的通路由臀部经大腿后部、腘窝向小腿外侧放散至远端，其疼痛为持续性钝痛，并可发作性加剧或呈烧灼样刺痛，站立时疼痛减轻。根性坐骨神经痛多由于椎间盘突出症、脊柱骨关节炎、脊柱骨肿瘤及黄韧带增厚等椎管内及脊柱的病变造成。发病较缓慢，有慢性腰背疼痛病史，坐位时较行走疼痛明显，卧位疼痛缓解或消失，症状可反复发作，小腿外侧、足背的皮肤感觉减退或消失，足及趾背屈时屈肌力减弱，踝反射减弱或消失，这类病变可做X光片检查以协助诊断。此外，梨状肌综合征还应该和其他造成干性坐骨神经痛的疾病相鉴别，如臀部脓肿、坐骨神经鞘膜瘤等病。

（四）治疗方法

可分成手术治疗与非手术治疗。绝大部分的病人都可采用非手术治疗，只有当非手术保守治疗无效，而诊断又很明确时才采取手术疗法。

患者应立刻停止跑步、骑车以及其他一切可能诱发疼痛的活动。如果坐位时也有疼痛，则应取站立位或抬高患侧臀部。虽然牵引疗法是常规治疗，但很少有效。任何强迫伸直膝关节的动作均会引起疼痛。

非手术疗法治疗梨状肌综合征包括手法、局部封闭、肌注、理疗、中草药、针灸等。局部封闭对缓解疼痛有一定作用，可能与其减少肌肉周围脂肪，减少对神经的压迫有关，常用25%葡萄糖水18ml加入2%普鲁卡因2ml进行局部注射，每3天1次，每2～3次为一疗程。也可用2%普鲁卡因6ml加强的松龙25ml进行局部封闭，每周2次，每3～5次为一疗程。肌注胎盘组织液，可治疗坐骨神经盆腔出口处的组织粘连，每日1次，每次2ml，30次为一个疗程。

手法是治疗梨状肌综合征的主要方法，可以明显改善症状，缓解病人的痛苦。采用手法治疗时，首先要选准部位。患者可取俯卧位，双下肢后伸，使腰臀部肌肉放松，术者自髂后上棘到股骨大粗隆做一连线，连线中点直下2cm处即为坐骨神经出梨状肌下孔之部位，其两侧即为梨状肌。手法治疗围绕此部位进行，常用的手法有以下几种。

1．按摩揉推法

术者双手交叉用力揉按臀部痛点，患者可有发热舒适感。

2．弹拨点拨法

术者双手拇指相叠压，在钝厚或变硬的梨状肌部位用力深压并来回拨动，应注意的是，弹拨方向应与梨状肌纤维方向垂直。弹拨10～20次左右，若拇指力量不够，不能深达梨状肌，术者可用肘尖替代进行治疗。

3．按压法

医者双手交叉按压痛点1分钟左右。

以上手法可循序进行。按压后，术者双手握住患者踝部，微用力做连续小幅度的上下牵抖10～20次左右而结束。

手法治疗不需每天都做，每周2次即可，连续治疗2～3周。应该提醒患者的是，应去正规医院的相关科室进行治疗，以确保安全有效，不宜去非法行医的个体按摩处求医。手法治疗对于接受过正规学习和训练的操作者而言是安全有效的，但如果是没有学习过解剖知识的个体按摩人员，难免粗野蛮干，仍有一定的危险性。

（五）鉴别诊断

1．腰椎间盘突出症

本病常有腰痛伴坐骨神经痛，腰椎代偿性侧弯畸形，腹部加压可加重或诱发坐骨神经痛。坐骨神经损害范围与突出椎间盘部位相关，直腿抬高试验、加强试验阳性，而“4”字试验则可为阴性。

2．神经鞘膜瘤

高位坐骨神经鞘膜瘤较为少见。其症状呈进行性加重，与活动或休息无关，臀部有较强的Tinel征，但难以在局部扪及条索状的瘤体，有时可在B型超声图像上发现沿坐骨神经表面均匀增厚的回声带，手术和病理检查为最终确诊手段。

六、弹响髋

弹响髋又称为髂胫束摩擦综合征。髂胫束因某些原因导致肥厚或紧张，或大转子过于突出，或有滑囊炎，就可以造成髋关节活动时两者相互摩擦产生弹响。还有一种弹响髋是因为髋关节先天性脱位或关节囊松弛，造成髋关节过伸外旋时出现弹响。

弹响髋是指髋关节在某些动作时出现听得见或感觉到的声音，为青壮年一种常见的疾病。女性多发，双侧多见。通常无明显症状，可因伴有大转子部滑囊炎而有疼痛。病人常因弹响而感到不安。常见于青壮年，女性多发。

（一）病因病理

本病的发生是由于髂胫束的后缘或臀大肌肌腱部的前缘增厚，在髋关节屈曲、内收、内旋时，增厚的组织滑过大转子的突起而发生弹响。日久由于增厚的组织刺激，可发生转子部的滑囊炎。

（二）临床表现与诊断

本病外伤史不明显。髋关节屈伸时，在股骨大转子上前方出现弹响声，同时可触及大转子部有滑动性条索物，无红肿压痛。髋关节活动正常，自觉疼痛不明显。病人站立或卧于健侧，主动屈曲、内收或内旋髋关节时，可用触诊判明产生弹响的部位和原因。常规摄骨盆X线片，以排除其他原因所致的响声。先天性髋关节脱位：

由于股骨头和关节囊发育不良，当患者髋关节活动时，也可能有响声出现。但先天性髋关节脱位见于婴幼儿，而且外展试验阳性、套叠征阳性。

（三）治疗方法

1. 如无明显自觉不适症状的患者，一经确诊应予以耐心解释，一般无需特殊治疗。疼痛者需休息2～4周。限制髋关节活动或理疗，症状可缓解或消失。必要时可石膏固定髋关节。

2. 疼痛明显或引起患者过度不安，或有其他病变时可考虑手术治疗。

（1）药物治疗：1%普鲁卡因5ml加强的松龙12.5～25mg作局部注射。

（2）手术治疗：症状重，条索增厚明显者，保守治疗无效或因患者精神过度紧张者，应手术治疗。手术采用局麻，单纯将髂胫束切断容易复发，故应切除部分髂胫束与臀大肌的腱性附着部，也有主张切除大转子突出部者。术后2周下床活动。

中医认为本病是局部肌筋气血凝滞，血不濡筋，导致筋肉挛缩、疼痛，活动弹响。主张早期用中药热敷熏洗患病部位，并结合练功治疗。近年来采用小针刀治疗本病获得良好效果。

七、股内收肌拉伤

由于外来暴力使大腿突然地过度外展，引起肌纤维部分断裂，或在起止点部位撕脱伤，也可由于内收肌受到直接暴力引起挫伤，也可由于长期用力内收大腿而引起内收肌慢性劳损。损伤后致使肌肉起止点处出血，继之发生粘连、机化或形成骨化性肌炎，或造成耻骨骨质增生，严重影响下肢功能活动。

（一）诊断要点

1. 有股内收肌的扭伤、挫伤或劳损。

2. 大腿内侧疼痛，尤以耻骨部位为甚，严重者足尖不敢着地行走。

3. 股内收肌痉挛、压痛、耻骨部位内收肌起点处压痛明显。

4. 患者行走呈摇摆步态，大腿被动外展，疼痛加剧，内收肌抗阻试验阳性。

5. 病久内收肌变硬，发生骨化性肌炎，X线片显示内收肌部位有钙化阴影，部分患者可显示耻骨肌起点处骨质增生。

（二）治疗方法

1. 推拿疗法

患者仰卧于床上，伤肢屈膝屈髋，轻微外旋位，术者站在伤侧，一手拇指在内收肌处用分筋弹拨法，以解除粘连痉挛，再用一手托腘窝，另一手拇指朝股内收肌理顺之，同时将髋关节伸直。最后散法使痉挛的内收肌放松。

2. 离子能量疗法

局部贴敷“骨康聚能离子治疗贴”，补充能量离子，沟通大小循环，改善组织供养，修复受损组织。“骨康聚能离子治疗贴”每次1～2贴，每贴贴敷48小时，15天为一个疗程。

3. 药物辅助治疗

损伤初期、血肿明显时，用活血化瘀，消肿止痛之法治疗，可用桃红四物汤或祛瘀止痛汤加减治疗。血肿轻可内服三七伤药片，后期可服舒筋通络、活血化瘀之品。亦可用中药熏洗患部。

4. 封闭疗法

使用泼尼松龙加1%普鲁卡因作痛点封闭，每周1次，连续3～4次，同时减少患肢活动，效果较好。

5. 手术疗法

采用非手术治疗无效者，可用手术治疗，即手术剥离大腿内收肌在耻骨的附着点，可缓解症状。

八、股四头肌挫伤

由于剧烈奔跑或突然踢物，股四头肌猛然的收缩，或由于暴力打、砸、撞等作用于大腿前面时，均可引起股四头肌的损伤。股四头肌损伤后出现局部出血、肿胀、疼痛，使肌肉收缩能力降低，从而影响髋膝关节的屈伸功能。股四头肌损伤严重造成断裂，甚至发生股四头肌髌骨上缘撕裂，髌骨骨膜也随之撕脱，可产生骨膜出血，日久血肿发生机化、钙化、骨化等。

（一）诊断要点

1. 大腿前面有明显外伤史。
2. 伤处疼痛，肿胀，局部压痛明显。
3. 髋膝关节活动功能障碍，走路跛行。
4. 屈髋伸膝股四头肌抗阻试验阳性。
5. 若有断裂可在撕裂部位摸到裂隙。
6. 病程久者股四头肌无力甚至萎缩。
7. X线检查无明显异常，但可排除骨折。

（二）治疗方法

1. 药物辅助治疗

损伤初期，肿胀疼痛明显者，可内服活血化瘀，利湿消肿之剂，桃红四物汤加茯苓、泽泻、萆薢、泽兰、车前子等，外敷消肿化瘀散。损伤中期肿胀疼痛减轻者，用活血舒筋汤。损伤后期肿胀疼痛消失，肌肉发硬有粘连者，内服舒筋丸，外用骨科熏洗药。

2．恢复期用离子能量疗法

局部贴敷“骨康聚能离子治疗贴”，补充能量离子，沟通大小循环，改善组织供养，修复受损组织。离子能量冲击治疗，激活细胞活性，消除炎症。“骨康聚能离子治疗贴”每次1～2贴，每贴贴敷48小时，15天为一个疗程。

3．封闭疗法

1%普鲁卡因加泼尼松龙作痛点封闭，每周1次，连续3～4次为一个疗程。

4．推拿疗法

中后期可适当进行按摩推拿。患者仰卧，术者立于患侧，用手指指腹点、按、揉、搓、弹股四头肌，由远到近，推以顺筋，最后双手握踝上，牵引下肢轻轻摇晃，并作屈髋屈膝活动。

5．手术疗法

股四头肌完全断裂者，需作急诊手术，否则也应争取在12天内修补。早期修复可直接缝合；稍晚张力较大，需加不锈钢丝缝合。断裂几周后，其近端可收缩达5cm以上，需作肌腱延长修补术等，但修补术后期膝功能仍较差。对老年患者，修复手术更为重要，因为膝部不稳，无力，容易摔跤或发生更为严重的损伤。对确有附着处撕脱分离者，也应早期手术修复

九、股后侧肌群拉伤

股后肌群拉伤是田径运动员的常见病之一，尤其多见于跳远和短跑两个项目。

（一）拉伤原因

1．途中加速跑拉伤

指在短距离跑的途中拉伤，以100米最后阶段的冲刺尤为常见。这种拉伤是因为用力后蹬地的同时屈髋过伸膝关节所致，常拉伤肌腹。

2．起跑或助跑起跳拉伤

指短跑时在起跑一瞬间或跳远在助跑起跳时拉伤。这类拉伤由于足着地而重心后移，股后肌主动收缩因与股四头肌拮抗而受阻拉伤。常见拉伤股后肌群上部或坐骨结节处。

3．变速加速跑拉伤

慢跑或高抬腿跑而突然加速快跑造成的损伤。急性拉伤时疼痛、肿胀明显，不能跑动。多数人主诉拉伤时有“喳”的声响或者有“断裂”的感觉。慢性劳损受伤史的年限较长，时好时差，或曾有一次较大拉伤没有及时治愈而再训练，反复拖延

加重伤情。触诊有条索状或硬节。

（二）治疗方法

急性拉伤后立即加压包扎，包扎时在受伤局部垫适当厚度和硬度的棉垫，同时用冰袋冷敷，抬高患肢休息。加压包扎12～24小时后可以轻度手法抚摩和顺理患部，然后外敷中药。

卧床休息是必须的过程，绝对卧床休息1～3天，同时治疗，疗效比较满意。即使伤愈，下肢也必须停止训练2～7天，这样才能根治。

轻度拉伤3日后，重度拉伤7日后，让伤员主动或被动地进行屈髋伸直下肢拉股后肌练习或进行慢跑。

对外敷中药过敏者，除包扎固定休息外，可以使用间动电针刺或音频理疗，同期进行按摩治疗。强的松龙封闭，要根据伤情大小和伤部的范围确定使用强的松龙和普鲁卡因的剂量，注射后须绝对休息。

股后肌群拉伤的治疗主要是采用按摩手法，尤其是对急性拉伤的后期和慢性劳损，有着较好的疗效。

第二节　膝关节、小腿运动损伤

一、膝关节、小腿解剖结构

（一）关节结构

膝关节是人体关节中负重多而运动量大的关节，为适应此机能，其关节面最大，构造亦复杂。膝关节包括由股骨下端和胫骨上端构成的内侧和外侧胫股关节，以及由髌骨和股骨滑车构成的髌股关节。

股骨下端向两侧及后方扩大形成内髁及外髁，其间为髁间窝、内髁之横径较外髁长，而纵径则较外髁为短，内髁适于旋转，外髁适于屈伸。

胫骨上端向两侧膨大形成股骨内、外髁，内侧髁关节面稍凹陷，略呈长圆形，外侧髁关节面较平坦，呈圆形、内外髁之间骨质粗糙，其上突出部分为髁间隆突，以限制膝关节的内外移动，还可以使股骨在胫骨上旋转时升高，使韧带紧张，从而限制其过度旋转。

髌骨略呈三角形，上缘圆平而厚，为股四头肌腱主要附着处，下端尖起，为髌韧带的主要起点，前面粗糙，供股四头肌腱及髌韧带表层附着，后面光滑形成关节面，与股骨髌面相关节。

膝关节的关节囊由薄而强韧的纤维膜构成，有经过其旁边或与之相合的纤维束加强，包绕全关节，前方关节囊为股四头肌肌腱、髌韧带所覆盖及保护，屈伸活动的幅度大，故关节囊薄，侧方由阔筋膜及股四头肌肌腱之扩张部分加强，后方由半膜肌附着点之一向外上反折部分所加强，称为腘斜韧带，故两侧及后方关节囊较厚，成为膝的稳定结构之一。

膝关节之内、外及后侧均有关节外韧带保护和加强，内侧之侧向韧带起自股骨内上髁内后方深层，扁、宽、强韧，向下止于胫骨内面胫骨粗隆水平，为鹅掌所遮。外侧副韧带起于股骨外上髁，止于腓骨小头，后方有弓形韧带，起自腓骨头，上行分为二束，外束与腘肌腱同止于股骨外髁，内束覆盖于腘肌之后上部，止于胫骨后面。

膝关节内的交叉韧带是稳定膝关节的重要组织，前交叉韧带自胫骨髁间前窝斜向外后上方，呈散开状止于股骨外髁内侧面的后部。后交叉韧带自胫骨髁间后窝斜向内前上方，止于股骨内髁的外侧面，二者相互交叉。

半月板是一纤维软骨组织，外周缘厚，内缘锐薄。内侧半月板呈“C”形，外侧半月板呈“O”形，介于股骨和胫骨两软骨面间，可随股骨作一定范围的移动，成为可移动的关节臼，以补偿胫骨髁面与股骨髁面的不适应，并起限制和制动作用，防止关节移位和脱臼，尚具有一定弹性，能缓冲两骨面撞击，吸收震荡，保护关节。

（二）关节运动

膝关节的运动特点是由其构成关节的骨骼形状及韧带的制导作用所决定的。主要是伸屈运动，在屈曲位兼有旋转运动，同时有很小范围的内外翻的被动运动。

1. 伸屈与屈曲

伸屈与屈曲是在矢状面上的运动。在伸屈时，股骨髁与胫骨髁的相对运动大部分过程是滑动方式，在伸展的最后20°时，股骨髁与胫骨髁的相对运动变为滚动方式，但股骨内外髁的滚动幅度不一致，外髁在最后20°开始，而内髁则在最后10°开始。因此，自然形成股骨髁在最后伸直时发生内旋（即小腿的外旋），此阶段内每1°的伸展约伴有1/2°的股骨内旋。此伸膝运动的终末旋转可使膝关节更趋稳定，称之为膝关节的扣锁机制。相反，当自伸直位开始屈曲时，在最初的20°伴有股骨的外旋（即小腿的内旋），滚动式的运动较滑动式的运动稳定。

2. 旋转运动

旋转运动只有在膝关节屈曲位才存在。在伸屈运动的同时还伴随有旋转运动，自伸而屈时，小腿内旋，反之外旋。旋转范围因屈曲位置不同而异，以90°屈曲位最大，外旋约40°，内旋约30°。

如在屈膝位检查膝关节内、外翻活动，从踝部测量，约有1～2cm的横向距离，但无自主的内外翻运动。

（三）关节稳定

膝关节根据其解剖生理的特点，按照一定的方式和规律进行运动。其稳定则由骨骼结构、半月板、韧带及有关肌肉共同维持，其中骨骼、半月板、韧带及关节囊为静力稳定结构，肌肉为动力稳定结构，如上述结构功能不全时，就会产生膝关节稳定障碍。如单纯侧副韧带损伤时，会产生内翻或外翻松弛；十字韧带损伤时，则产生前拉或后推松弛。但此种直线不稳是少见的，临床上常遇到的是旋转不稳定（图3-2），如后内侧副韧带、内侧半月板及前十字韧带损伤时，则膝关节纵轴外移，胫骨内髁可过度前移，产生常见的前内侧旋转不稳；当后外侧副韧带损伤，外侧半月板及前十字韧带损伤时，此时膝关节纵轴内移，胫骨外侧髁可过度前移，产生前外侧旋转不稳。同样，如伴有后十字韧带损伤，则可产生后外侧或后内侧旋转不稳。

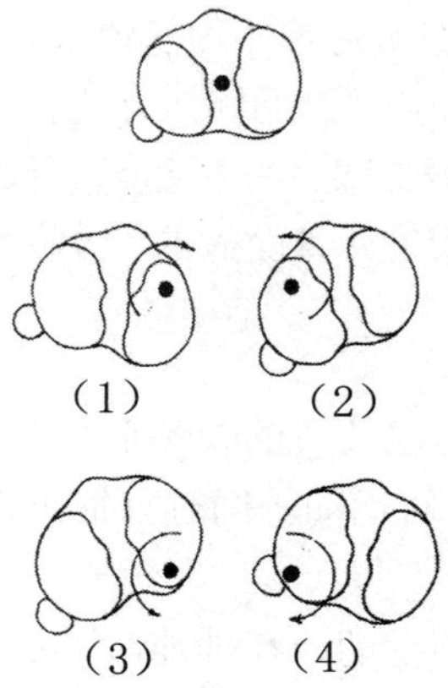

（1）前外侧；（2）前内侧；（3）后外侧；

（4）后内侧；•旋转轴

图3-2　膝关节旋转不稳定

二、膝关节内侧副韧带损伤

内侧副韧带为内侧关节囊纤维层加厚部分，呈宽扁、基底向前的三角形状。分浅深两层，深层短，是构成关节囊的一部分，又分为前、中、后三部分，纤维附着于股骨与胫骨内侧关节面的边缘，前后与关节囊相续，紧密附着于内侧半月板上。浅层纤维长，起于股骨内上髁内收肌结节下1cm左右，止于胫骨关节面下约2～4cm的胫骨结节内侧面。当膝关节完全屈曲时，韧带的前纵部紧张，后上斜部和后下斜部松弛；半屈曲位时大部分韧带松弛，膝可以轻度外翻和旋转活动。膝关节完全伸直时，全部韧带紧张，通过神经调节可使膝关节周围肌群反射性收缩而加强膝关节稳定。故而膝处于半屈位时，易受损伤。

外侧副韧带呈圆条状，长约5cm，近端附着于股骨外上髁，向下后方止于腓骨头尖的稍前处。它的位置偏于膝关节的后方，屈膝时松弛，胫骨可有少许旋转活动；伸膝时紧张，防止膝过伸；小腿外旋时该韧带松弛。

（一）病理生理

内侧副韧带损伤，多见于膝关节伸直位或屈曲位的外翻损伤，尤其是当膝在微屈位（30°～50°），小腿突然外展外旋，或足及小腿固定于地面而大腿突然内收内旋时；或膝外侧受直接暴力损伤，膝外翻超出了正常的范围，均可造成膝内侧副韧带损伤。浅层韧带首先受累，继之为深层。暴力继续，不仅造成半月板损伤，而且会造成膝前交叉韧带损伤，称为膝关节三联症。该韧带深层中部断裂往往合并内侧半月板损伤。暴力的作用，还可以造成胫骨外髁压缩性骨折，这决定于暴力的速度、暴力的大小、骨质的疏松程度。

（二）临床表现与诊断

膝内侧副韧带损伤者有膝关节外侧受直接暴力或扭转运动史，伤后膝内侧肿胀、疼痛和皮下瘀斑，严重者有膝关节肿胀。单纯扭伤者仅有局部压痛，韧带完全断裂者侧向应力试验阳性（局封后再做此检查假阴性率更低）。如果有膝关节三联症存在，可以有抽屉试验及麦氏征阳性。X线检查可以发现撕脱骨折片，韧带完全断裂者膝外翻位X线片可见膝关节内侧间隙增宽。

外侧副韧带损伤多是突然遭受致膝内翻的暴力作用，伤后膝关节外侧疼痛、肿胀，轻者仅局部肿胀，重者损伤关节囊和交叉韧带，可见因积血而关节肿胀。沿外侧副韧带行程有位置固定的压痛点，或可扪及凹陷。关节肿胀者穿刺可抽出积血。在外侧韧带压痛点封闭后做膝关节内收应力试验，伸直位阳性而屈曲30°位阴性，表示单纯外侧副韧断裂或松弛，若合并关节囊和交叉韧带损伤则伸屈位内翻应力试验均阳性。如果有足下垂及小腿外侧皮肤浅感觉减退或消失，说明伴腓总神经损伤。X线检查可以发现可能存在的腓骨头骨折。内翻应力位X线片若显示膝关节外侧间隙增宽则有助于确诊。

（三）治　疗

内侧副韧带损伤的治疗方法如下。

1．冰　敷

急性期损伤，常用的方法是局部冷敷：氯乙烷喷雾剂麻醉止痛，降温止血。然后用厚棉垫局部加压包扎固定。使用时避烟火，皮肤破损勿用。也可包扎后冰袋冷敷。

2. 制　动

韧带撕裂伤较轻者仅压迫包扎即可。较严重者，局部冷敷或敷消肿止痛膏药如双柏膏，再加压包扎，然后用石膏或夹板固定于屈膝30°位。一般固定3周。3周后若仍有症状，可加用中药熏洗、理疗，使用防内外翻的特殊护膝。

3. 药　物

早期应活血化瘀，内服桃红四物汤，外用四黄散或双柏膏；中后期以续筋壮骨为主，内服补肾壮筋汤或健步虎潜丸，外用下肢损伤洗方熏洗。

4. 功能锻炼

加强股四头肌及腘绳肌练习。有外固定时进行肌肉等长操练，解除外固定后进行等张锻炼或等动锻炼。

5. 手　术

如韧带急性损伤，完全断裂应当修补缝合，同时探查关节内各结构。

内侧副韧带断裂者，取膝内侧“S”形切口，切开皮肤、皮下组织，分离并暴露术野，注意保护大隐静脉和隐神经分支。损伤的部位血肿较明显，可能扪及凹陷，外翻膝关节直视其松弛处可明确伤处。平行韧带切开髌旁内侧关节囊，探查关节内结构：半月板、交叉韧带、滑膜及软骨面。交叉韧带断裂应予修补。半月板破裂，根据其损伤分类，决定行缝合或部分切除术。缝合关节囊：韧带实质部断裂者，予断端缝合；若在韧带附着点撕脱，可开骨洞埋入固定，用钢丝或螺丝钉。缝合固定前测试韧带张力，以不影响关节活动为度。

术后用支架保护于屈膝20°～30°位四周，然后更换成可活动支架。早期进行股四头肌和腘绳肌锻炼。半年至一年内不进行对抗性运动。

若外侧副韧带完全断裂，手术中暴露韧带，如系实质部断裂，可于屈30°位拉紧两端行断端缝合；如系股骨髁附着处撕脱，可用螺丝钉或特制锚钉固定于撕脱处粗糙面的骨面上；单纯腓骨小头撕脱者，复位后用螺丝钉或钢丝、克氏针固定，如合并腓总神经损伤，应探查，断裂者予以缝合；对缝合困难者用自体神经移植术，效果多不理想，若无效只能用胫后肌前移替代足背伸功能。

6. 理　疗

理疗包括直流电离子导入、频谱照射、超声波疗、音频电疗、磁疗、蜡疗等方法。

三、膝关节外侧副韧带损伤

腓侧副韧带是膝外侧稳定的静力结构，伸膝时紧张，它不是膝外侧稳定的主要结构，稳定有赖于阔筋膜、髂胫束、股二头肌和腘肌，故腓侧副韧带损伤比胫侧少见。膝外副韧带一旦发生严重损伤，就常常合并其他结构的损伤，例如关节囊、髂胫束、腘肌腱，甚而引起腓总神经的损伤，致成垂足。

（一）病理生理

外侧副韧带呈圆柱状，起于股骨外上髁，止于腓骨小头。韧带与半月板之间无联系，为疏松结缔组织相隔。屈膝时韧带松弛，伸至150°位时最紧张，有防止小腿内收及旋转活动的功能。由于膝关节屈曲时松弛，所以不易因旋转力产生撕裂，而常常是由于小腿的突然内收致伤，例如膝的内侧受到直接的冲撞。但膝屈曲时如果小腿内旋内收，力量过大，有时也可以损伤膝外侧副韧带。当内翻暴力过强，可造成腘肌腱、外侧关节囊、后交叉韧带的损伤，外侧副韧带的损伤往往在其止点处，可伴有腓骨小头撕脱骨折，偶可造成腓总神经损伤。

（二）临床表现与诊断

大多数病例都有膝内侧遭受突然外力的损伤史。伤后在膝关节的外侧有局限性疼痛及肿胀，损伤仅限于膝外侧副韧带而无关节腔积液与肿胀。沿副韧带的行走方向检查，可以查出明显的压痛点。将膝伸直，搬动小腿使之内收时，如为完全断裂可发现有不正常的移动（开口感），小腿内收照两侧膝X线像比较时，损伤侧的关节间隙变宽。

（三）治　疗

不论是单纯的外侧副韧带损伤，或者是合并了其他结构创伤的联合损伤，一般都应进行手术探查，对症处理。如果有腘肌腱、腘腓韧带、关节囊或十字韧带撕裂，根据情况一并处理。

四、膝关节交叉韧带损伤

前交叉韧带起于股骨外髁的内面之后部内上区，向前下止于胫骨上端非关节面之髁间前窝的内侧，大部分位于内侧髁间隆突之前，少部分在其上。其纤维与外侧半月板前角纤维相交织。其长3.7～4.1cm，纤维可分为主要的两束：前内束和后外束，两束在关节内螺旋上升，屈膝时前内束紧张，伸膝时后外束紧张，胫骨内旋时两束均紧张。膝关节在伸屈运动时前交叉韧带的两束共同作用，防止胫骨向前移动。

后交叉韧带由胫股浅层、深层纤维和半月板股骨纤维组成。起于胫骨平台后缘中部下方0.5cm处，止于股骨内髁外侧面的前方，长约3.2cm，在膝关节伸屈时后交叉韧带均保持紧张，当膝关节内旋时其张力更高。主要功能是：防止膝关节过伸和胫骨向后移位，并在伸膝引导股骨旋转形成扣锁机制。

（一）病理生理

前交叉韧带多系强力过伸或过度外展损伤的结果。这类损伤多系复合伤，多同时发生膝外侧副韧带、关节囊等损伤。在非负重下强力过伸可发生单纯前交叉韧带损伤。膝关节过屈也可发生前交叉韧带损伤。

后交叉韧带损伤远比前交叉韧带损伤少见，二者之比为1∶10。当膝关节过伸暴力使膝关节处于过伸位，首先导致后交叉韧带断裂，暴力继续可使前交叉韧带损伤；胫骨上端受到了由前向后的暴力作用，小腿上段突然后移，使紧张状态的后交叉韧带断裂。胫骨上段继续后移，可导致膝后关节囊破裂；当足部固定，胫骨上端受到来自前方的暴力并同时旋转，往往造成复合伤，胫骨向后半脱位，比单纯后交叉韧带损伤更严重。

（二）临床表现与诊断

1. 前交叉韧带损伤

强力外伤时有的患者感觉膝关节内有撕裂声，随即膝关节软弱无力，关节疼痛剧烈，迅速肿胀，关节屈伸受限制。有的可见关节周围有皮下瘀斑。

检查可见膝前抽屉试验阳性（少数患者因急性损伤疼痛，股四头肌保护性痉挛，前抽屉试验可呈阴性，麻醉下检查可以较准确）。Lachman's试验阳性。

X线检查：内外翻应力检查可见一侧关节间隙增宽。有时见胫骨髁间隆突撕脱骨折。

核磁共振检查可发现前交叉韧带连续性中断或在正常应该出现的位置上无显示。

关节镜下可见前交叉韧带断端出血或血块凝聚，韧带表面滑膜充血，可发现断裂类型：部分断裂或全断裂。分清部分断裂者是哪一束；而完全断裂者，可以看清是股骨附着点撕裂、中段撕裂，还是胫骨附着点撕脱。股骨附着点处多为韧带自附着处撕裂，胫骨附着点处多为胫骨髁间隆突撕脱。滑膜下韧带损伤，在关节镜下貌似正常，但其张力、长度的变化提示前交叉韧带的损伤，打开充血滑膜即可有所发现。

2. 后交叉韧带损伤

往往有受伤史——膝关节过伸暴力、胫骨上端受到了由前向后的暴力、后旋暴力的作用。当足部固定，胫骨上端受到来自前方的暴力并同时旋转，均可使后交叉韧带损伤。

体征：肿胀部位及压痛点在腘窝部，麻醉后检查发现后抽屉试验阳性、掉腿征阳性。

由于后交叉韧带在膝关节腔滑膜外，所以单纯后交叉断裂时可能不出现膝关节血肿，而复合伤时会出现全膝血肿。如果是完全断裂伤，患者可以疼痛轻微而易忽略检查，造成漏诊；而撕裂伤时往往疼痛严重。损伤初期，同样由于肌肉保护性痉挛，紧张和疼痛会造成检查时出现假阴性。

X线平片可以显示因韧带牵拉而造成的撕脱骨折块，多出现于胫骨后髁附着区。前后应力位像在屈膝90°位拍片，以股骨髁后缘的切线为基线进行测量胫骨前后移位程度，需要健侧对比。MRI检查可以发现断裂的韧带形状、大小及连续性的变化。关节镜检查中可以用探钩牵拉测试韧带的张力，韧带表面的滑膜有无出血等，籍以进行诊断。

（三）治　疗

1．固定方法

交叉韧带不完全断裂，用长腿管形石膏固定于膝屈曲30°位，石膏未定型前将胫骨近端向后推（后交叉韧带损伤时将胫骨近端向前拉），固定4～6周。

2．药物治疗

早期应活血化瘀，内服桃红四物汤，外用四黄散或双柏膏；中后期以续筋壮骨为主，内服补肾壮筋汤或健步虎潜丸，外用下肢损伤洗方熏洗。

3．功能锻炼

固定后第3天起开始行股四头肌训练。如有可控式支具，可于第3周后将膝关节活动控制在30°～60°范围内行屈伸锻炼。

4．手术治疗

（1）前交叉韧带新鲜损伤的手术适应证

明确前交叉韧带断裂者；前交叉韧带胫骨止点撕脱骨折，移位较大，闭合整复不能奏效者；伴有半月板破裂者。方法如下：

① 股骨附着点撕脱修复：利用细钢丝或丝线经骨隧道将韧带缝合于股骨外髁内侧面偏后方。

② 胫骨附着点撕脱修复：通过自胫骨平台下2.5～3cm胫骨结节偏内1.5cm处向胫骨平台前交叉韧带止点钻骨隧道，将缝合了韧带断端的细钢丝引出隧道外固定于膝屈曲30°位。

③ 韧带实质部断裂的修复：在韧带断端两头，分别用Bunnel法缝合固定，近股骨髁附着点一侧缝线自胫骨近端的骨孔穿出后固定。靠胫骨附着点一侧缝线自股骨外髁骨孔穿出后固定。

④ 胫骨髁间隆突部撕脱骨折修复：骨折片较大者用螺丝钉固定。骨折片较小或呈粉碎者，经钢丝穿过后通过胫骨近端骨孔在胫骨结节内侧固定。

术后处理：以长腿石膏固定于膝屈曲30°位。练习股四头肌收缩。撕脱骨折缝合后固定4周，止点撕脱或中部断裂者，固定6～8周。拆除后练习膝关节屈伸。

（2）后交叉韧带修复

① 自胫骨附着区撕脱：往往带有较大骨块，有时断端移位较大甚至可以拥聚于

髁间窝前方，需从膝前方进入关节才能探查到。手术自后方暴露将骨块复位后用松质骨螺钉固定，或用钢丝钻出胫骨结节侧旁固定。

如果此处撕脱不带有骨块者，可经后内切口显露韧带后用尼龙线贯穿缝合，利用前方导引器及导针将其拉紧后穿过胫骨平台于前方拉紧固定。

② 自股骨内髁附着区撕脱者，往往不带有骨块，参见前交叉韧带的同类情况处理。

（3）增强术式

带骨块的前交叉韧带损伤愈合后能维持关节的前直向稳定。而其余的修复效果不尽满意，为强化修复或晚期重建的韧带性能，近年来日益强调增强术式的应用。用于前交叉韧带增强者有三种形式：①原位修复，加一种组织移位增强；②两种自体组织同时移位相互增强；③一种自体组织移位并加入人工韧带增强。

可用做增强的组织有髌韧带中1/3、髂胫束、半腱肌及股薄肌等。

5．其他疗法

后期可进行膝部及股四头肌部的推拿按摩，或进行轻手法屈伸膝关节以恢复关节功能，理疗可以舒筋活络，促进血液循环，利于消肿止痛。

五、膝关节创伤性滑膜炎

运动员的跑、跳、蹲等单一动作训练，易使关节所属的某些肌腱（或肌肉）处在过度负荷的状态，降低了自动控制的能力，增加了不必要的滑膜与关节面之间的摩擦或撞击，如治疗处理不当，久而久之滑膜肿胀增生并逐渐形成滑膜炎，急性创伤性滑膜炎便会转为慢性创伤性滑膜炎。

（一）病理生理

直接受到外力碰撞而造成扭伤、挫伤，并导致滑膜充血、渗出、出血，这些都是造成急性创伤性滑膜炎的原因。关节肌肉活动时会产生大量的热，是滑膜内血液循环加速的结果。如滑膜因上述原因引起肿胀充血、渗出，便会直接影响血液循环的正常进行，破坏新陈代谢的交替，使肌肉活动时产生的大量的热不能得以及时散发。这些热对局部组织特别是滑膜有一定的不良刺激作用，从而诱发了滑膜损伤的发生。

（二）临床表现与诊断

1．有过度负荷和强迫体位史

2．自觉膝关节深蹲时胀满

膝关节深蹲时后面外侧不适或有异物堵塞感或蹲不下，活动不灵活，个别有“卡”住感，训练后关节肿胀，休息后好转。

3. 检　查

伸膝活动尚可，屈曲受限，全蹲时困难，蹲不下，伴有不适或疼痛感，关节缝边缘压痛，关节肿胀。患者膝关节伸直平放在床上，医者用全手掌附贴在髌骨周围，当手指挤压髌两侧关节囊时，有关节囊与关节分离和浮髌感；将膝关节屈曲，两膝眼胀满膨出，压内膝眼时外膝眼有波动感。

4. X线显示

膝关节侧位片，脂肪垫区翼状皱襞与关节软骨呈分离状态，关节腔向表皮隆起，髌骨向后方移位。

5. MRI检查

膝关节腔积水。

6. 病情分度

（1）滑推试验

站位滑推：患者取站立位，医者先由下向上滑推膝关节内侧面，然后再由下向上滑推膝关节外侧面，如膝关节内侧面关节囊有波动，而浮髌试验阳性时，积水量为Ⅰ度。

坐位滑推：患者取平坐位，医者重复上述动作，膝关节的内侧面出现关节囊波动，积水量为Ⅱ度。

（2）加压试验

相对加压试验：患者平卧位，医者先压膝关节内侧面，再压外侧面，膝关节的内侧面出现关节囊波动，积水量为Ⅲ度。

快速加压试验：患者平坐位，医者压膝关节内侧面，当手抬起时，原地膝关节囊出现波动，积水为Ⅳ度。

（3）浮髌试验

患者膝关节伸直，股四头肌放松，医者双手拇指、食指分别环抱在膝关节前上、下边缘，同时由边缘向髌骨挤压、固定，将髌骨浮起。医者再用另一食指按压髌骨，如感到有下沉并撞击股骨后浮起，为浮髌试验阳性。

（三）治　疗

1. 手法治疗

膝关节伸直放平，可用揉法、捏法、叩击法、点按法放松肌肉，促进滑液吸收。

2. 针刺疗法

患者膝关节平放床上，术者在髌骨内外侧边缘选3～4个阿是穴，消毒后刺入，以患者感觉酸胀为好，留针10～20分钟。每天1次，15天为一疗程。

3. 中药熏洗疗法

海桐皮、鸡血藤、牛膝、当归、艾叶、木瓜、乳香、没药、桂枝、透骨草、大青叶等，将上述药水煎后熏洗膝关节。每剂药可用3天，每天熏洗1～2次，每次20～30分钟，15天为一疗程。

4. 蜡　疗

将事先准备好的蜡块分别敷在膝关节的周围，约20～30分钟。每日1次，15日为一疗程。

5. 微波疗法

将微波辐射放于关节前侧，距离皮肤5～10cm，约20～30分钟。每日1次，15日为一疗程。

6. 封闭疗法

可以应用激素结合利多卡因关节内注射控制病情。但重复使用易造成关节软骨破坏及感染等并发症，不可多次使用。

7. 关节镜下冲洗滑膜切除术

（四）功能锻炼常用方法

1. 加强股四头肌静力性功能练习，少做屈伸或蹲起动作。应加强股四头肌的静力性功能练习。
2. 可以拍打关节及周围肌肉，促进关节液吸收。

六、创伤性膝关节血肿

创伤性膝关节血肿患病率为0.04%，常见于冰球（0.86%）、篮球（0.31%）、田径（0.12%）等项目的运动员。

（一）病理生理

膝关节外伤后常可导致滑膜血管损伤，交叉韧带撕脱骨折、骨软骨骨折、关节内骨折、脱位、关节囊撕裂、骨性关节炎、自发性关节积血等。

（二）临床表现与诊断

1. 有明显外伤史。
2. 自觉膝关节明显肿胀疼痛。深蹲受限，伴有腘窝外侧堵塞感或疼痛。
3. 检查：膝关节肿胀，伴有明显的活动痛，浮髌试验阳性。
4. 膝关节腔穿刺抽出血性液体，可作确诊依据。
5. MRI检查：关节腔内大量积液。

（三）治　疗

1．伤后及早用冰块擦或冰袋敷膝关节两侧。冷敷后加压包扎24小时。次日关节穿刺抽血，再加压包扎1～2天。

2．消肿止痛药物涂患膝，每日2次。

3．手法治疗：交替使用揉法、揉捏法、按法、叩击法等方法，放松大小腿前后肌群。每日1～2次，15日为一疗程。

七、膝外侧疼痛综合征

膝关节外侧疼痛在运动员中非常多见，其原因及发生机理基本相同，又不易根据病理区分做出诊断，故定名为“运动员的膝外侧疼痛综合征”。系指膝外侧副韧带上下的沿途、软骨及腘肌腱损伤而言。这是一种慢性损伤，其临床特点为运动员在运动过程中，特别是长距离跑或竞走运动中，出现膝的外侧疼痛，影响训练或者比赛。

（一）病理生理

关于此征之发生，一般为慢性损伤所致，其发生主要是由于在训练或比赛过程中，膝关节长时间的在一定范围内伸屈运动致成。髂胫束与膝关节股骨髁反复摩擦，引起筋膜慢性炎症。因而当检查时，膝在过度伸直或过度屈曲时，都不产生疼痛，而当膝关节伸屈活动于100°～170°之间时发病。其病理变化可能性有三：①滑囊炎；②髂胫束与股骨外髁及外侧副韧带下的组织损伤；③腘肌腱与外侧副韧带相互摩擦，发生腘肌肌腱炎。

（二）临床表现与诊断

1．疼　痛

大部病人疼痛区域在膝的外侧。

2．股四头肌萎缩

由于发病急，一般都无股四头肌萎缩。

3．肿　块

可见于腓骨头的上方膨隆。

4．压　痛

所有病例都有锐利的压痛。

（三）治　疗

因为此征多为跑步过度的运动员，主要病理变化为滑囊炎，早期病例如能完全休息或下肢停止训练，一般一周左右可恢复。理疗及封闭亦有助于运动员尽快返回赛场。

八、膝关节半月板损伤

膝关节半月板损伤在我国极为常见，尤其在膝关节的运动损伤中，半月板撕裂占据了相当的比例。

膝关节半月板为纤维软骨组织，呈新月形，内薄外厚，横切面略呈三角形。色灰白而略带光泽，仅其外表覆以薄层纤维软骨，内部全为混有大量弹性纤维的致密胶原纤维。故质地韧而有弹性。半月板的外侧面供冠状韧带附着于胫骨髁的边缘，冠状韧带周围与关节囊紧密相连，故在膝关节屈伸运动时，它固定于胫骨上，并随其一同在胫骨上运动。

半月板的主要功能是稳定膝关节、传递应力和协助润滑关节。胫股关节是一完全不吻和曲面，通过膝关节的压应力集中在很小的面积上，极不利于载荷传导。半月板不但将大部分的载荷经本身传递到下面的胫骨关节面，并且大大扩充了关节接触面，加强了关节的稳定性，更重要的是通过其成臼作用，使完全不吻合曲面变成为对传导载荷最理想的轻度不吻合曲面，即当小载荷时，主要通过周缘的半月板传导。而随着载荷的增加，则逐渐扩展到压力最集中的中间区，如此可保持最大压应力与平均压力十分接近，从而避免了压应力的过分集中。故在切除半月板时，应尽量地保存未遭损伤的半月板，从而最大可能地保留半月板的功能。

半月板由膝关节血管支获得血供，血管分布在半月板体部的表面和角部，故半月板仅周围部分血供良好，而中央及凹缘实际无血管，其营养来自滑液。外侧半月板的后外侧角无血管供应。

以前认为半月板无神经分布，但一些学者认为，半月板的神经随血管分布。

（一）病理生理

膝关节屈曲时半月板向后移动，其后半被压于股骨髁后部；关节胫骨内旋时外侧半月板向后方移动，胫骨外旋时，外侧半月板向前方移动。而内侧半月板因相对固定，活动范围较小，当膝关节伸直时，半月板向前移动，半月板前半正好嵌于股骨髁前部和胫骨髁前部相对关节面之间。内侧半月板因其后外侧与内侧副韧带紧密相连，活动范围较小，同时因为股骨内侧髁在内侧半月板上旋转的范围比较大，一旦嵌于关节间，则容易破裂。因此内侧半月板破裂的机会几乎比外侧半月板多7～10倍。内侧半月板破裂多发生于膝关节由屈曲至伸直时，股骨的骤然内旋，此时内侧半月板向关节中心移动，半月板的中部边缘附着部分可发生撕裂，如膝关节再突然伸直，将使半月板的后部及中部挤压于股骨与胫骨之间，而发生长形撕裂。同样，也可使半月板后角嵌入关节面之间，而使其后角的边缘附着部分发生撕裂。半月板多次重复地被挤压与磨损，虽无急性损伤，也可逐渐发生退变和裂伤。

（二）临床表现与诊断

1．外伤史

患者多有膝关节突然旋转扭伤或跳起落地时扭伤史，伤后立即出现疼痛，渐渐肿胀；有的无明确急性外伤，仅有长期蹲位工作史；或曾有韧带扭伤史，关节不稳定。

2．疼　痛

常有在关节间隙位置上较固定的疼痛点，活动膝关节或可引出弹响并伴疼痛，有的会有打软腿。有的表现为过伸痛或过屈痛，过伸试验阳性表明半月板前角可能损伤，过屈试验阳性表明半月板后角可能损伤。

3．交　锁

少数患者于活动时发生伸直障碍，须经按摩或旋转摇摆关节后方能恢复关节功能，称为关节交锁。

4．股四头肌萎缩

以股内侧肌明显。

5．旋转挤压试验阳性

6．造　影

利用气—碘—水关节造影的方法，摄前后位及后前位的中立、外旋、内旋位X线片各3张，以判定不同部位的半月板损伤。因为是有创检查，准确性有限，现不常用。

7．CT诊断

CT对诊断有一定价值，但敏感性和准确性不如造影和MR。

8．核磁共振诊断

核磁共振可以显示半月板的内部实质结构，是目前诊断价值最高的影像学检查方法。现已广泛应用。

9．关节镜检查

一个完整的诊断应包括对半月板损伤的部位、形态、性质的综合判断。半月板撕裂有许多不同的分类方法，O'Connor分类方法是较合理的、明确的分类方法。具体分五型：纵行撕裂、水平撕裂、斜形撕裂、放射状撕裂、其他：包括复合撕裂、半月板退变性撕裂等类型。

纵行撕裂是常见的一种类型，在较大的纵行撕裂时，其游离缘部分可向关节中央移位成为典型的“桶柄样撕裂”。

（三）治　疗

早期诊治，减少其反复损伤，是其治疗的关键。

半月板破裂位于边缘血供丰富区，部分经保守治疗如固定、理疗、封闭、中药熏洗等，有可能自行愈合。

1．整复方法

半月板破裂，嵌于关节之间均可引起交锁，产生剧痛和功能障碍，应紧急解锁以解除痛苦，内外翻加旋转是其原则，可以选择以下任一方法：

（1）患者仰卧，患膝抬起，助手扶持固定其患侧大腿。术者一手握其踝部牵引，同时做旋转、晃动、伸膝动作；另一手拇指按压在其患膝关节隙疼痛处，同时向内按压，膝达伸直位，活动恢复即为解锁，解锁后症状多可消除。若患者体型胖大，术者也可用腋下夹持踝部牵引，手持小腿做旋转屈伸，另手操作同前。

（2）患者体位同上，术者以肩抗其患膝，面向踝侧，以背顶靠其大腿，双手握踝牵引，边牵边旋转边伸直，即可解锁。

（3）伸屈复位法：患者仰卧位，术者立于其患侧（比如右侧），左臂屈肘，用前臂托住患肢的腘窝作支点，右手握住小腿远端做力点。左臂用力向上牵拉同时右手用力向下牵拉小腿，使之加大膝关节间隙。在牵引下作膝关节屈伸活动，有时可听到解锁声即示缓解。未解锁可在牵引下作小腿内翻、内旋或外翻、外旋动作，听到解锁声，即告成功。或在伸屈膝关节时，顺势突然用力屈曲或伸直膝关节，利用突然的活动，将相嵌滑过或解除。

（4）推拉复位法：患者仰卧，屈膝90°，术者位于其患侧，以臀部坐其患足或用膝部压住其患足作固定。然后双手环抱其小腿上端，用力行前后推拉（近似抽屉试验），或在推拉同时作小腿内外旋转动作，利用关节的滑动解除交锁。

2．固定方法

半月板损伤属于边缘型小撕裂，可固定膝关节于近乎完全伸直位6周。6个月内不允许跑、蹲或其他强应力活动。

3．药物治疗

早期应加强活血化瘀、舒筋活络，可服用桃红四物汤或舒筋活血汤加减，外敷双柏膏或四黄散等，以活血消肿止痛；中、后期应补肝肾、强筋骨，可内服补肾壮筋汤，外用下肢损伤洗方熏洗，以利关节功能的恢复。

4．功能锻炼

在固定期间应积极进行股四头肌静力等长锻炼，解除固定后行膝关节屈伸活动锻炼，后期行膝等张、等动锻炼。

5．手术治疗

（1）半月板修复：当红－红区及红－白区撕裂属于纵向撕裂时，妥善缝合均可愈合。缝合方式有：直褥式、横褥式、叠式、桑椹式和全内式。修复方式有：开放式，镜下全内式、自内而外式和自外而内式。每针间隔3～4mm。术后固定膝关节于近乎完全伸直位6周。6个月内不允许跑、蹲或其他强应力活动。术中注意保护隐神经、腘部血管。

（2）半月板切除：当半月板属于水平裂、横裂、混合型等无条件修复的情况下，可以做半月板部分切除术。术中根据断裂方向决定切除方式，尽量修成一个圆滑内缘的半月板。当严重破裂无法保留者，行全切除术。术后不须固定。

6. 其他疗法

包括直流电离子导入、频谱照射、超声波疗、音频电疗、磁疗、蜡疗等方法。

九、髌骨周围缘附着处损伤

髌骨周围缘附着处损伤是剧烈运动及热身活动不足时经常出现的损伤。患者表现为膝关节髌骨周围疼痛，下蹲无力伴发疼痛。髌骨周围有压痛，不能进行跑跳活动。

（一）病理生理

因各种运动项目的技术特点不同，运动时膝关节周围不同肌肉的使用和产生疲劳的程度不同，疲劳的消除程度也不同，容易造成髌骨失稳，脱离正常的运动轨迹。当运动技术需要的力大于髌骨周围末端组织所能承受的力时，就会造成一次性或反复多次的损伤，损伤累积会造成髌骨周围末端病。

（二）临床表现与诊断

1．有急性损伤或慢性损伤史。

2．自觉半蹲、上下楼、跑、跳发力时痛，伴有关节酸、软、无力，重者行走或站立时也痛。

3．触诊检查：髌骨边缘指压痛，多见于髌骨上、下缘。在压痛部位用拇指触诊，摸到髌骨边缘不整，有大小不等的颗粒，局部隆起、增厚、凹陷或呈沟状、条索状等。

4．伸膝装置机能检查：单腿蹲起试验、双肢蹲起试验、主动伸膝试验、抗阻伸膝试验、主动绷劲试验等阳性。

5．X线检查：在髌骨侧位X线像，髌骨上、下端脱钙、絮状钙化或骨化，最终呈末端性骨赘。髌骨轴位片显示：髌骨前面边缘不齐。

（三）治　疗

1. 手法治疗

取仰卧位，腘窝垫一软垫。术者单独或交替使用揉法、压法、揉捏法、抖法、叩击法等手法，放松四头肌。患者换俯卧位，足背垫一软垫，重点做股后下段、股二头肌、半腱、半膜肌下段和止点，选用放松股四头肌，每个痛点做200～400次。1～2日1次，15～30日为一疗程。

2．松解术

皮肤常规消毒铺巾，用针刀在压痛区刮2～3次。每周1次，3次为一疗程。

3．封闭疗法

局部消毒后注射激素结合利多卡因有助于消除疼痛。

（四）功能锻炼常用方法

应适当减少患肢局部的负担（最好减少一部分致痛动作），必须加强股四头肌和腘绳肌的功能练习。

十、髌腱断裂

髌腱断裂常发生在髌骨的下极，多见于外伤及末端病患者。全部断裂导致患者无法伸直膝关节。

（一）病理生理

髌腱断裂后，髌骨可以被收缩的股四头肌牵向近端而离开原位3～5cm。皮下出现血肿。部分断裂患者主要为伸膝疼痛。

（二）临床表现与诊断

X线片显示关节内有积液、髌骨上移。MR可以明确看到髌腱信号不连续，断段大量积液。

（三）治　疗

新鲜髌腱断裂修补术。

手术方法：用5号不吸收线进行两次连续内锁缝合，使肌腱两端牢固连接。如用此法不能牢固固定断裂处，用半腱肌或股薄肌肌腱来加强修补。

当断裂发生在肌腱实质时，可在以近侧端及远侧端为基底的断裂束上缝上连续内锁缝线，再将缝线穿过髌骨上的两个平行的垂直骨孔和胫骨结节上的横孔，将肌腱牢固固定。在确定了肌腱的适当长度后，将各肌腱束作侧对侧缝合。完成修补后，用5号不吸收线或者钢丝沿断裂处做环形张力缝合。

（四）功能锻炼常用方法

在膝关节伸直位用石膏管型固定，允许负重到可耐受的程度。3周后开始做直腿抬高锻炼，6周后去石膏，穿戴活动范围为0°～45°的活动控制支架。每周增加活动度10°～15°，此时需用双拐助行，直到有足够的肌力及活动范围时为止。如果局部采用张力钢丝加以保护，可在10～12周时在局麻下取出。

十一、髌下脂肪垫损伤

髌下脂肪垫损伤常见于体操、散打等运动员。主要表现为伸膝疼痛。

（一）病理生理

膝关节反复过伸或者跳跃过度，股四头肌和腘肌腱疲劳，失去保护，引起髌下脂肪垫损伤。

（二）临床表现与诊断

1. 膝关节有过伸病史。

2. 自觉膝关节伸直痛或不敢伸直。

3. 检查：双膝眼处明显肿胀、隆起、皮下脂肪明显增厚，疼痛，主动或被动过伸位痛更明显。挤压脂肪垫伸直痛试验阳性。

4. X线显示：侧位片脂肪悬韧带支架纹理增强，出现钙质沉着。

5. CT、磁共振成像显示：脂肪垫内悬韧带支架纹理增强，出现钙质沉着。

（三）治　疗

1. 手法治疗

放松股四头肌、腘绳肌。在脂肪垫局部采取揉法、压法、挤法，以有痛感为度，连续200～400次。每日1～2次，15日为一疗程。

2. 针刺疗法

找准压痛点，皮肤常规消毒，直刺提插10余次，1～2天1次，15次为一疗程。

3. 小针刀松解术

找准压痛点，用1%利多卡因2～4ml局麻，用小针刀沿纵轴或横轴松解。

4. 封闭疗法

找准压痛点，皮肤常规消毒，取2%利多卡因2～4ml加曲安奈德2.5～5mg每周1次，或倍他米松5mg加0.5%普鲁卡因2～4ml进行痛点封闭，1～2周1次，3次为一疗程。

5. 手术治疗

可行滑膜下脂肪垫切除术，如其周围有粘连应施松解术。

（四）功能锻炼常用方法

加强股四头肌静力性功能练习，少做膝关节过伸动作。

十二、髌上滑囊炎

膝关节滑囊炎常见于专业运动员及特殊行业工作者。

（一）病理生理

膝关节周围肌腱多，活动范围大，在皮下与筋膜、肌肉、其他肌腱间有大量的滑囊。在正常情况下，滑囊内分泌少量滑液，有助于减轻软组织间相互摩擦。如果活动量过大，可导致滑囊炎。

（二）临床表现与诊断

1．有组织间摩擦过多和负荷量过大病史。

2．自觉症状不明显，严重时发力疼痛，伴有隆起、活动受限。

3．检查：令患者主动收缩膝关节有关肌肉、肌腱，重者望诊可见囊形物，触诊质韧，伴有张力和波动感。

4．穿刺抽液，如可抽出淡黄色透明液，可作确诊依据。

5．CT和磁共振成像检查：可见有大小不等的囊性积液或滑囊钙化。

（三）治　疗

1．手法治疗

术者可用揉法、揉捏法、压法、叩击法、弹拨法和展长的动作等，将与滑囊有关的肌肉放松。对滑囊炎的局部采用五、十指掐法、连续操作200～400次，每日1～2次。对较大的滑囊可设法强行压破，破口向下易引流，加压包扎1～2周。

2．针刺疗法

患者主动收缩与滑囊有关肌肉，使隆起固定。皮肤常规消毒，刺入滑囊，各方向提插十余次，并在有关肌肉上选1～2个阿是穴（压痛点）针刺，1～2日1次，15次为一疗程。

3．封闭疗法

皮肤常规消毒，先抽液，注入曲安奈德25～50mg，每周1次，或倍他米松2～5mg，1～2周1次，3次为一疗程。

4．小针刀松解术

消毒局麻后，用小针刀切破滑囊，挤出滑液，加压包扎1～2周。

5．手术治疗

保守治疗久治不愈，并影响训练者，应手术切除。

十三、网球腿

跖肌腱断裂和小腿三头肌损伤是一种常见的运动创伤。由于跖肌腱断裂多见于网球运动员，所以又名“网球腿”。临床发现腓肠肌内侧头断裂与单纯跖肌腱断裂症状近似，临床治疗，训练安排也类似，所以临床上将这类伤病一起归类到网球腿。近年来发现，该伤在不经常参加运动的人群中也呈升高的趋势，甚至不运动的人群也有发生。可能与长期运动不足或因病引起的肌肉、肌腱功能退化有关。

（一）病理生理

小腿三头肌由腓肠肌和比目鱼肌组成，有三个头。两个头构成浅层（腓肠肌），一个头在深层，三个头向下汇总成一个总的跟腱，止于跟骨。跖肌是一个肌腹短小、肌腱细长的肌肉，约7%的人没有此块肌肉。它起于股骨外上髁腓肠肌外侧头的上方，行走于比目鱼肌与腓肠肌之间，止于跟骨的内缘或附着于跟腱。跖肌是退化的肌肉，是使踝关节跖屈的肌肉中最小的一个。其参与运动的作用并不大。

网球腿多发于球类（尤其网球）、赛跑、跳高、跳远等项目。大多由于膝关节伸直时再突然蹬地提踵起跳时受伤。网球运动中接高球时需要这个动作，此动作中，该肌已充分收缩，又强加了一个很大的力，所以此时极易拉伤或断裂。另外，在膝关节伸直位时突然一个严重的外翻或内翻扭伤，也可以使腓肠肌内侧头或外侧头拉伤。足球运动中的直接踢或撞击，也会使该肌部分损伤或断裂。

还有一个不容忽视的因素是，小腿三头肌长期过度紧张疲劳，致使该肌僵硬，弹性明显下降，在突然外力的情况下更易引起该肌拉伤或断裂。尤其过于肥胖或者患有某些消耗性疾病的人群，也易发生此伤。临床中很多病例就是发生在正常走路时，只是做了一个突然加速的动作，就引起该肌群的拉伤或断裂。

（二）临床表现与诊断

1. 棒击感

这是发生跖肌腱和小腿三头肌断裂时的第一感觉，也就是伤者突然感觉有人在身后朝向自己的小腿“猛击一棒”或“猛踢了一脚”。

2. 剧　疼

“棒击感”后，随即感觉小腿像“中弹”一样，非常疼痛，多被迫停止运动或中止比赛，不能做跳、跑等动作。个别患者感觉小腿响了一声后常开始疼痛，做提踵动作时疼痛加剧。

3. 跛　行

由于提踵时疼痛加重，患者会采取自我保护性的走路姿势——“跛行”。

4．早期局部表现

刚受伤时，小腿的外形上多无改变，稍晚可以出现肿胀、变形及皮下出血。这时顺着跖肌腱走向可以发现数个敏锐的压痛点。如果腓肠肌完全断裂，会发现有一明显的凹陷，皮下有瘀斑。

5．陈旧性伤的局部表现

局部可以触摸到较硬的疤痕结构，是由于断裂处与周围组织粘连造成，踝背伸活动时可以感觉小腿后疼，背伸受限，形成点足。长此以往，腓肠肌会出现废用性萎缩。

（三）治　疗

过去主张必须长期卧床休息或石膏固定，现在临床总结发现，除了腓肠肌和比目鱼肌发生大的断裂需要手术外，单纯的跖肌腱断裂和小的腓肠肌、比目鱼肌的拉伤可以保守治疗康复。

首先可局部冰敷止血，之后加压包扎，24小时后可以辅助理疗等。在可以忍受的情况下尽早下地活动，但踝关节要保持正常站立的角度，不得伸展或弯曲（目的是避免撕裂部位的伤势加重和减轻提踵痛），防止局部瘢痕的形成。临床发现，早期锻炼对防止粘连的发生十分重要，尽量不限制日常活动为宜。

十四、小腿筋膜间隔区综合征

密闭的骨——筋膜间室内组织压力增高所导致的微循环损害。筋膜或骨性结构弹性较小的间室最常被累及，特别是小腿前间室和后深间室。根据引起压力增加的原因及症状所持续的时间，分为急性和慢性间室综合征。引起急性间室综合征最常见的原因有骨折、软组织损伤、动脉损伤、失去知觉时肢体受压以及烧伤。慢性疲劳性间室综合征是由于压力反复增加所致的，最常发生在小腿前间室或后深间室。运动锻炼能使肌肉容积增加20%，导致坚实无弹性的间室内压力增加，这种情况最常见于长跑运动员及训练量超过了正常的功能耐受限度的新兵。其病理生理变化可能不同于急性间室综合征。

（一）病理生理

间室综合征的病理生理学表现为正常局部组织的血液循环平衡受到破坏，从而导致组织压力增加、毛细血管血流量降低以及由局部缺氧造成的组织坏死。局部血流量等于动静脉脉压差除以局部血管阻力。在缺血的情况下局部血管阻力最小，动脉血流量最大。实验证据表明，当间室内压力的增加量（伴有静脉压增加）大于30mmHg并持续8小时以上时，即使是血流量正常的患者也可发生明显的肌肉坏死。较高的压力可使神经肌肉的活力在较短时间内受到较大的损害。

胫前间隔中有胫前肌、拇长伸肌、趾伸长肌及第三腓骨肌4块肌肉，还有腓深神经、胫前动静脉走行其中。胫前与胫后动脉（位于小腿后深间隔之中）在踝的上部有多个交通枝，故胫前间隔综合征时，足背动脉搏动减弱而不消失，是易误诊的原因之一。

运动员在大强度训练后，坚韧的胫前间隔内的肌肉，因毛细血管充血而肿大，致使静脉血回流不畅，动脉供血受阻，肌肉坏死，神经脱鞘出现一系列症状，有急慢性两类。

1．急性胫前间隔综合征

可在一次大强度大运动量训练后发生，名为“行军性坏死”。在运动员中此症也可因胫前被踢、被撞或胫腓骨骨折时继发，必须警惕。

2．慢性胫前间隔综合征

慢性胫前间隔综合征特点是运动时发生，休息即好，肌肉没有坏死，切开胫前间隔松解后，症状即消失。其发生一般认为是间隔腔内肌肉容积量增加超过20%所致。最可靠的诊断方法是在跑台机上跑步，待小腿出现症状时再测间隔腔的内压，超过4千帕（30mmHg）即可确诊并手术治疗。

（二）临床表现及诊断

小腿前外侧肿痛，严重者出现腓深神经麻痹。初第一、第二趾蹼背侧知觉减退，继而踝前上下知觉减退并出现垂足。检查时有主动伸拇、伸趾、伸踝障碍，被动屈曲时也产生疼痛。间隔腔压力测定是最可靠的诊断方法，正常2kpa（15mmHg），超过4kpa（30mmHg）即可确诊，此法也可用以观察病情发展状况，决定是否需要筋膜腔切开减压。

晚期病例：早期处理不当肌肉产生不同程度的坏死，继发瘢痕挛缩，这时垂足畸形可不同程度的减轻，但神经麻痹如故。

（三）治　疗

1．手术治疗

多数认为一旦确诊即应手术，将筋膜纵行切开或同时加横切开以增加松解度。6～12小时内切开为宜。4天后不宜手术以免坏死肌肉继发感染。应特别注意筋膜切开时常继发再灌综合征，务必及时处理。

2．非手术治疗

病情较轻或已延误手术时机者可保守治疗，微抬高患肢，踝置功能位，甘露醇脱水，并用抗生素以防感染。有条件可予高压氧治疗。

十五、胫腓骨应力性骨膜炎与骨折

（一）病理生理

胫骨应力性骨膜炎多因跑跳过多、小腿肌肉牵扯使胫骨的轻度前弓曲度改变和腓骨间距变化，由长期反复微细损伤累积而成，患病率为0.82%，胫骨应力性骨折患病率为0.66%，常见于花样游泳、拳击、跳水、现代五项等。

（二）临床表现与诊断

1. 有下肢跑、跳过度负荷病史。
2. 自觉小腿疼痛，活动时疼痛明显，休息后好转。
3. 检查：在腓骨下1/3附近，胫骨内缘和前缘骨面可有压痛，骨面凸凹不平。
4. X线显示：骨膜有增生、局部可见骨折线。

（三）治　疗

1. 固定：经确诊为应力性骨折，应采用纸板、夹板、护具等固定4～6周。
2. 手法治疗：放松小腿肌肉，特别是跖屈肌群。
3. 局部外敷活血止痛、接骨续筋中药膏剂。
5. 手术治疗：骨折裂隙植骨术、内外固定术。

（四）功能锻炼常用方法

应停止训练，单纯进行静力性肌肉收缩锻炼。

第三节　踝及足部的运动损伤

一、踝与足部解剖结构

（一）骨与关节结构

踝关节又称距小腿关节，由胫腓骨下端与距骨构成。胫骨下端内侧向下的骨突称为内踝，胫骨下端后缘稍向下突出称为后踝，腓骨下端突出部称为外踝，外踝比内踝窄，但较长，其尖端在内踝尖端下0.5cm，且位于内踝后约1cm。在外踝尖端上方约2.5cm处的横向水平，即为踝关节位置。内、外、后三踝构成踝穴，距骨位于踝穴内，距骨分头、颈、体三部，体前宽后窄（有6个关节面，无肌肉附着）。当踝关节活动时，距骨在踝穴内移动。（图3-3）

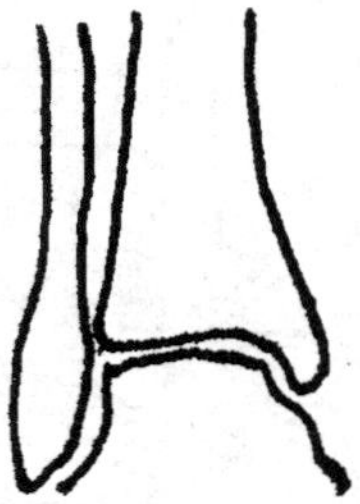

图3-3　踝关节骨结构示意图

（二）韧　带

踝关节周围韧带构成的关节囊前后松弛，两侧较紧。踝关节的前后韧带较薄弱，这利于踝的屈伸活动。踝关节的内、外侧副韧带比较坚强。内侧韧带又称三角韧带，分深浅两层。浅层为胫跟韧带，止于跟骨载距突的上部。深层呈三角形，尖朝上，基底朝下，止于距骨颈、骨体的非关节部分。外侧副韧带不如内侧韧带坚强，分三束，即跟腓韧带（外束）和距腓前、后韧带（前束、后束）。除关节、韧带之外，肌腱也加强踝关节的稳定性，如后方有跟腱、前方有拇长伸肌和趾伸肌，前内方有胫骨前肌，后内方有胫骨后肌，外方有腓骨长、短肌。（图3-4）

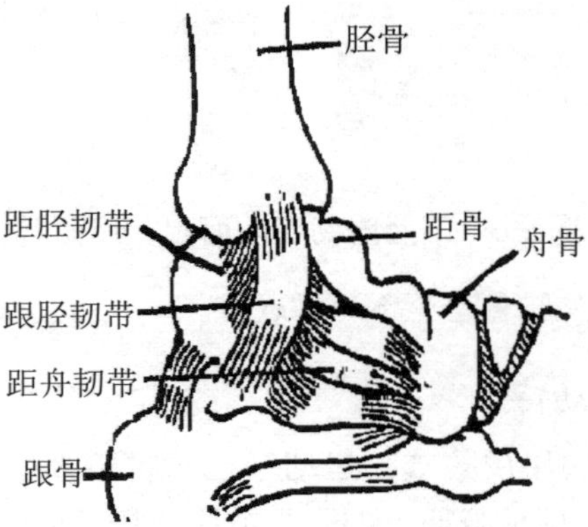

图3-4　踝关节内面观

踝关节还有一组重要韧带，即下胫腓韧带。下胫腓韧带保持踝关节紧张而有一定弹性，下胫腓韧带由三部分组成。

1．相当于踝关节水平，下胫腓前韧带连结胫骨前结节至外踝。（图3-5）

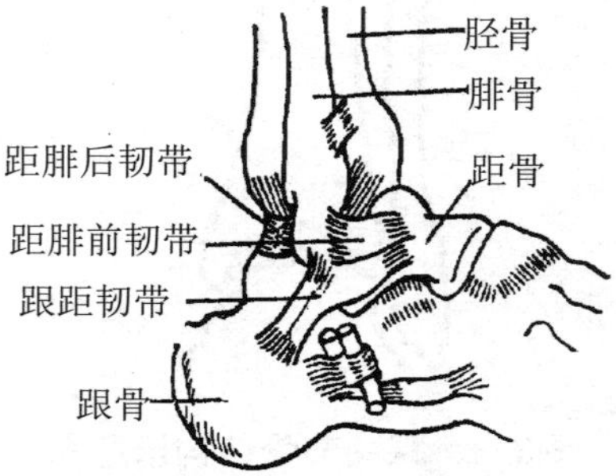

图3-5　踝关节外面观

2．较强的下胫腓后韧带连结外踝至胫骨后结节，系三角向外延伸部分。（图3-6）

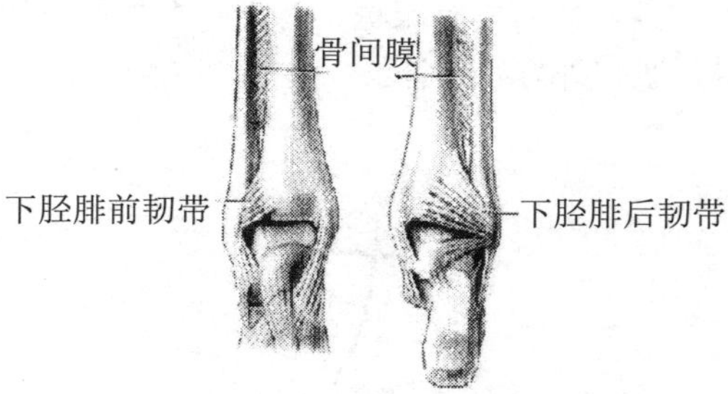

图3-6　下胫腓韧带前面观、后面观

3．骨间膜连接胫骨与腓骨直至下胫腓联合。

（三）踝关节的运动特点

踝关节为人体最大的屈戌关节，运动轴在横贯距骨体的横轴上。足可作背伸与跖屈活动。背伸肌有小腿前群肌，即胫骨前肌、拇长伸肌、趾长伸肌及第三腓骨肌。正常背伸活动幅度约为20°～30°。跖屈由小腿后群肌完成，小腿三头肌为主。跖屈幅度约为40°～50°。跖屈时踝关节有轻微旋转、收展与侧方运动。距骨体前宽后窄，背伸时宽部进入踝穴，关节稳固，不能内收与外展；跖屈时窄部入踝穴，关节松弛，微有侧方活动。踝关节的活动是负重情况下进行的，其稳定性很重要（站立时全身重量落在踝关节上，而行走时的负荷达体重的5倍）。

二、跟腱周围炎

（一）病理生理

足跟后疼痛可由于过度使用损伤所致，造成跟腱病（无炎症的肌腱退行性变）、肌腱周围炎或肌腱炎。超负荷性损伤，如突然增加运动量会造成肌腱部分撕裂。肌腱炎发生在跟腱附着点上方2～6cm处血管分布少的区域。过度训练、山地奔跑、跑鞋不正确、在不平坦的地面上奔跑、腓肠肌比目鱼肌群力量不足或柔韧性差，以上这些都会致使疲劳的肌肉－肌腱结构承受不协调的负荷而造成肌腱炎。行走时足会出现功能性过度旋前，使得在足跟由着地时的内翻位改为站立相中期的外翻位的过程中，跟腱产生一个快速的摆动动作，这也是引起跟腱炎的一个原因。

（二）临床表现与诊断

1．有跟腱及踝关节外伤史。

2．跟腱周围肿胀、疼痛，压痛阳性，活动时加剧。

3．MR检查发现跟腱肿胀，腱周膜有水肿信号。

（三）治　疗

1．保守治疗侧重于通过休息、冰敷、理疗、抗炎药以减轻炎症。

2．通过伸展练习和定制支具减轻由于胫骨内翻或距下、前足内翻所造成的过度旋前，常能消除力学上的问题。

3．如保守治疗失败，患者又不愿意对其活动作出调整，则可能需要手术治疗。

手术方法：患者取俯卧位，上止血带，做一个距跟腱1cm并与其平行的纵行切口，从肌肉－肌腱结合部起至肌腱附着点为止。

如腱鞘充血、增厚、纤维化并与深面肌腱粘连（腱周炎时常如此），则用锐性解剖，将腱鞘从肌腱上分离并切除。不要损坏前面的脂肪组织及腱系膜，检查肌腱并触摸它以确定是否有增厚、缺损或软化。如有病理变化，则做多处纵行切开，切除病灶并刺激局部形成炎症反应，清创后对合各切开处。

检查跟腱附着点、跟后滑囊及跟骨后上角。如有滑囊炎，则将跟骨后滑囊切除。使足背屈判断跟骨上角是否碰撞跟腱的前表面，如有碰撞则通过截骨切除碰撞的骨面。截骨恰开始于跟腱纤维附着点的上方，与跟腱长轴成45°角，向上达跟骨的后上面。用骨锉将截骨边缘锉光滑。确定在踝关节的活动范围内跟腱不再受到碰撞。

（四）功能锻炼常用方法

术后处理：根据手术所引起的肌腱减弱的程度，石膏固定2～3周或更长时间。去除石膏及皮肤缝线后，开始进行被动的活动范围练习，特别是背屈活动。在以后的8～12周内开始进行逐渐加强的锻炼方案并开始慢跑。完全恢复竞赛运动可能需5～6月。

三、跟腱断裂

跟腱断裂是一种常见的损伤，多发生于青壮年。跟腱由腓肠肌与比目鱼肌的肌腱合成，是人体最长和最强大的肌腱之一，成人跟腱长约15cm左右，起始于小腿中部，止于跟骨结节后面的中点。肌腱由上而下逐渐变厚变窄，从跟骨结节上4cm处开始向下，又逐渐展宽直达附着点。跟腱在临近肌肉部和附着点部分均有较好的血液供应，而其中下部即跟腱附着点以上2～6cm处，血液供应较差，肌腱营养不良，因而该处常易发生断裂。

（一）病理生理

直接暴力伤多为刀、铲、斧等锐器直接切割所致，造成跟腱开放性断裂。断裂口较整齐，腱膜也多同时受损伤。

间接暴力伤多由于跟腱本身存在的病理变化引起，如职业性运动员损伤造成的小血管断裂、肌腱营养不良、发生退行性改变或跟腱钙化等，再受到骤然猛力牵拉，如从高处跳下前足着地或剧烈奔跑等，均可使跟腱受过度牵拉而产生部分甚至完全性的断裂。断端可参差不齐，一般损伤在跟腱的附着点以上2～3cm处，腱包膜可能完整。多见于演员及运动员。

直接与间接暴力所致的联合损伤多发生于跟腱处于紧张状态时，如足部受到垂直方向的重物砸伤，加之小腿三头肌的突然猛力收缩造成的跟腱断裂。局部皮肤挫伤较严重，周围血肿较大，或跟腱断端参差不齐。较常见于产业工人。

（二）临床表现及诊断

1. 症　状

开放性损伤，易于诊断，肉眼可见到跟腱部断裂。

闭合性损伤，局部有明显肿胀，疼痛，跖屈无力，不能踮脚站立，跛行，外观可见腱部失去原有形态而凹陷。

2. 检　查

局部有压痛，断裂处可摸到裂陷，肌腹上移。检查小腿腓肠肌，嘱患者跖屈踝关节时，看不见肌腹的收缩反应。

提跟试验（提踵试验）患者不能提跟30°（踝关节跖屈60°）站立，仅能提跟60°（踝关节跖屈30°）站立，为试验阳性，说明跟腱断裂。因为提跟30°是跟腱的作用，而提跟60°站立有胫骨后肌和腓骨长、短肌的协同作用。（腓骨肌与胫后

肌协同收缩也有使踝关节跖屈的作用。因此，单纯踝关节跖屈活动的存在，不能说明跟腱没有断裂或部分断裂）

（三）鉴别诊断

跟骨骨折表现局部压痛、叩击痛，或有骨擦音、畸形（跟部变短，横径增大）等，X线检查有骨折征象。X线摄片可排除距骨结节部的撕裂性骨折。

（四）治　疗

1．整复手法

对跟腱部分撕裂者，可将患足跖屈，在肿痛部位作轻轻地按压、揉摩，并在小腿三头肌肌腹处作按摩，使肌肉松弛以减轻近端跟腱回缩。

完全性或开放性跟腱断裂手术后期，可于解除外固定后在局部施用按压、揉摩，以及在小腿三头肌部作按压、揉摩，促进功能恢复。

2．固定方法

不管手术或保守治疗，均应将患踝固定于跖屈30°位。

3．药物治疗

（1）内服药早期治宜活血祛瘀、消肿止痛，选用续骨活血汤、七厘散、活血丸、舒筋丸等，后期可选用六味地黄丸、壮筋续骨丹以补肾滋肝。

（2）外用药后期可配合运用中药外擦、熏洗，如海桐皮汤外洗，跌打酒外擦等。

4．功能锻炼

早期应在医生指导下作股四头肌的舒缩锻炼，外固定解除后在医生指导下做踝关节的屈伸活动及行走锻炼。

5．手术治疗

手术疗法对新鲜的完全性断裂或开放损伤，宜早期手术治疗。术后膝关节屈曲、踝关节跖屈位，管型石膏固定4～6周。

跟腱断裂的治疗目的在于恢复跟腱的完整性和韧性，从而保持足踝的跖屈力量。在修复过程中尽力设法保持跟腱表面的平滑，以利跟腱的滑动。

开放性或完全性的跟腱断裂应早期手术缝合。保守治疗往往因跟腱断端间瘢痕组织较多而失去其坚韧性，且跟腱相对延长而使跖屈力量减弱。儿童跟腱损伤后，由于腓肠肌张力不大，组织修复和再生力强，因而手术采用“8”字缝合，而且由于儿童关节韧带松弛，关节功能恢复也较好。

成人跟腱横断可行Bunnell缝合法，即行跟腱后方纵切口约10cm长，显露跟腱断裂端，用1mm粗的不锈钢丝的一端，从近端断面插入，在肌腱中向近端穿行约2cm，再弯向外侧穿过跟腱外面，在钢丝出口之近端1cm处，再横穿跟腱从内侧穿出，从出口远端1cm处，斜行向远端穿过跟腱，从断端穿出。拉紧钢丝后，分别穿入两根直针头，用两针头穿入跟腱远端约3～5cm，从足底处皮肤出。拉紧钢丝使跟腱断端尽量对合。用纽扣把钢丝固定于皮外。在断端间再用丝线行间断缝合，为了加强吻合口的强度，可以用阔筋膜或者从跟腱近端翻转舌形瓣来搭桥缝合。伤口缝合，加垫于跟部及足底部，长腿石膏固定膝关节屈曲，足马蹄位，使跟腱处于无张力状态。

石膏4周后去除，用无菌操作剪断钢丝，抽出之，再用小腿石膏固定足于轻度马蹄位，用拐行走，逐渐持重2周。再过4～6周去石膏正常行走。

为了防止吻合处与皮肤粘连并用筋膜加强跟腱断裂的吻合口，可做Lindholm手术。手术时病人俯卧，从小腿中部到跟骨作后侧微弧形切口，从正中切开深筋膜，显露跟腱断裂处，切除断端破碎的肌腱。用粗丝线或是钢丝行褥式缝合，中间加间断缝合以加强力量。从腓肠肌近端两侧翻下1cm宽，7～8cm长之肌腱条，肌腱瓣在吻合口上方3cm处保留，将肌腱瓣翻180°，使其光滑面向外，两侧肌腱瓣与远端缝合，两侧彼此缝合。取肌腱瓣处伤口吻合。缝合皮肤切口。石膏固定，术后处理同上。（图3-7）

跟腱呈马尾状撕裂者，如果撕裂纤维短，可修整残端重新吻合，否则用编入缝合。

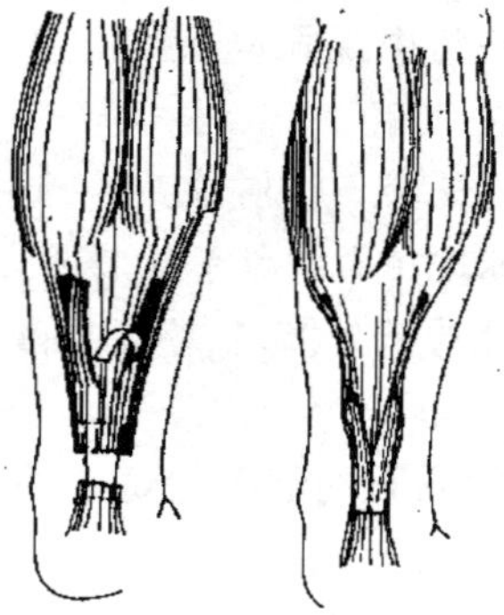

图3-7　Lindholm跟腱修补术

四、踝关节韧带损伤

踝关节扭挫伤是指踝关节周围韧带的损伤。

踝关节扭挫伤甚为常见，可发生于任何年龄，但以青壮年较多，约占全身关节损伤的80%。临床上一般分内翻扭伤和外翻扭伤两大类，以前者多见，尤以距腓前韧带损伤占大多数。

（一）病理生理

多因行走或跑步时突然踏着不平的地面或上下楼梯、走坡路不慎踏空；或骑自行车、踢球等运动中不慎跌倒，使足过度内翻或外翻而产生踝部扭伤。临床一般分为内翻损伤和外翻损伤两类。跖屈内翻损伤时，容易损伤前外侧的距腓前韧带；单纯内翻损伤时，则容易损伤外侧的跟腓韧带。外翻姿势损伤时，由于内侧韧带比较坚强，较少发生损伤，但可引起胫腓韧带撕裂。若为直接的外力打击，除韧带损伤外，多合并骨折和脱位。

（二）临床表现及诊断

有明显的踝关节扭伤史，伤后踝部疼痛、功能障碍。损伤轻者仅局部肿胀，损伤重者整个踝关节均可肿胀，并有明显的皮下瘀斑，皮肤呈青紫色，跛行步态，伤足不敢用力着地，活动时疼痛加剧。

内翻损伤者，外踝前下方压痛明显，若将足作内翻动作时则外踝前下方疼痛；外翻扭伤者，内踝前下方压痛明显，强力作踝外翻动作时则内踝前下方剧痛。严重损伤者，在韧带撕裂处可摸到有凹陷，甚至摸到移位的关节面。

检查局部压痛，足内、外翻试验：将足内翻及外翻时，如发生疼痛，说明外侧或内侧韧带损伤。

诊断要点：

1．有内翻或外翻扭伤史。

2．踝关节肿胀、疼痛，或有皮下瘀斑。

3．在外踝或内踝周围有压痛。

4．踝关节功能障碍。

5．X线摄片有助于排除骨折与脱位。

（三）鉴别诊断

踝部骨折局部压痛明显，可有骨畸形、骨擦音等，X线摄片检查有骨折征象。

踝关节正侧位摄片，可以帮助排除内、外踝的撕脱性骨折。若损伤较严重者，应作强力内翻、外翻位的摄片，可见到距骨倾斜角增大，甚至可见到移位现象。

（四）治　疗

1．整复手法

损伤严重、局部瘀肿者，不宜行重手法。对单纯的踝部伤筋或部分撕裂者，可使用理筋手法。

（1）内翻背屈跖屈法

适用于踝关节外侧副韧带扭伤。

① 术者一手固定外踝，另一手握住足部，在踝关节轻度内翻姿势下，用拇指向前推揉内外踝周围之软组织，使局部筋络松舒。（图3-8）

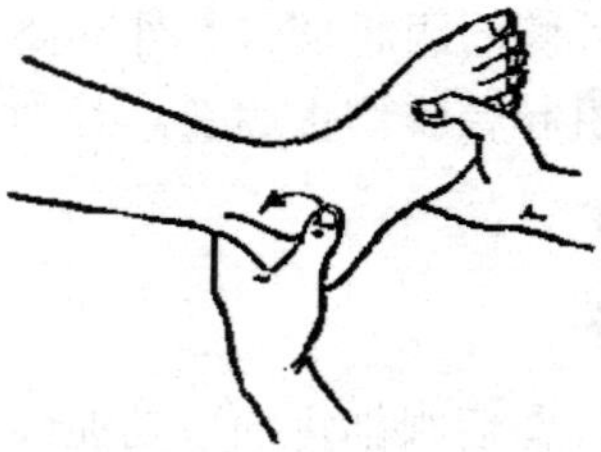

图3-8　内翻背屈跖屈法一

② 将踝关节过度内翻。（图3-9）

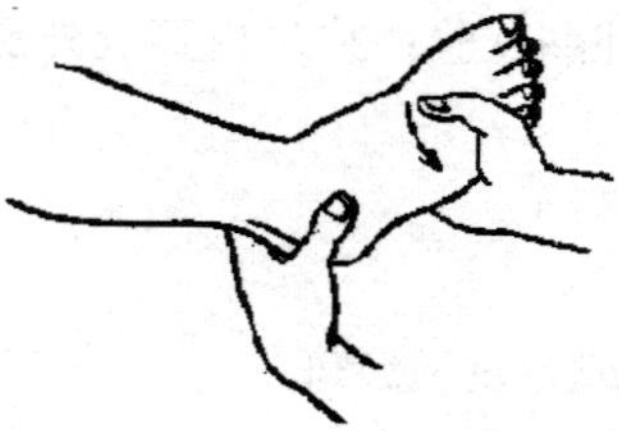

图3-9　内翻背屈跖屈法二

③ 将踝关节过度背屈。（图3-10）

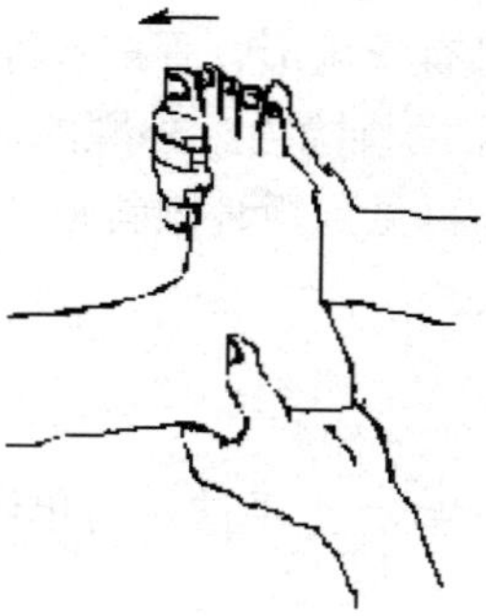

图3-10　内翻背屈跖屈法三

④ 将踝关节过度跖屈。（图3-11）

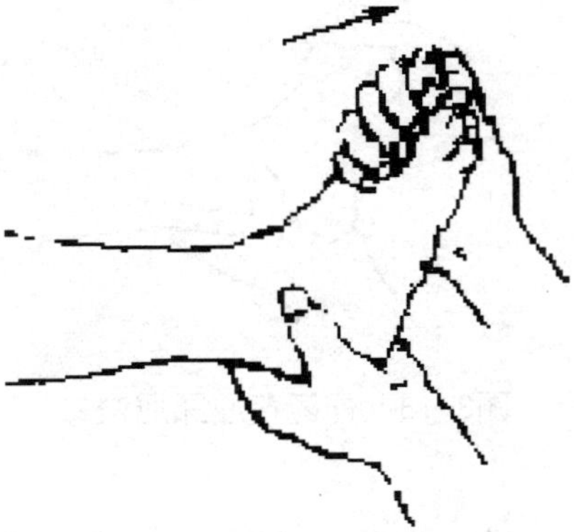

图3-11　内翻背屈跖屈法四

（2）*外翻背屈跖屈法*

适用于踝关节内则副韧带扭伤。

① 术者一手固定内踝，另一手握住足部，在踝关节轻度外翻姿势下，用拇指向前推揉内踝周围之软组织，使局部筋络松舒。（图3-12）

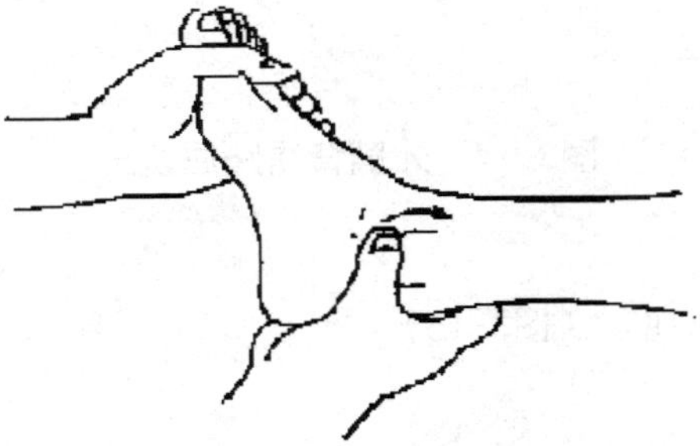

图3-12　外翻背屈跖屈法一

② 将踝关节过度外翻。（图3-13）

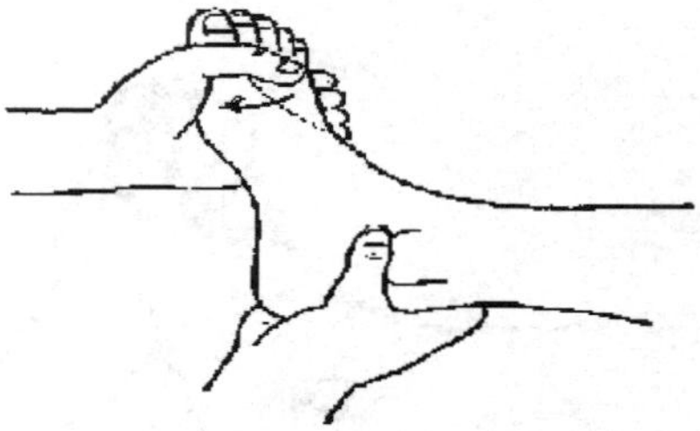

图3-13　外翻背屈跖屈法二

③ 将踝关节过度背屈。（图3-14）

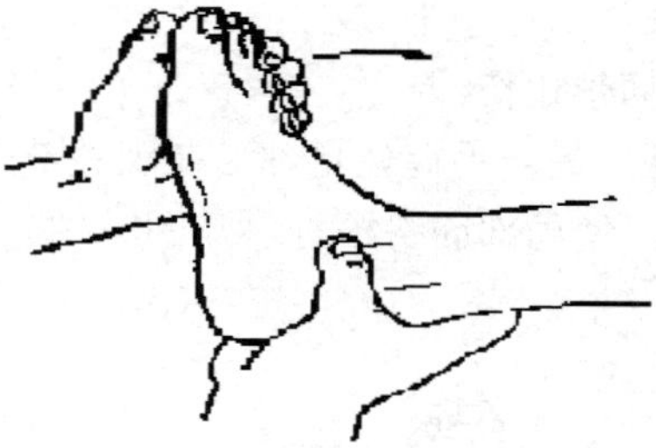

图3-14　外翻背屈跖屈法三

④ 将踝关节过度跖屈。（图3-15）

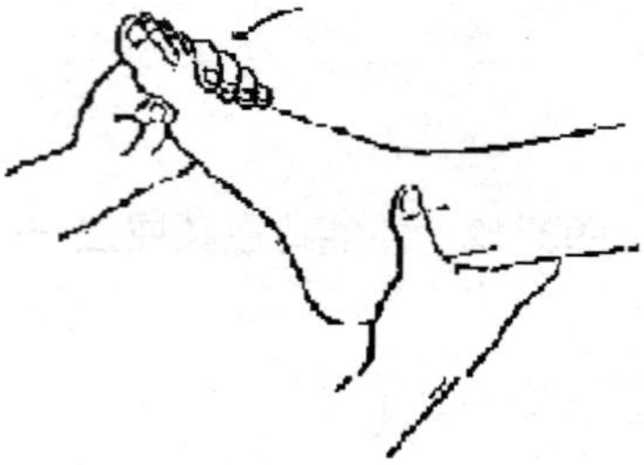

图3-15　外翻背屈跖屈法四

（3）恢复期整复手法

恢复期或陈旧性踝关节扭伤者，手法宜重。特别是血肿机化、产生粘连、踝关节功能受限者，则可施以牵引摇摆、摇晃屈伸等手法，以解除粘连，恢复功能。

2. 固定方法

理筋手法之后，可将踝关节固定于受损韧带松弛的位置。若为韧带断裂者，可用管型石膏固定，内侧副韧带断裂固定于内翻位，外侧副韧带断裂固定于外翻位，3～4周后解除固定，下地活动。或可用胶布固定，外加绷带包扎，外翻损伤固定于内翻位，内翻损伤固定于外翻位，一般可固定2～3周。

3. 药物治疗

（1）内服药。早期治疗活血化瘀、消肿止痛，内服七厘散及舒筋丸。后期治宜舒筋活络、温经止痛，内服活血酒或小活络丹。

（2）外用药。初期肿胀明显者，可外敷消肿化瘀散、新伤Ⅰ号方、七厘散、双柏散之类。中、后期肿胀较轻，可外贴狗皮膏、伤湿止痛膏，并可配合活血舒筋的中药外洗，如归尾、赤芍、红花、两面针、伸筋草等。

4. 功能锻炼

外固定之后，应尽早练习跖趾关节屈伸活动，进而可作踝关节背屈、跖屈活动。肿胀消退后，可指导做踝关节内翻、外翻的功能活动，以防止韧带粘连，增强韧带的力量。

5. 手术疗法

陈旧性损伤外侧韧带断裂，致踝关节不稳或继发半脱位者，可坚持腓骨肌锻炼（足外翻训练法），垫高鞋底外侧缘。功能明显障碍者，可行外侧韧带再造术，选用腓骨短肌代替断裂的外侧副韧带。

陈旧性损伤内侧韧带断裂者，可切开进行韧带修补术，术后均采用石膏外固定6周。

6. 其他疗法

局部封闭疗法对踝关节损伤的中、后期，关节仍疼痛、压痛较局部者，可选用泼尼松龙12.5～25mg加1%普鲁卡因2～4ml作痛点封闭，每周1～2次。

五、跖管综合征

跖管综合征是指胫神经或其终末支在跖管内受到压迫，引起的一种周围神经挤压性综合征。本病主要发生于青少年，年龄在15～30岁之间，男性多见，多数为从事体力劳动或体育运动者。

跖管系距小腿关节内侧之纤维骨性隧道，长约2～2.5cm，是一无弹性的骨纤维管，其顶部由屈肌支持带构成，两侧和底部由距骨、内踝、跟骨、三角韧带和跟腱围成。跖管上口在内跖至跟骨后面上缘的平面后，跖管下口在内踝至跟骨结节内侧突平面内。跖管内有胫骨后肌、趾长屈肌腱、胫后血管、胫后神经以及拇长屈肌腱，肌腱周围有腱鞘。在神经、血管和肌腱之间，有纤维间隔和少量脂肪、结缔组织。胫后动脉通过内踝后面，在屈肌支持带下面发出分支，供应足内侧皮肤。胫后神经通过踝管后发出的足底内侧神经，支持拇展肌、5个趾短屈肌、第1蚓状肌和内侧三个半脚趾的感觉；足底外侧神经则潜入拇展肌深面，通过拇长屈肌腱旁的纤维弓，然后经过足底，支配跖方肌、小趾展肌和外侧的一个半足趾的感觉。从上述局部解剖情况来看，若胫后神经、血管在跖管内受压，可产生两个分支的相应症状。

（一）病理生理

造成本病的最常见原因是踝关节反复扭伤、骨折畸形愈合、局部慢性劳损或由于足的外翻畸形，致屈肌支持带紧张性增加，加重了对胫后神经、肌腱的压迫，造成腱鞘水肿、充血，跖管内压力增加，跖管外侧壁跟骨或距骨的内侧部位骨折，形成的瘢痕或骨性增生，亦可减少跖管的容积，使神经受压，以致挤压管内胫后神经而产生跖管综合征。

（二）临床表现及诊断

轻者常在行走、久立或劳累后，内踝下方有不舒服的感觉，局部有压痛。较重者足踝部和跟骨内侧出现麻木及烧灼样疼痛，跖管部有梭形肿块，叩压可引起明显疼痛，并可向足底放射，部分病人为缓解疼痛走路时呈内翻位。中期病人症状加重，疼痛呈持续性，范围可扩大，沿小腿内侧向上放射至膝关节下方。后期病人上述症状加剧，并可出现跖内侧神经支配区皮肤干燥、不出汗、脱皮、皮色青紫等自助神经紊乱的症状。也可见拇展肌或小趾展肌和第一、第二骨间肌的肌肉萎缩。

（三）影像学及其他检查

1．神经干叩击试验

叩击或重压内踝后面胫后神经，出现疼痛及麻木感觉即为阳性。

2．止血带试验

在小腿双侧扎止血带，充气后使压力维持在收缩压以下，阻滞静脉回流，而动脉保持通畅。患肢足底如出现疼痛与麻木感觉为阳性。

晚期X线摄片可在距骨内侧显示有明显的骨刺或骨桥形成。

本病应与坐骨神经痛、周围血管病、跖间神经纤维瘤、跖底胼胝、急性纵弓扭伤或足底筋膜炎及局部风湿样病损等相鉴别。

（四）治　疗

对于本病的早期症状轻微，初次发作者，治疗时以休息制动为主，及时解除外界刺激，如鞋袜对局部的刺激。

1. 手法治疗

早期可在内踝后作推揉摩擦，并嘱患者自行推揉、摩擦，起到活血、通络、止痛作用。

2. 手术治疗

本病经非手术治疗无效且反复发作，跖管附近有外伤或骨折，导致跖管内疤痕形成或骨质增生者；检查时发现跖管内有梭形肿块或X线显示距骨有明显骨疣生长者；均应采用手术切开跖管，切除跖管内增生组织，松解粘连，解除神经的压迫。手术方法是：切口起于内踝跟上1cm处向下经内踝后缘，经内踝尖弯向足跖面，长约8cm。切开皮下组织，显露出屈肌支持带，将其纵向切开，并将增厚的屈肌支持带切除0.5～1cm，以防术后复发。仔细分离跖管内容物，在趾长屈肌和拇长屈肌之间寻找出胫神经和胫后动静脉血管束，沿神经走向向远端进行解剖分离，找出跖内侧神经、跖外侧神经和跟骨支，切断纤维束，松解粘连以解除神经的压迫。跖管内若有骨质增生或腱鞘囊肿，应将其彻底切除。然后于神经周围注射醋酸氢化可的松以减轻水肿和防止术后粘连。

3. 药物治疗

（1）内服药。治宜活血化瘀、通络、消肿止痛，方选舒筋活血汤、大活络丸。

（2）外用药。外敷，可用活血消肿药物，如消肿化瘀散、金黄膏、五虎丹等。另可配合骨科外洗Ⅱ号方，进行熏洗、热敷。

4. 其他疗法

局部封闭疗法可用当归红花注射液2ml，或泼尼松龙12.5mg加1%普鲁卡因3ml，作跖管内注射，每周1～2次，2～3周为一疗程。

此外，还可选用理疗、电疗、针灸、肢体抬高等方法治疗。

六、足副舟骨损伤

（一）病理生理

副舟骨是足舟骨结节部继发化骨核的先天变异，因舟骨颈长，副舟骨与之连接，其间为软骨板（玻璃软骨和纤维软骨），其形状为三角形或半圆形。副舟骨很容易受伤，常见的足内翻或旋后位扭伤是副舟骨与内踝尖撞击的结果，也有与胫后肌不断牵拉所致。

（二）临床表现与诊断

1. 有足内翻或旋后位扭伤史。

2. 自觉内踝前下逐渐隆起，跑、跳、走疼痛，休息后好转。

3. 检查：足舟骨结节肿胀、隆起、压痛，足跖屈抗阻痛，足内翻疼痛，胫后肌伸展疼痛，同时跖屈抗阻试验阳性。

4. X线显示：足舟骨结节部可见副舟骨畸形。

（三）治　疗

1. 手法治疗

可以采用揉法、捏法、压法、弹拨法、叩击法松弛胫后肌。按揉舟骨结节，连续做200～400次，每日1～2次，15日为一疗程。

2. 针刺疗法

常规消毒、痛点直刺、提插十余次。1～2日1次，15次为一疗程。

3. 封闭疗法

找准病点，皮肤常规消毒，取曲安奈德2.5～5mg加2%利多卡因1～2ml，每周1次；或倍他米松2～5mg加0.5%布比卡因1～2ml进行痛点封闭，1～2周1次，3次为一疗程。

4. 松解术

病点皮肤常规消毒，局部麻醉，用小针刀直刺入痛点，刮切分离2～3次。每周1次，3次为一疗程。

5. 手术疗法

可切除副舟骨，并将胫后肌止点移至舟骨。单纯副舟骨切除术疗效好，术后3～6个月可参加正规训练。

七、踝部腱鞘炎

踝部腱鞘炎是踝部常见病之一，常由外伤、劳损或反复感受风寒引起。多见于经常运动或长途行走的人，任何年龄均可发病。

（一）病理生理

慢性腱鞘炎（创伤性、退变性或者关节炎继发性）、肌腱连续性中断（完全性和不完全性）或者肌腱附着处正常解剖关系丧失（副舟骨或前综合征），都可以导致胫后肌腱的跖屈、内翻以及稳定足内侧纵弓的功能减弱，故称之为胫后肌腱疾病。根据上述病因学进一步分类，对于理解足部这个重要肌腱的病理表现是很重要的。膝以下的结构中，除跟腱失效外，没有任何一个肌肉－肌腱结构能像胫后肌腱失效那样引起众多的症状和功能障碍。

导致该肌腱有效滑动幅度减弱的任何病理状况，都可以导致典型的畸形——不对称性扁平足。此畸形表现为后足外翻、中足在跗中关节处外展、前足在跗中关节处旋前，这些畸形于足负重位最典型。各种畸形的严重程度与胫后肌腱功能丧失的程度、足内侧纵弓骨性塌陷的部位和程度、功能不全的时间、畸形的僵硬度以及胫后肌腱功能障碍发生前足弓的形状等有关。

足内侧纵弓的消失可以发生在距舟关节、舟楔关节或者楔跖关节，亦可在上述关节多处发生。即使有明显的不对称性扁平足的临床表现，负重位X线侧位片也可能没有足弓的塌陷，甚至与对侧无症状足的X线表现一样。另外描述各种畸形的术语很混乱，这使得对胫后肌功能不全的讨论更加复杂。例如，在负重位，足部表现为明显的足跟外翻、中足外展以及前足旋前。而事实上，随着距下关节和跗中关节解剖关系的恢复（如果畸形柔软能够恢复的话），前足不是旋前而是旋后，畸形严重者非负重位时旋后可达60°～70° 。而且，前足内翻和前足旋后这两个术语可以互换使用。单侧畸形的最佳治疗方案是通过支具或手术，使患足功能位（负重）的外观与对侧正常足一样。

（二）临床表现及诊断

1．多数有踝部扭伤、劳损或受寒史。

2．踝部酸痛或隐痛，稍活动后症状减轻或消失，休息后疼痛反而加重。

3．疼痛和压痛与腱鞘炎发生部位有关，如胫后肌、趾长屈肌和足屈肌腱鞘炎的压痛点位于内踝后下方；腓骨长、短肌腱鞘炎的压痛点位于外踝后下方；胫前肌、足长伸肌和第3腓骨肌腱鞘炎的压痛点位于踝前方。

4．有时局部触及“吱吱”声，踝关节屈伸活动时响声更明显。时间较长者，局部可有触及腱鞘肥厚感。

5．踝关节被动活动时或抗阻力活动时可出现明显的疼痛。

（三）治　疗

1．手法治疗

（1）伸肌腱鞘炎的手法治疗

① 患者正坐，伤足伸床边。助手坐在伤侧，双手握住小腿下端，固定勿使晃动，术者双手拇指按住足背痛点，双手食指置于足两侧，余三指在足底拿住伤足。

② 将足踝环转摇晃6～7次，然后使足跖屈，与助手相对拔伸。

③ 将足背屈，双手拇指向下戳按。

④ 用揉捻、捋顺、散法按摩舒筋。

（2）腓骨肌腱鞘炎的手法治疗

① 患者侧卧、伤肢在上。助手双手握住伤侧小腿下端固定之。术者两虎口相对，拿住伤足。双手拇指按住外踝后下方痛点，将足环转摇晃6～7次。

② 与助手相对拔伸，并将伤足内翻和背伸。

③ 将伤足外翻并跖屈，双手拇指向下后方戳按。

④ 用揉捻、捋顺等法按摩舒筋。

（3）屈肌腱鞘炎的手法治疗

① 患者侧卧，伤肢在下，助手用双手握住伤侧小腿下端固定之。术者两虎口相对拿住伤足，双手拇指按住内踝后下方痛点，将足环转摇晃6～7次。

② 与助手相对拔伸，并将伤足外翻背伸。

③ 将伤足内翻跖屈，双手拇指向下后方戳按。

④ 用揉捻、捋顺法按摩舒筋。

2．封闭疗法

用曲安奈德加2%利多卡因作腱鞘骨局部封闭，每周1次，3次为一个疗程。

3．制　动

对疼痛较重者，可用绷带将踝关节固定于功能位，起到减少摩擦，避免受寒，促进炎症吸收的作用。

4．离子能量疗法

局部贴敷“骨康聚能离子治疗贴”，补充受损伤部位损失的能量离子，沟通大小循环，改善组织供养，修复受损组织。离子能量冲击治疗，激活细胞活性，消除炎症，镇痛消肿。“骨康聚能离子治疗贴”每次1贴，每贴贴敷48小时，30天为一个疗程。

5．药物辅助治疗

内服舒筋丸、大活络丸等。

6．手术治疗

适用于保守治疗无效的患者，可考虑作腱鞘切开或部分切除术。

八、跟痛症

跟痛症是指多种慢性疾患所致跟骨跖面疼痛，多发于40～60岁的中老年人。以男性肥胖者为好发，一侧或两侧可同时发病。

足跟部是人体负重的主要部分，从解剖上看，足跟下部皮肤是人体中最厚的皮肤，皮下脂肪致密而发达，又称脂肪垫。在脂肪垫与跟骨之间有滑膜囊存在，足底跖腱膜及趾短屈肌附着于跟骨内侧结节前方，而跟腱呈扇状附着在跟骨结节的后上方。此外，足的纵弓是由跟骨、距骨、舟骨及第1楔骨和第1跖骨组成，而维持纵弓的足底腱膜，起自跟骨结节，向前伸展沿跖骨底面附着于5个足趾的脂肪垫上，再止于趾骨骨膜上。它们的关系有如弓与弦，在正常步态中要承受跖趾关节背屈、趾短屈肌收缩、体重下压之力，且均将集中于跟骨结节上。上述的各种解剖结构和在人体中的重要作用，随着机体素质的下降，长期慢性的劳损，以及某些持久的站立、行走的刺激，可发生跟骨周围的痛症。（图3-16）

跟痛症临床上一般可分为三类：①跟后痛，主要有跟腱滑膜囊炎、跟腱止点撕裂伤。②跟下痛，主要有足底跖腱膜炎、跟骨下滑膜囊炎、跟骨下脂肪垫炎。③跟骨病，如跟骨骨骺炎、跟骨骨髓炎、骨结核，偶尔也有良性肿瘤或恶性肿瘤所致。

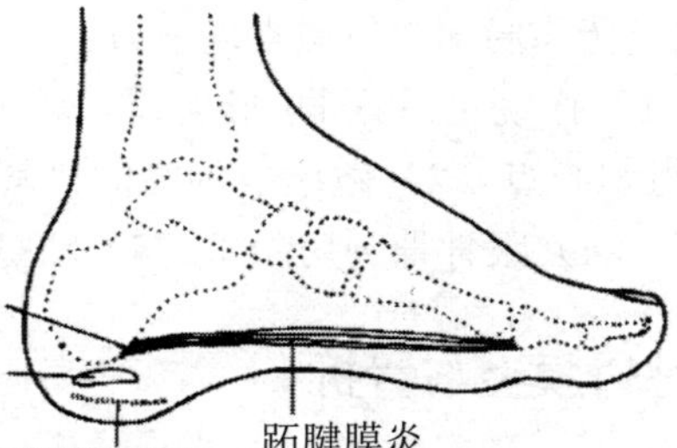

图3-16　跟痛的常见病因

（一）病理生理

跟痛症的确切病因尚不清楚。已知随着年龄的增加，跟骨脂肪垫弹性脂肪组织的退变是最恒定的表现。同样，衰老也会导致胶原、水分以及弹性纤维组织逐渐减少，这些发生在跟骨脂肪垫的退变过程可以解释一部分跟痛症。

另一个可能引起疼痛的原因与足趾背屈时跖腱膜的“绞车”机制有关。英国解剖学家Hicks提出，跖腱膜起于跟骨结节前内侧的足底面，分几束止于跖趾关节的跖板、屈肌腱鞘以及近节趾骨基底部，当跖腱膜绕绞车的滚轴（跖骨头）向远端牵拉时，跖腱膜将处于一种持续牵引状态。这种拉紧的缆索（可以这样比喻），使足纵弓抬高，同时跖腱膜的起点受到牵拉。

（二）临床表现与诊断

1．大部分跟痛症患者为：年龄在40～70岁之间男性、爱活动、足弓正常、单侧发病。肥胖是易患因素之一，当患者体重过重时，症状更难控制。目前尚不知道扁平足和高弓足者是否易患此病。

2．主诉是跟下疼痛，晨起或坐片刻后加重。走几步后疼痛减轻，白天患者相对较舒适。到傍晚疼痛逐渐加重，不负重后可缓解。

3．最常见的体征是跟骨结节内下面的局限性压痛。如将痛侧足跟与对侧足跟相比，可发现有轻微肿胀及红斑。症状持续时间从数周、数月到数年不等。

4．约50%患者X线片示有跟骨骨刺，但此现象的确切意义尚不肯定。

（三）治　疗

1．使用鞋垫（杯托和缓冲垫）、口服非甾体抗炎药、局部注射激素，大部分病人都可缓解疼痛。

2．口服非甾体抗炎药和局部注射激素均有效。

3．手术治疗：（1）作绕足后跟的U形切口，将整个跟下脂肪垫掀起，松解所有跟骨结节前方的软组织起点（2）做单根神经的松解（3）简单地在跟骨上钻几个孔，此为“减压手术”（4）跟骨骨刺切除术（5）跖腱膜松解术。

九、跖骨疲劳性骨膜炎与骨折

本症又称为“行军足”或“行军骨折”，由于多发生于步行的战士，因而得名。其主要损害是在跖骨（特别是Ⅱ、Ⅲ跖骨）及其周围的软组织。在运动员中本病多见于赛跑、竞走及体操等运动员。

（一）病理生理

所谓“行军足”实质上应当包括两种病，即跖骨的疲劳性骨膜炎及疲劳性骨折。前者是由于跑跳过多，致使骨间肌将骨膜牵扯或部分剥离所致。后者是在前者的基础上，由于脱钙及疲劳，失去周围组织的保护性支持，再加以外力引起。

（二）临床表现与诊断

1．疼痛：最初运动员感觉在跑跳或竞走时足痛。如果运动性质不改变，痛即逐渐加重，甚至日常走路时亦痛。

2．压痛：于跖间隙的软组织及骨上有压痛。

3．足背肿胀：为较晚出现的症状，触诊时可见软组织肿胀及某一跖骨骨膜肥厚不平或骨性肿大。

4．前脚用力蹬地时伤部出现疼痛。

5．X线检查：早期X线无变化，约3周后可见跖骨骨膜下化骨，有的不规则，有的使跖骨干呈梭形肿大。

（三）治　疗

无移位骨折，可外敷活血祛瘀、消肿止痛的膏药，以木板鞋固定患足4～6周即可，有移位骨折行手法复位。开放性骨折在清创同时，行钢针内固定。

1．手法复位

在适当麻醉下，先牵引骨折部位对应的足趾，以矫正其重叠及成角畸形，以另一手的拇指从足底部推压断端，使其复位。如仍有残留的侧方移位，仍在牵引下，从跖骨之间用拇指二指夹挤分骨法迫使其复位。

2．夹板固定

整复骨折后，可用硬纸板或夹板固定，一般成弧形，以适应足背及足底形状，在跖骨骨间放置分骨垫，上方再放置固定垫，然后取布筒，剪成足背样大小，上下各放置一个，加压包扎即可。或将托板放在足底，在放好分骨垫及压力垫后，加压包扎木板鞋固定，一般固定4～6周。

3．药物治疗

按骨折三期辨证用药，疲劳骨折可加补肝肾、壮筋骨药物。解除固定后，加强药物熏洗、练功活动。

（四）康复及功能锻炼方法

一般跖骨骨折整复固定后，应鼓励患者进行踝关节及趾间关节的主动活动。在固定期间，对第5跖骨基底部骨折的患者，应严格限制其进行患足的内翻及强力跖屈活动，因其容易引起骨折的再移位。患足负重要在X线片证实骨折愈合满意后进行。

十、跖痛症

跖骨头挤压足底神经及前足横弓肌腱带劳损，引起前足跖侧的困倦不适和足底部疼痛称跖痛症，多发生于横弓处。本症好发于中老年体弱的妇女，非体力工作的男性，或某些消耗性疾病之后。

（一）病理生理

足有两个弓，纵弓和横弓。纵弓又有内纵弓和外纵弓之分，内侧三趾、三个跖骨及三个楔骨、舟骨、距骨以及跟骨组成内纵弓。外侧两趾及相应的两个跖骨、骰骨和跟骨组成外纵弓。在足的中部，由于内纵弓高于外纵弓，1～5跖骨作拱桥形排列，其背侧面较跖侧面大，上宽下窄，足的跖面形成一个深凹，视为横弓。足弓必须具有一定弹力，足弓塌陷扁平，将会引起足底跖腱膜疼痛。

临床上根据其发病原因可分为两类，即松弛性和压迫性。

1．松弛性跖痛症

常因足部骨性结构异常，如足拇外翻、爪形足、足纵弓横弓扁平、先天性第1跖骨短小，足内在肌肌力弱，第1跖骨与第1楔骨的关节囊松弛导致关节异常活动，使第2、3跖骨头代偿性负重。横弓塌陷，第2、3、4跖骨头下垂，或由于慢性劳损，使跖骨头底部疼痛。常合并前足变宽，第2、3跖骨头跖侧胼胝形成，行走时疼痛。

2．压迫性跖痛症

由于穿鞋太紧，前足横弓受外力挤压，使跖骨头向中央靠拢，挤压跖神经引起间质性神经或形成跖神经瘤，行走时第3、第4跖骨间痛，并放射到趾尖。

（二）临床表现

患者多在步行时感觉足跖骨头处有持续性灼痛，或阵发性放射痛，待休息疼痛缓解后才能继续步行。疼痛多发生在第3、第4跖骨头部，可延及趾尖。严重者疼痛可向上波及小腿，足背可有微肿。若因韧带松弛而患本病者，侧方挤压跖骨头可以减轻疼痛。若是压迫性者，则可加重或引起疼痛，上下方向挤压跖间隙亦感疼痛。松弛性者可合并骨间肌萎缩，足趾可呈爪形，跖骨头之足底部可见胼胝形成。

（三）诊　断

X线摄片显示第1、第2跖骨头之间间隙增宽，第1跖骨头内翻。

跖骨头无菌性坏死引起的跖痛症，此病好发于第2跖骨头，X线摄片显示跖骨头变平、硬化变形等。

（四）治　疗

以预防为主，经常进行足部肌肉锻炼，增强足内在肌和外在肌肌力，保持横弓生理功能。长途跋涉和站立过久后宜休息，用热水洗脚。穿软底软帮鞋，鞋不挤压前足。

1．手法治疗

点穴舒筋：点按三阴交、陷谷、内庭、涌泉、太溪、照海。跖间背侧顺筋，揉捻痛点再以擦法使足底发热。

2．手术疗法

经非手术方法治疗无效，或症状严重者，可手术切除该处的神经，并矫正足部畸形，重建足横弓。

3．药物治疗

用活血止痛中药煎洗，如海桐皮汤、骨科外洗二号方，每日2次。或外敷消肿止痛膏、外擦伤筋药水。

4．其他疗法

（1）矫形疗法。穿合适的矫形鞋，垫高跖骨头近端，减轻其对神经的压迫。并训练跖趾关节运动，作跖趾关节跖屈、背屈活动以增强肌力。

（2）局部封闭疗法。选用醋酸强的松龙12.5mg加1%普鲁卡因2ml封闭痛点。每周1次，3次为一疗程。

（3）电针疗法。电针对该病具有较好的疗效，选用阿是穴，每天1次，10次为一疗程。

第四章　躯干部运动损伤

一、寰枢椎半脱位

寰枢椎旋转性半脱位亦称寰枢椎半脱位。本病多发于青少年，儿童多见。

（一）病理生理

在颈部损伤中，由于患者处于特殊环境及体位，遭受外伤因而引起不同的损伤，寰枢椎半脱位的常见原因有以下几种。

1．颈部外伤

颈部外伤史，以旋转力或挥鞭样损伤易发该病。如汽车前进时突然刹车，头部惯性作用而继续前进，突然的制动使颈部产生过度过屈及过伸往返动作，造成寰枢椎半脱位。

2．颈部炎症

咽部的炎证，如上感、淋巴结炎、结核、肿瘤等。局部的炎症引起翼状韧带或其他韧带松弛，造成环枢关节的稳定性差，这时在轻微的外力作用下也可以引发环枢关节半脱位。

3．颈椎的先天性畸形

颈椎的先天性畸形，造成了解剖结构的异常，其稳定性欠佳，在外力作用下可发生半脱位。

（二）临床表现与诊断

1．颈部外伤或咽喉部感染后，颈部疼痛强硬、头颈偏歪，颈部旋转受限。

2．未出现四肢和躯干定位性神经症状与体征。

3．患侧颈部软组织紧张，甚而突出，压痛明显，寰枢椎棘突有明显压痛。

4．颈椎开口位及左右斜位X线片，可提供诊断依据。开口位X线片可发现间隙不对称，齿突纵轴线与寰椎纵轴线不重合而发生偏移，寰椎下关节与枢椎上缘两侧最外缘不对称。

（三）治　疗

1．熟练的脊柱科或者推拿科医生可以应用脊柱定点旋转复位法。手法复位治疗寰枢椎半脱位应注意以下几个问题：严格掌握适应症，必须诊断明确，如骨折、先后天畸形、骨质破坏性疾病必须除外；手法复位方法必须准确，且不可用暴力，以免发生意外；复位与治疗关节囊的无菌性炎症、颈周软组织损伤相结合；手法复位后适当固定休息与适时的功能锻炼相结合。

2．颈部牵引法：对于肌肉痉挛明显，关节囊及滑膜肿胀的病人、手法复法不成功的应用牵引法治疗，牵引复位后用颈托支架保护。

二、颈椎病

颈椎间盘组织退行性改变及其继发病理改变累及其周围组织结构（神经根、脊髓、椎动脉、交感神经等），并出现相应临床表现者称为颈椎病。颈椎病这个定义包含以下三方面的内容：（1）首先是颈椎间盘的退变；（2）累及周围组织，主要是神经根、脊髓、椎动脉、交感神经等，可累及一种或同时几种；（3）出现相应的临床表现。临床表现与影像学所见相符合者，可诊断为颈椎病；具有典型颈椎病临床表现，而影像学所见正常者，应注意除外其他疾患后方可诊断为颈椎病；仅有影像学表现异常，而无颈椎病临床症状者，不应诊断为颈椎病。

（一）病理生理

近10年来，中医对颈椎病的病因病机的认识有了较深入的研究，归纳而言，颈椎病的发生与发展，与体质的盛衰以及生活的环境、劳损、外伤等有密切的关系：如素体虚弱，腠理空虚，易为外邪所侵；既病之后，正不能驱邪外出，以至风寒湿热之邪，得以逐渐深入，留连于颈项筋骨血脉，尤其是人至中年，营卫气血渐弱，肝肾渐衰，筋骨懈惰，血脉壅滞，易发为颈椎病。而外伤及劳损，则导致颈部的气血失和瘀滞，经脉不通，日久血瘀痰聚，累及肝肾督脉，此则病根深入，常缠绵难愈。

现代医学对颈椎病的病因，有深入的研究，概括起来，有以下几方面。

1．颈椎的退行性变

本病多发于40岁以上的中老年患者，椎间盘退变是主要的原因。颈椎间盘的退变可继发颈椎失稳，长久下去，椎体边缘便出现骨质增生，骨刺形成，韧带肥厚，从而继发椎间隙狭窄、椎间孔狭窄、椎管狭窄等。

2．慢性劳损

慢性劳损尤其与不良的体位、不良的工作姿势、不适当的体育活动，以及外伤有关，这些劳损性损伤，除了引起肌肉韧带的损伤外，还导致纤维环的变性，髓核的脱水，引起或加快颈椎的退行性改变。

颈椎间盘退变之后的病理改变，一方面是椎节因之失稳，随着小关节的增生，黄韧带的肥厚，及椎体边缘骨赘形成，造成椎间孔和椎管狭窄，或有骨赘突向椎管。另一方面可能出现髓核突出。椎管狭窄或骨赘及突出的髓核，可刺激椎管内的窦椎神经，引起颈部疼痛的症状。同时亦或对神经根、脊髓、交感神经、椎动脉及食道等造成刺激和压迫，从而出现各种临床表现。

神经根受压后，机械压迫的同时也产生化学致痛因子，引起无菌性炎症，出现神经根性疼痛和感觉障碍。脊髓可受到椎体后缘后突之骨赘和髓核的刺激和压迫，尤其是椎管发育性狭窄或继发性椎管狭窄时。脊髓受压后出现病理改变的程度，取决于压迫的强度和持续的时间，如超过脊髓的耐受性，则逐渐出现变性、软化和纤维化，甚至形成空洞和囊样改变，造成不可逆的病理改变。

椎动脉则因钩椎关节增生或移位受刺激和压迫，早期的改变是血管的折曲与痉挛，长期下去则出现管腔狭窄，一侧椎动脉受压尚不至于产生供血不足的症状，但若一侧有病变，而做向健侧转头、使健侧椎动脉受压时，即可出现眩晕或晕厥等症状。

颈交感神经包绕椎动脉，能调节椎动脉的收缩与舒张，其受刺激，可致椎动脉的痉挛，同样可出现椎基底动脉缺血性改变为主的头昏、眩晕、耳鸣、失眠等症状。颈交感神经受刺激后，尚可引起心脑血管、胃肠道等自主神经系统的症状。

（二）临床表现与诊断

颈椎病的临床表现较为复杂，症状呈多元化，通常按临床表现将其分为下列类型。

1. 颈型颈椎病

（1）症状：主要表现为颈部的酸、痛、胀等不适感，以青壮年为多见，常因长时间低头工作而加重，休息后可缓解或自愈，可反复发作。

（2）体征：颈部肌肉的拘紧、压痛。颈部的活动范围多无明显障碍。

2. 神经根型颈椎病

（1）症状：主要表现为颈神经根性疼痛，伴有颈神经根分布区域的感觉异常，如麻木、痛觉过敏等。多发于30岁以上，常因劳累和感寒加重或复发。

（2）体征：颈神经根支配区皮肤感觉减弱或过敏，肌力下降，肌萎缩，颈部活动受限，棘突及肩胛内上角压痛，臂丛神经牵拉试验阳性，压颈试验阳性，上肢肌肉萎缩。

3. 脊髓型颈椎病

脊髓型颈椎病主要表现为慢性、进行性的四肢感觉及运动功能障碍。

（1）症状：①锥体束症状，脊髓锥体束的直接受压或血供减少所引起。表现为肢体麻痹、拘紧、手足笨拙无力，上肢不能做精细动作，握力差；下肢乏力，步态不稳，易跪倒，走路有踩棉花感；胸腹部的束带感等。轻者影响生活，重者造成瘫痪。②自主神经症状，如心悸、心前区疼痛、肢体发凉、多汗、耳鸣、失眠等；③排便、排尿功能障碍及性功能障碍，是脊髓型颈椎病的后期表现。

（2）体征：①生理反射异常：四肢腱反射活跃或亢进，腹壁反射、提睾反射和肛门反射都减弱或消失。②病理反射出现：Hoffmann征、Babinski征、Gordon征等常阳性，亦可出现踝阵挛、髌阵挛等。③伸颈试验阳性：头颈后伸时出现上下肢麻痹加重，或有“触电”样感觉。④感觉障碍：病变节段支配区域以下的皮肤感觉异常。

4．椎动脉型颈椎病

（1）症状：主要表现为头晕症状，其他症状如偏头痛、耳鸣、听力下降、记忆力减退、近事健忘、失眠、多梦以及发音障碍等。严重者可出现突然猝倒，并有短暂的意识障碍。可同时伴有颈型、交感型颈椎病的一般症状。

（2）体征：主要是旋颈试验阳性，即头颅旋转可引起眩晕，这是本病重要特点。

5．交感型颈椎病

颈部的交感神经节发出的节后纤维随颈部神经及血管分布，其分布范围可至头部、咽部、心脏、眼眶、瞳孔、内耳等处。颈部神经根、后纵韧带、小关节和椎动脉、硬膜等组织病变可反射性地刺激交感神经而出现一系列临床征象，称为交感神经型颈椎病。可出现受累部位的交感神经症状，如眼部症状：眼球胀痛、视力减退等；耳鼻部症状：耳鸣、听力减退等；头面部症状：头痛、偏头痛、头晕、面部潮红等；心血管症状：心慌心悸、心前区疼痛，血压时高时低等；神经营养及汗腺功能障碍症状：皮肤发绀、干燥变薄、多汗或少汗、指甲干燥无光泽；胃肠道症状：如胃脘绞痛、肠鸣等；其他症状：失眠、多梦、心情烦躁、易于冲动等。其症状多但定位不清，而体征不明显。

以上类型的颈椎病常同时存在，如神经根型和脊髓型同时存在，称之为混合型颈椎病，其症状和体征表现更为复杂。

（三）影像学检查

1．X线照片

颈椎病患者，在X线照片上，可能出现颈椎退变性的改变。正侧位片见到：如生理前突消失或反曲，椎体间关节松动者可出现梯形变，双侧钩突增生，椎间隙变狭窄，骨赘以及发育性椎管狭窄。椎管与椎体的比值在0.75以下者，则为发育性椎管狭窄。计算椎体的矢状径，是从椎体前缘中点至椎体后缘连线，正常人颈4～7段约为18～22mm；而椎管的矢状径，为椎体后缘中点到椎板连线中点的距离，正常人颈4～7段约15～18mm。（图4-1示颈椎变直\椎管与椎体矢状径的比值）。斜位片上可能见到关节突有增生肥厚，椎间孔狭窄。

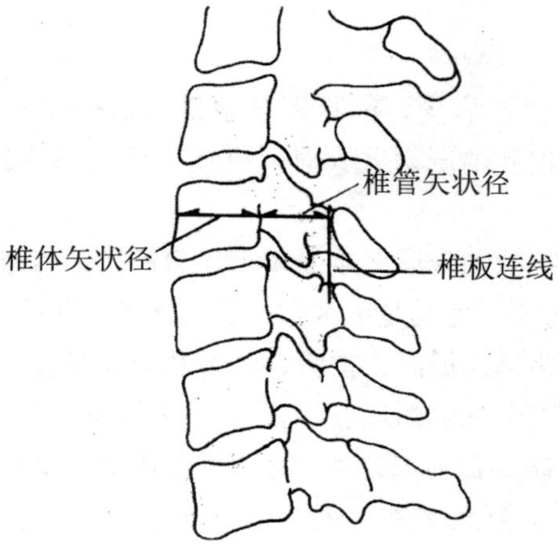

图4-1　椎管前后径比例

颈椎动力性侧位片有利于对椎节不稳的判定，在过屈过伸时的侧位片，如出现“梯形变”或“假性半脱位”，表明该节段不稳。（图4-2）

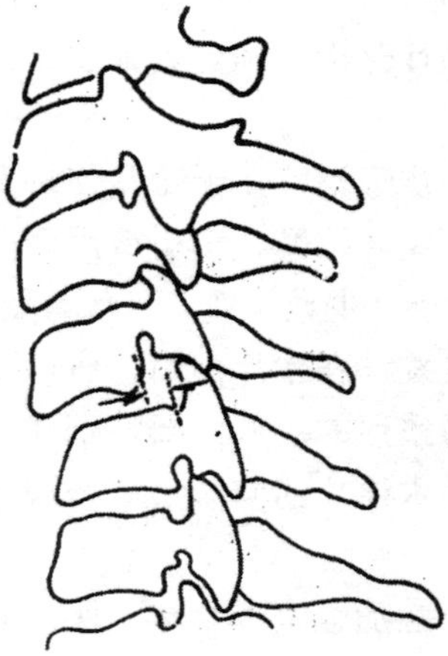

图4-2　椎节不稳

2. MRI

MRI能在任何平面成像，能早期发现脊髓组织本身的病理及生化改变，如脊髓水肿、变性、空泡（洞）形成等。MRI对椎间盘髓核的退变敏感，可清晰地在图像上显示出髓核的大小、包含的水分和位置、移位方向等，可以判断颈椎间盘变性和髓核脱出的情况。同时，MRI能早期发现椎体肿瘤及椎管内肿瘤，在鉴别诊断中有很实在的意义。

3．CT为断层影像

常用来诊断颈椎退行性病变，能直接观察椎间盘病变和骨赘，能显示某一平面的椎管、隐窝以及神经根孔情况，尤其对后纵韧带钙化的诊断非常明确。

4．椎动脉造影

对于临床考虑为椎动脉的受压严重或畸形以致严重的椎动脉型颈椎病者，为判断该血管状态以决定治疗方案，尤其是手术方式的选择时需做椎动脉造影。主要的临床意义在于观察椎动脉有无狭窄、折曲、扩张、结节状充盈缺损（多为弥漫性）等异常所见，并判定此种异常的起因，例如骨刺压迫、椎节变位等。

近年来发展起来的磁共振血管造影（MRA）可获得颈动脉全长的图像，图像质量好。除可以显示头颈部主要血管外，还可了解病变对血供和髓内病变对血脑屏障破坏的情况，对了解椎动脉和基底动脉更有意义。

（四）治　疗

治疗颈椎病之前，首先必须明确对颈椎病的诊断，弄清病人除颈椎病外是否尚有合并其他疾病，其目前主要的临床表现是否为颈椎病所引起，此所谓辨病。其次按不同的临床表现分型，此为辨型。然后进行辨证，即以阴阳、气血、脏腑、经络理论为指导，运用四诊八纲进行分析，确定其证型。而后结合分型与证型，结合中西医的方法进行随证施治。

通常对颈椎病采用中医的辨证治疗，无论是何种类型的颈椎病，都可以辨证后予以中药内服治疗，或选用针灸、按摩、牵引或用西药等配合治疗。大多数颈椎病经非手术治疗后均能好转或痊愈，少数无效者（如脊髓型颈椎病）才需手术治疗。

当然，颈椎病症状容易复发，在治疗前后，应以预防为先，避免不良体位和外伤。脊髓型颈椎病是一种容易致残的疾病，要特别注意早期的诊断和早期的治疗。如能早期发现，在严格的非手术治疗的同时，严密观察，一旦出现锥体束征，则尽快手术治疗，以免耽搁病情。

同时，在治疗的同时，更应加强医患合作，医生有责任对患者进行健康教育，使患者能够正确认识颈椎病，并在生活和工作中避免加重和诱发颈椎病的原因；患者更应充分理解医务人员的工作，对需手术治疗者，更需要有正常的心理素质。

1．中药内服

（1）痰瘀交阻

主证：肩颈痛日久，反复发作，绵绵难愈，或痛则剧烈，或麻而不仁，或不痛而麻，或伴手足无力，肢体偏痿，舌质淡暗，有瘀斑，苔白腻，脉细滑或涩。

治法：活血化瘀，祛痰通络。

方药：身痛逐瘀汤加减。

（2）湿火流筋

主证：颈肩臂胀痛酸麻，伴口苦、咽干，渴不欲饮，肢体烦热，面目红赤，小便短赤，大便不爽，或里急后重，舌质淡红，苔黄腻，脉弦或滑数。

治法：清热利湿，舒筋活络。

方药：清热利湿汤。

（3）气血不足

主证：发病已久，缠绵不愈，其痛稍缓，或麻木不仁，遇劳则复发，面色少华，舌淡，脉弱。

治法：益气养血，佐以活血通络。

方药：黄芪桂枝五物汤加减。

（4）阳虚痰阻

主证：眩晕，恶心，或四肢麻木不仁、无力，或疼痛，体形虚胖，肢凉怕冷，小便清长，大便溏薄，腰膝酸软。舌质淡胖，苔白腻，脉细滑，重按无力。

治法：温阳益气、化痰利水。

方药：真武汤加味。

（5）肝肾阴虚

主证：肩颈痹痛麻木，或手足肌肉萎缩，或四肢拘紧，行走不稳，伴口干，体削，面色潮红，心烦失眠，口苦咽干，肌肤甲错，大便干结，小便短涩，舌红绛，苔无或少，脉细。

治法：滋肾养肝，佐以活血通络。

方药：六味地黄丸加味。

（6）痰火上扰

主证：眩晕，头痛，胸闷烦热，恶心欲呕，口苦，舌质红，苔黄腻，脉滑数。

治法：清热化痰。

方药：温胆汤加味。

（7）风寒痹阻

主证：肩颈疼痛初期，局部肌肉拘紧，或串痛至上肢，痛处无固定，舌淡红，苔白，脉浮紧。

治法：祛风散寒，养血活血。

方药：疏风活血汤。

2．手法治疗

手法治疗指通过治疗者双手操作来调整患者颈椎局部的肌肉、关节等组织，从而调节颈椎内外血供及其平衡以达到治疗目的的方法，是治疗颈椎病的主要方法之一。

（1）按摩舒筋法

术者站于患者身后，双手掌根按摩双侧肩部、颈部的肌肉至局部发热。自枕骨粗隆两侧顺颈肌而下作揉捏手法，再提捏双肩肌肉8～10次,并点按风池、肩井、大椎、合谷、后溪和痛点，力度以局部酸胀为宜。局部可触及条索状或硬结者，表示局部肌肉的痉挛和粘连，可由轻至重，一边揉按，一边弹拨，耐心操作，直至筋结松解，疼痛可大为缓解。

此法适用于所有类型的颈椎病。

（2）推拿手法

其操作较前者为重，操作者通过双手将患者颈、肩、背部肌肉作较大幅度之推按，在对颈部软组织推拿的同时，尚需对患侧上肢作相应的提拉、旋转、抖动等手法，以达到活血化瘀、舒筋活络的目的。适用于颈型、神经根型颈椎病。但对脊神经损害明显者，不能牵拉上肢，以免加重神经根的损伤。此法可能加重椎动脉型颈椎病的眩晕等症状，一般不宜用于椎动脉型颈椎病。脊髓受压者，也不宜选用，以防意外。

（3）旋转复位手法

通过对患者头颈部的旋转、推按等方法，以达到调整颈椎椎体间关节、小关节及钩椎关节之咬合状态，改善椎管内外平衡的手法。

旋转复位手法主要用于颈椎病的颈型、神经根型、椎动脉型有椎节不稳错位者，或有髓核突出者。其收效快，是治疗颈椎病的关键手法。

有以下情况者禁忌使用：①诊断不明、难以除外椎管内肿瘤等病变者；②椎管发育性狭窄者；③以脊髓受压症状为主者；④椎体及附件有骨性破坏者；⑤后纵韧带钙化或颈椎畸形者；⑥咽、喉、颈、枕部有急性炎症者；⑦有明显的神经官能症表现者。

手法操作（定点旋转复位法）（图4-3）：①让患者端坐于方凳或一般之靠背椅上，令其全身肌肉放松。对病者讲明将采用旋转复位的方法，需要病者放松，使病者处于自然休息状态。②术者立于患者后方，先对颈部肌肉进行按摩、推拿，缓解肌肉紧张和疼痛。③术者双手扶住患者下颌和枕部，用力上提，并慢慢旋转3～5次，其幅度约30°～50°，然后用手指触摸颈椎的棘突和关节突，如有棘突偏斜，局部有硬结，并且压痛明显，此时可进一步施以旋转复位手法。以突向左侧为例：术者站于患者的右后侧，左拇指按于患椎棘突的左侧，右肘和右手托住患者的下颌部和后枕部，使患者头颈前屈15°，再转向右侧约30°，让患者放松，医者右手使患者头颈部缓缓在矢状轴上向右侧旋转，并轻度牵引，当旋转力到达患椎时，左拇指用力推顶棘突，右手快速加大旋转角度，此时可听到复位的响声或有患椎滑动感，即是复位成功。有时病者不能放松，复位则难于成功，术者不能用蛮力，应暂时停止旋转手法，再次让病者放松，然后重新操作。复位后将头颈部置于中立位。病者在复位后往往有轻松的感觉，许多症状如头痛头胀、眼花、视力障碍等常可立即缓解，患椎棘突原先的压痛点也常缓解。④重复操作舒筋法，放松肌肉，予以颈围固定2～3周。

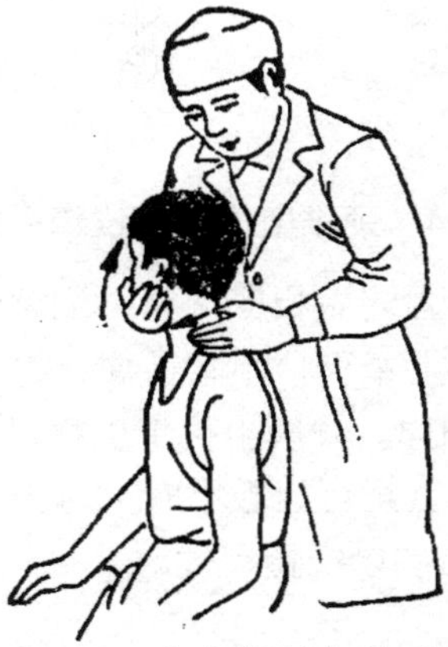

图4-3　定点旋转复位法

3．牵引治疗

（1）*牵引的作用*：①降低椎间盘的内压，减轻后纵韧带的褶折，增大椎间孔和椎管，以减少对神经根的刺激和压迫。②恢复颈椎间关节的正常排列关系，对已出现的旋转、扭曲、梯形改变有矫正作用。③牵引还能解除肌肉的痉挛，减轻椎动脉的痉挛。④对颈部也起到一种制动和保护作用，可减轻和消除颈椎局部的炎症反应。

（2）*适应证*：适用于颈型、神经根型、交感型、椎动脉型及混合型颈椎病，除外脊髓型颈椎病。

有颈椎管狭窄、颈椎畸形、椎体肿瘤及感染破坏者禁用。因此，在牵引治疗前，必须拍颈椎的X线照片，排除以上疾病。

（3）*牵引的方法*

牵引有坐位牵引和卧位牵引两种（图4-4），通常采用枕颌带牵引。坐位时牵引重量约6～15kg，卧位牵引的重量以2～3kg为宜。

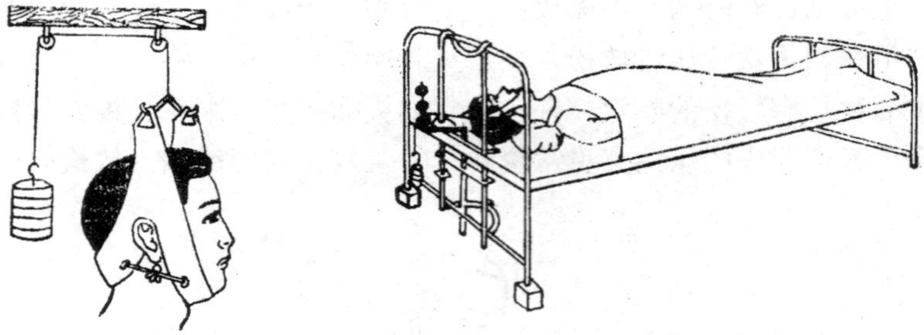

图4-4　颈椎坐位和卧位牵引方法

根据病者的体重和身体的强弱做相应调整。注意牵引的力线，对髓核突出及椎体后缘骨刺压迫者，宜垂直向上牵引，不宜前屈；中央椎管狭窄、黄韧带肥厚为主者，宜稍前屈15°牵引，不能仰伸。一般坐位牵引每日2次～3次，每次20分钟，卧位牵引每次时间在30分钟左右，甚至可达数小时，每天1次或2次。病情缓解后，不应过早中止牵引，可每天或隔天1次以维持疗效。

4．针灸疗法

针灸是治疗颈椎病的常用方法之一，能疏通经络，缓急止痛，其止痛作用较快，尤其是对颈部窦椎神经反射性疼痛及根性神经痛，具有一定疗效。用于颈型、神经根型和椎动脉型较好。可针刺阿是穴和循经取穴、辨证取穴。以针刺和电针相配合，证属实证者用泻法，证属虚者用补法。每天选取一组穴位，或几组穴位交替使用，每日1次，10次～15次为一个疗程。艾灸穴位也是循经取穴，多用于属虚寒之证。

5．颈围制动

椎节失稳是颈椎病的常见病因。颈椎病发作期症状较为明显，此时可佩戴颈围，一般连续使用3～12周不等，直至症状缓解。（图4-5）

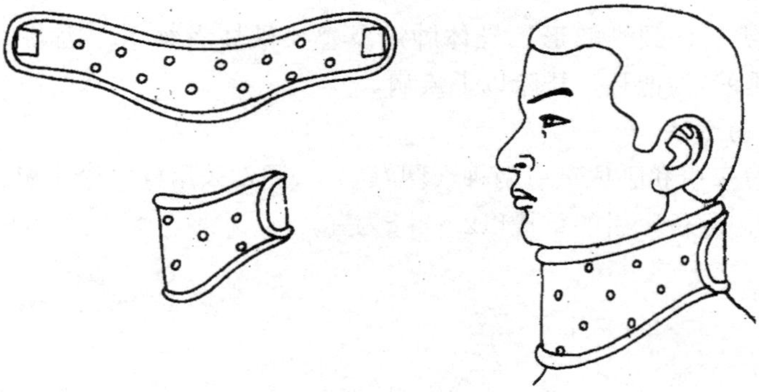

图4-5　颈围

6. 西医治疗

西医治疗颈椎病的基本原则是：（1）解除或减轻对神经、血管的压迫；（2）消除无菌性炎症、止痛；（3）治疗软组织劳损；（4）强化椎间关节及肌力，恢复稳定性；（5）强调枕头对颈椎的保护作用以及改正不良习惯，预防复发。

治疗方法大体上分为手术疗法和非手术疗法，绝大多数病人都可采用非手术治疗，只有少数病人才需手术治疗。非手术疗法包括药物治疗、理疗、封闭等。

7. 西药治疗

（1）消炎止痛作用的药物用于配合牵引、手法等疗法，治疗神经根型、颈型颈椎病疼痛较甚者。常用的药物有：扶他林25～50mg，每天3次；消炎痛25mg，每天3次；肠溶阿司匹林0.3g～0.6g，每天3次。

禁忌证：有活动性消化性溃疡、肝肾功能不全者忌用。

（2）复方软骨素片（复方康德灵片）每次8～10片，每天3次，连服2个月为一疗程。具有降低血脂、抗动脉硬化、抗凝和改善循环作用，对早期的骨性关节炎有修复作用。

（3）复方丹参片0.2～0.3克/片，每次2～3片，每天3次。一般与硫酸软骨素A并用，每30天为一疗程。其对细小血管的扩张作用能促进组织修复及抗炎，因而也有利于颈椎退变过程的减缓、中止或好转。

（4）维生素E100mg，每天3次。主要通过其抗氧化作用而影响肌肉的代谢过程。因此适用于肌肉出现萎缩之神经根型与脊髓型颈椎病。

（5）神经营养药物，如维生素$B_1$10～20mg，每天3次；肌苷0.4g，每天3次；维生素B_{12}500μg，肌肉注射，每天1次；弥可保500μg，每天3次。

（6）糖皮质激素，如甲基强的松、地塞米松、强的松龙等，抗炎作用强。用于颈椎病脊髓和神经受损及炎症明显、疼痛严重者。有消化道溃疡者禁用。

（7）脱水剂，25%甘露醇静脉滴注，常与激素合用，起到利水消炎的作用，能较快地缓解脊髓及神经根的水肿和炎症，用于症状较重的神经根型颈椎病和脊髓型颈椎病，在颈椎病手术后也常短期使用。

8. 理　疗

磁疗和微波疗法，具有良好的镇痛、消炎、消肿作用，对颈椎病所致的头痛、头晕、失眠、肩颈痛者，作为一种辅助治疗能加速症状的缓解。可在病椎旁疼痛区做旋磁治疗，磁场强度为300～3000高斯，每天1次，每次20分钟，10次为一疗程。微波疗法每次20分钟～30分钟，每天1次，10次为一疗程。

9. 手术疗法

绝大多数颈椎病应采用非手术治疗，但有少数（主要是脊髓型颈椎病）需要手术治疗。近年来手术方面有了长足的进步，一些非手术疗法束手无策者，如脊髓型颈椎病、严重的椎动脉型颈椎病和神经根型颈椎病，经过精细的手术之后，能恢复健康。

（1）原　则

①颈椎手术比较复杂，有一定风险，因此手术指征应从严掌握；②颈椎病手术是以减压与重建稳定为目的，对于脊髓本身不可逆转的病损没有治疗意义；③在选择手术治疗时应考虑患者的职业、年龄、患者机体状况对手术的耐受性以及患者对手术治疗的态度；④颈椎病的病理机制及临床表现比较复杂，应根据不同的病情选择适当的手术方式。

（2）手术指征

① 神经根型的手术指征：A.经正规而系统的非手术治疗3～6个月以上无效或非手术治疗虽然有效但反复发作，且症状较严重，影响正常生活或工作者；B.由于神经根病损导致所支配的肌肉进行性萎缩者；C.有明显的神经根刺激症状，急性的剧烈疼痛、严重影响睡眠与正常生活者。

② 脊髓型的手术指征：已确立诊断的脊髓型颈椎病患者，如无手术禁忌证，原则上应采取手术治疗。然而对于椎管较宽而症状较轻者，可先采取适宜的非手术治疗，并定期随诊，无效或逐渐加重者则行手术治疗。

③ 椎动脉型的手术指征：已经椎动脉造影确定为椎动脉型颈椎病者，首先都需经非手术治疗；病情严重，有猝倒症状，多次反复发作，经非手术治疗无效者。

④ 交感型的手术指征：症状严重影响病人生活，经非手术治疗无效且证实为节段性不稳者。

（3）手术方法

① 前路手术：手术目的是彻底减压和稳定颈椎。

主要的方式有：A.椎间盘切除加椎体间植骨术，B.椎体次全切除加相邻间盘切除加大植骨术，C.椎间盘切除或椎体次全切除加植骨加钢板固定术，D.椎间盘切除加植骨加椎间融合固定器植入术。

② 后路手术：手术的目的是扩大椎管解除后方对脊髓的压迫。

主要方式有：A.单开门减压手术，B.双开门减压手术，C.椎管成形术，D.椎板减压椎弓根钉固定术。

三、颈椎小关节错缝

（一）病理生理

在日常生活、工作和运动中，有时会因活动不慎而造成颈部损伤，而长期低头、驼背、睡眠姿势不当或枕头过高等也会造成颈椎间关节的微小错位，这些都可导致颈椎关节紊乱的发生。患病率为0.06%，常见于冰球、水球、跳伞等项目的运动员。

（二）临床表现与诊断

1. 有明显外伤史或长期强迫体位史。
2. 自觉颈痛及活动受限。
3. 颈椎棘突或横突肿胀、压痛、偏歪。
4. 颈椎旋转整复后症状减轻或消失。
5. 颈椎前后位X线片显示：颈椎棘突偏歪。

（三）治　疗

1. 封闭疗法

患者取俯卧位，在支配主要疼痛区脊神经根体表部位皮肤常规消毒，注入曲安亲德5～10mg加2%利多卡因5ml，每周1次；或倍他米松5mg加0.5%布比卡因5ml，1～2周1次。

2. 牵引治疗

牵引量过大，次日会加重，可减量牵引或休息后使其自行恢复。

（1）自调便携式颈部牵引器：将牵引器带好，充气至平视时起牵引作用，仰头时下额与牵引器有间隙，须长时间佩戴。佩戴牵引器时也可主动或被动做前屈、后伸、左右侧屈动作数十次，每日多次练习。

（2）床头牵引法：床头牵引重量从1～7kg做间断牵引。

3. 手法治疗

同颈椎病，但手法要轻。

四、腰椎小关节错缝

（一）病理生理

因在日常生活、工作、运动中长期采取强迫体位而影响改变腰椎正常生物力学的稳定性或因外伤导致腰椎小关节错位引起。患病率为0.57%，常见于垒球、速滑、跳水等项目的运动员。

（二）临床表现与诊断

1. 有长期强迫体位史或外伤史。
2. 自觉腰痛、活动受限。
3. 检查：腰椎棘突处肿胀、压痛、偏歪。

4. 腰椎前后位X线显示：腰椎棘突偏歪，两侧关节突关节不对称。

旋转复位治疗症状减轻或消失，可作确诊依据。

（三）治　疗

1. 坐位定点旋转扳法

患者取坐位，一助手双脚和双膝分别夹住患者一侧脚和膝关节，左手经患者左腋下抓住患者右手，右手着实在患者右肩峰背面。术者右手拇指找准肿胀偏歪脊突，左手经患者胸前抓住患者右肩峰，令患者低头前屈胸、腰，并向左侧旋转脊椎，用右手拇指向脊突偏歪方向推压，指下有微动感或发出关节复位弹响，患者症状立即缓解。

2. 卧位斜扳法

患者右侧卧位，右下肢伸直，左下肢屈膝屈髋成90° 架于右下肢上。术者面对患者，双肘屈曲，左肘放于患者肩前部，右肘放于臀部，双肘同时反向用力扳动，可以听到复位响声，症状立即缓解。

五、急性腰部损伤

急性腰扭伤是腰部肌肉、筋膜、韧带、椎间小关节、腰骶关节的急性损伤，多系突然遭受间接外力所致。俗称闪腰、岔气。中医古代文献称为瘀血腰痛。损伤可使腰部肌肉、筋膜、韧带、关节囊等组织，受到过度牵拉、扭转、甚至撕裂。

急性腰扭伤是常见病，多发于青壮年和体力劳动者，平素缺少参加体力劳动锻炼的人，偶然参加劳动时，不慎亦易发生损伤。男性较女性为多。急性腰扭伤若因处理不当，或治疗不及时，亦可使症状长期延续，变成慢性。

腰部范围广，包括的关节多，腰部肌肉、筋膜、韧带和关节的急性损伤可单独发生，亦常合并存在，但不同组织的急性损伤其临床表现又不尽完全相同。急性腰扭伤临床常见于急性腰肌筋膜损伤、急性腰部韧带损伤和急性腰椎后关节紊乱等。

（一）病理生理

1. 急性腰肌筋膜损伤

急性腰肌筋膜损伤多因突然遭受外来间接暴力所致，致伤的原因很多，最常见的损伤原因有以下几种：

（1）猛然搬动过重的物体时，由于搬重物的姿势不正确，所搬物体的重心离躯干中轴线过远，使肌肉负荷太重或收缩不协调等所致（图4-6）。如在弯腰屈髋、伸膝的姿势下提起重物时，骶棘肌力量不足或用力时思想准备不够，肌肉抵抗力过小，常可使腰骶部的肌肉、筋膜受到过度的牵拉或撕裂。

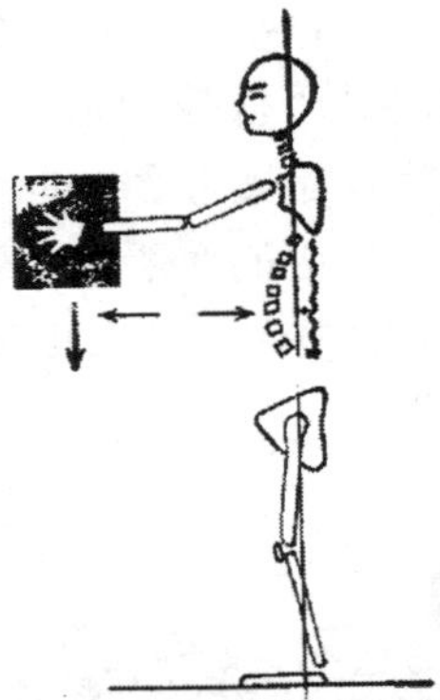

图4-6　所搬物体的重心离躯干中轴线过远示意图

（2）劳动时配合不当，多见于两人搬抬重物时，一人上肩快或下肩早，或放下时动作先后不一致，或一人不慎滑手，则另一人思想无准备，瞬时处于不利的姿势下，致使腰肌无准备强力收缩，引起腰肌筋膜扭伤。

（3）在平滑的地面上行走失足滑倒或下楼时不慎跌倒，腰部屈曲，下肢伸展，亦易造成腰骶部肌肉筋膜的损伤。（图4-7）

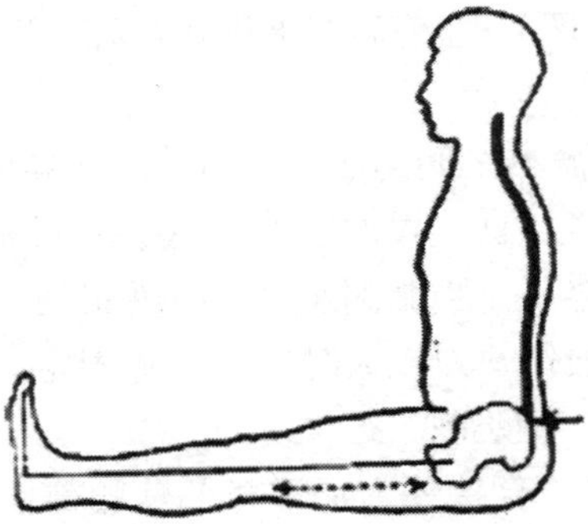

图4-7　腰部屈曲下肢伸展示意图

（4）在日常生活中，如倒洗脸水、弯腰、起立，甚至咳嗽、喷嚏、打哈欠、伸腰等动作，在思想无准备的情况下，会使腰部肌肉骤然收缩而造成腰肌筋膜的扭伤，即人们所俗称的“闪腰”。

本病中医伤科统归于跌扑闪挫所致。损伤时因受力大小不同，组织损伤程度亦不一样。常见者为骶棘肌由骶骨起点部骨膜撕裂，或筋膜等组织附着点撕裂，筋膜损伤，血脉破损，必然会造成腰部瘀血凝滞，则产生瘀血肿胀、疼痛、活动受限等临床表现。

2．急性腰部韧带损伤

（1）弯腰搬取重物棘上韧带、棘间韧带、黄韧带以及髂腰韧带都有限制脊柱过度前屈的作用。这些韧带在正常的情况下皆能受骶棘肌的保护而免受损伤，但在人体充分弯腰搬移重物时，骶棘肌处于松弛状态，臀部肌肉和大腿后部肌肉收缩，以腰椎为杠杆将重物提起，支点常位于腰骶部，此刻韧带无骶棘肌保护，所以人体上半身的重量及重物全落在韧带上，因而在所搬的物体过重，重物距躯干支点过远时，极易造成棘上韧带、棘间韧带的损伤，尤以腰骶部最多见。（图4-8）

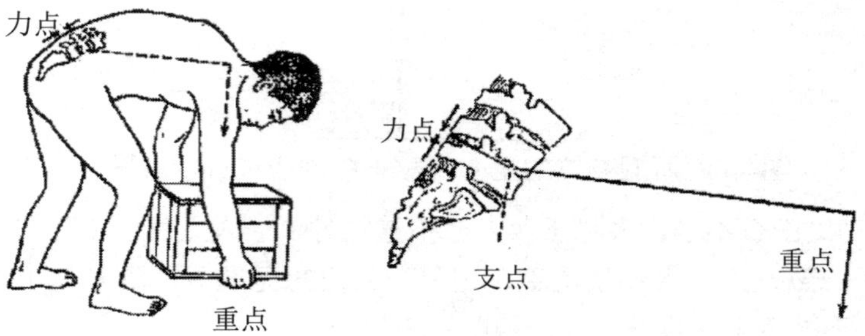

（1）弯腰搬物时腰部的杠杆力学

（2）重点、支点、力点的示意图

图4-8　弯腰搬重物受力示意图

（2）滑倒时骨盆与下腰椎之间为固定与活动的交界处。当患者自楼梯上不慎滑下或在平地上滑倒，两腿多伸直，臀部着地，躯干多屈曲。此时由于股后肌紧张，两髂骨及骶骨相对固定，容易在腰骶部发生牵拉性损伤，腰下部棘上、棘间韧带可首先部分或全部撕裂，如损伤暴力较大时，在骶骨固定的情况下，髂骨亦可同时向前屈曲或移位，引起骶髂关节韧带撕裂。

（3）直接外力的撞击。直接外力加于背部使腰部前屈，或腰部受外力直接挫伤，均可造成腰部韧带的损伤。此种损伤往往较重，多合并骨折、脱位或神经受伤。

腰部韧带限制椎骨间的过度活动，当韧带处于紧张状态而肌肉收缩力量不足时，韧带则易被外力拉伤，甚至断裂。屈曲外力可造成棘上、棘间韧带损伤，一般以腰骶间棘间韧带损伤为最多，棘上韧带损伤的以胸椎段为多见。旋转外力可造成横突间或髂腰韧带损伤。

3．急性腰椎后关节滑膜嵌顿

腰椎后关节为上位椎骨的下关节突及下位椎骨的上关节突所构成。每个关节突面是互成直角的两个面，一呈冠状位，一呈矢状位，所以侧弯和前后屈伸运动的范围较大。至腰骶关节，则小关节面成为介于冠状和矢状之间的斜位，由直立面渐变为近似水平面，上下关节囊较宽松，可做屈伸和旋转各种运动，其活动范围更为增大。当腰部突然闪扭，或突然无准备的弯腰前屈和旋转，腰椎后关节后缘间隙张开，使关节内产生负压，吸入滑膜。此时，腰脊椎突然后伸时，滑膜就可能来不及退出而被嵌夹在关节面之间，形成腰椎后小关节滑膜嵌顿，或关节突关节面的软骨相互错位，可引起腰部剧烈疼痛。若有先天性腰骶关节突不对称，一侧关节突发生斜向运动，使骨膜更易嵌入，或关节突错位。

滑膜和关节囊有丰富的感觉和运动神经纤维，对于刺激和炎症反应极为敏感。当滑膜嵌顿后，滑膜可因关节的挤压而造成严重的损伤，必然导致充血和水肿，因而引起剧烈的疼痛和反射性腰肌痉挛。如不及时解脱嵌顿，则会发生关节炎或粘连，形成慢性腰痛。

（二）临床表现与诊断

1. 急性腰肌筋膜损伤

受伤时患者常感到腰部有一响声或有组织“撕裂”感。随即感到腰部一侧或两侧剧烈疼痛，不能伸直，屈伸俯仰、转身起坐则疼痛加剧，整个腰部多不能活动，呈强直状，严重者不能起床，深呼吸、咳嗽、喷嚏时疼痛加剧。轻者伤时疼痛轻微，尚能坚持继续劳动，数小时后或次日症状加重。患者为了减轻腰部疼痛，常用两手扶住并固定腰部。疼痛多位于腰骶部，有时感到一侧或两侧臀部及大腿后部疼痛，部位和性质较模糊，多为反射性疼痛。

压痛点：扭伤早期，绝大多数患者都有明显的局限性的压痛点，多在腰骶关节、第三腰椎横突尖和髂嵴后部。压痛点代表组织受伤处之所在。

肌痉挛：主要发生于骶棘肌和臀大肌，因疼痛刺激所引起，也是对疼痛的一种保护性反应，可为单侧或双侧。这些肌肉的紧张度增加而有压痛，经俯卧一时可以松缓，但用手指压痛时，痉挛又复出现。

脊柱生理性曲线的改变：肌肉、筋膜和韧带的撕裂可引起疼痛，疼痛可引起肌肉的保护性痉挛，不对称的肌痉挛可引起脊柱生理性曲线的改变。曲线的改变，亦是机体为了照顾受伤组织，照顾神经根免受刺激，所发生的一种自动性调节。根据临床所见，约半数以上的急性腰扭伤患者，有不同程度的腰椎曲线改变，有的是前凸减小，有的是向左右侧弯。至疼痛和痉挛解除后，此种畸形亦自行消失。

直腿抬高试验可引起腰部疼痛，乃因骨盆向后旋转，使腰生理前凸变平，腰部受伤组织受牵拉所致。

2. 急性腰部韧带损伤

棘上、棘间韧带损伤的患者常发生在弯腰工作时，外力突然迫使腰部前屈，或负重时腰肌突然失力。伤时患者自觉腰部有一清脆响声或撕裂样感觉。随即局部突然疼痛，常呈现断裂样、针刺样或刀割样疼痛，局部可出现瘀斑肿胀，坐卧困难，伴有下肢反射性疼痛。

腰部肌肉痉挛，活动明显受限，前屈时局部疼痛加重。在棘突和棘突间有明显压痛，仰卧屈髋试验阳性。局部封闭后疼痛可减轻或消失。有棘上、棘间韧带断裂者，则棘突间的距离加宽。如髂腰韧带扭伤，其压痛点在髂嵴后部与第5腰椎间三角区，其压痛深，屈曲旋转脊柱时疼痛加剧。

3．急性腰椎后关节滑膜嵌顿

多有腰部扭伤、闪腰或弯腰后立即直腰的病史。伤后腰部立即发生难以忍受的剧烈疼痛，表情痛苦，不敢活动，特别惧怕他人的任何搬动，甚至轻轻移动下肢或轻整床褥时都可引起无法忍受的疼痛。全部腰肌处于紧张状态和僵硬，腰部的活动功能几乎完全丧失，多采取后突位，站立时髋、膝关节常取半屈位，两手扶膝以支撑。待嵌顿解除后，剧痛亦自行缓解或转为一般扭伤后的腰痛。

检查腰部呈僵直屈曲位，后伸活动明显受限，一般无神经根刺激性体征。触诊无发现患椎棘突偏歪，棘突间隙无变化，多在腰4～5或腰5骶1棘突间和椎旁有明显压痛。

X线检查：对于严重的腰扭伤患者，应拍腰骶部正、侧位X线照片，必要时拍斜位片。一般软组织扭伤，X线片不显示任何病理性腰椎峡部骨折、骨质增生、肿瘤或结核等；一般韧带损伤者，X线照片无异常表现，如有棘上、棘间韧带断裂者，其棘突间距离可增大；急性腰椎后关节滑膜嵌顿有时可显示后关节排列方向不对称，或有腰椎后突和侧弯，椎间隙左右宽窄不等。但主要诊断依据是临床症状和体征。

（三）治　疗

1．手法治疗

手法具有行气活血、消肿止痛、舒筋活络之作用。急性腰肌筋膜扭伤通过手法可以缓解肌肉、血管痉挛，增进局部血液循环，消除瘀滞，加速瘀血早日吸收，以促进损伤组织的修复之目的。

（1）揉按法

患者俯卧治疗床上，肢体放松，术者先用两手大拇指或手掌，自大杼穴开始由上而下，经下肢环跳、委中、承山、昆仑等穴，施行揉按；再用手掌或大鱼际部揉按脊椎两旁肌肉。（图4-9）

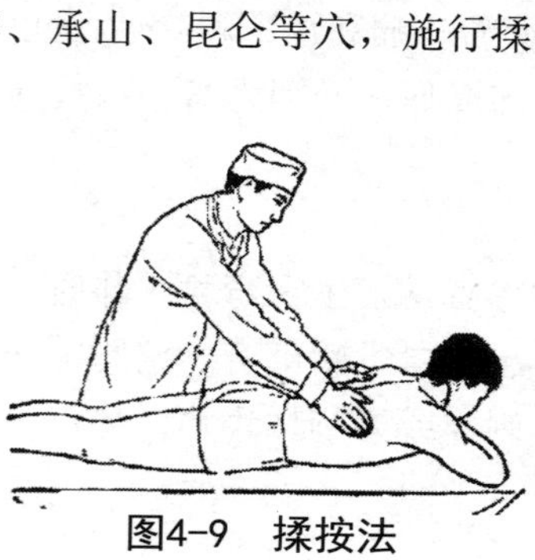

图4-9　揉按法

（2）推理腰肌

术者立于患者腰部健侧，以双手拇指在压痛点上方自棘突旁把骶棘肌向外下方推开，由上而下，直到髂骨后上棘，如此反复操作3～4次。

（3）捏拿腰肌

术者用两手拇指和其余四指指腹对合用力，捏拿腰部肌肉，捏拿方向与肌腹垂直，从腰1起至腰骶部臀大肌，由上而下，先轻后重，先患侧后健侧，重点捏拿腰椎棘突两侧骶棘肌和压痛点最明显处，反复捏拿2～5分钟。

（4）扳腿按腰

术者一手按其腰部，另一手肘关节屈曲，用前臂抱住病员一侧大腿下1／3处，用力将下肢向后上抱起，两手配合，一手向下按压腰骶部，另一手托其大腿向上提拔扳腿，有节奏地使下肢一起一落，随后摇晃拔伸，有时可听到响声，每侧做3～5次。（图4-10）

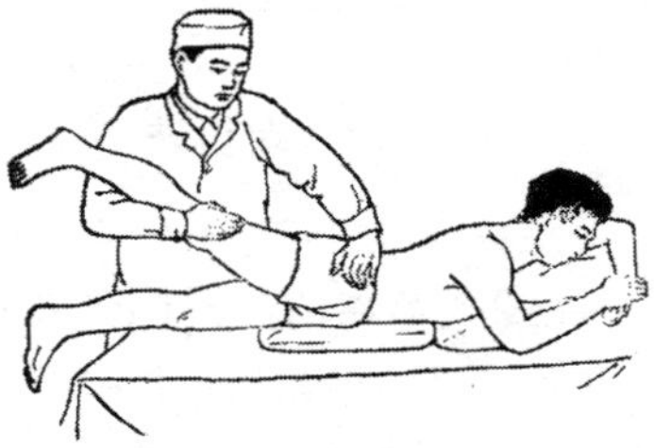

图4-10　扳腿按腰法

如属棘上韧带撕裂或从棘突上剥离者，可用手法理顺复位。患者站立或端坐方凳上，术者坐在病人身后，以双手拇指触摸棘突，找到棘上韧带剥离处，自然嘱患者稍向前弯腰，术者一手拇指按于剥离的棘上韧带上端，向上推按牵引；另一手拇指左右拨动已剥离的韧带，找到剥离面，然后顺脊柱纵轴方向由上而下顺滑按压（图4-11）。术后卧硬板床休息。避免腰部旋转活动，暂不做身体屈曲动作。

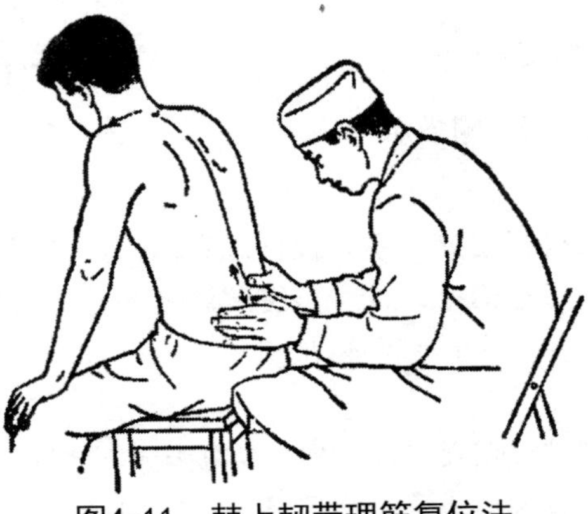

图4-11　棘上韧带理筋复位法

滑膜嵌顿者临床上除采用一般的行气活血、解痉止痛的腰部按摩手法外，可选用以下手法解除滑膜嵌顿。

（1）牵抖法

患者俯卧位，一助手双手拉住患者腋下，术者握患者双踝关节，作对抗牵引，持续1分钟后，再慢慢松开。如此重复数次然后用力将下肢快速的上下抖动数次，使牵引之力传递至腰部（图4-12）。令患者慢慢起床，一般都可使腰部伸直，必要时第2天可重复牵抖治疗，使腰能全伸。

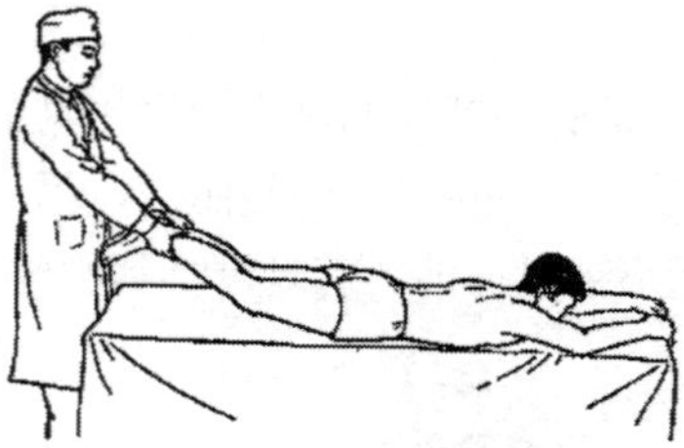

图4-12　牵抖法

（2）斜扳法

患者侧卧位，患侧在上，髋膝关节屈曲，健侧髋膝关节伸直。

术者立于背侧，一手推臀，一手扳肩，两手相对用力，使上身旋后，骨盆旋前，令患者腰部放松，活动至最大范围时，用力做一稳定的推扳动作。此时往往可听到清脆的弹响声，疼痛可随之缓解(图4-13)。也可用人背法（图4-14）。

图4-13　斜扳法

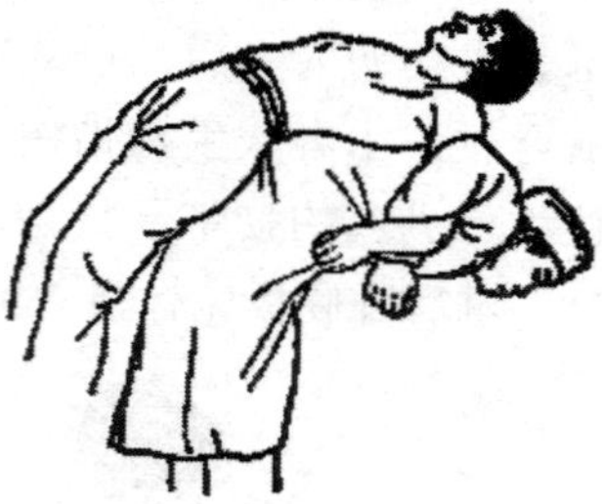

图4-14　人背法

临床选用何种手法进行治疗，主要根据患者病情，采用患者易于接受的体位，以及与其相适应的手法进行治疗，这样可缓解患者的恐惧心理，使腰部的肌肉易于放松，治疗中能得心应手，易于获得成功。

（3）固定与休息

对一般急性腰部韧带损伤患者，均需卧硬板床休息，以减轻疼痛，缓解腰肌痉挛，防止继续损伤，一般为1～3周。如属棘上、棘间韧带断裂者，在施行理筋复位手法后应予以固定，如皮腰围固定、腰柱固定等。（图4-15）

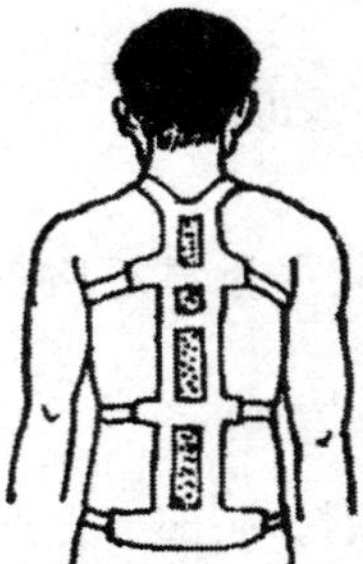

图4-15　腰柱固定法

（4）练功疗法

急性腰肌筋膜扭伤疼痛缓解后，宜做腰部背伸锻炼，后期宜加强腰部的各种功能锻炼。如属韧带扭伤者，应早期进行腰背肌锻炼，但应防止做过度的前屈活动。如属韧带断裂者，应在韧带愈合后，再行腰背肌锻炼。

2．药物治疗

（1）内服药：急性腰扭伤早期以肿胀疼痛并见。气滞血瘀之证，治宜活血化瘀，消肿止痛，方用活血止痛汤、复元活血汤、大成汤；后期肿胀消退，治宜补益肝肾，强壮筋骨为主，可选用补肾活血汤、补肾壮筋汤等。

（2）外用药：如局部瘀肿疼痛，可外敷双柏散、祛瘀消肿膏等。如为一般扭伤无瘀肿仅有疼痛者，可外贴跌打膏、狗皮膏等。

3．其他治法

（1）针刺疗法：可针刺肾俞、命门、志室、大肠俞、腰阳关、委中、承山、阿是穴、后溪穴、委中穴等，强刺激手法，留针10分钟。亦可行手针治疗，在手背腕横纹远侧1.5寸，第2伸指肌腱桡侧，第4伸指肌腱尺侧处，用两根长毫针，分别斜刺于伸指肌腱与掌骨之间，进针5～8分，用捻转、提插、强刺激手法，同时令患者做弯腰活动，腰痛缓解后即拔针。

（2）局部封闭：用醋酸强的松龙或醋酸氢化可的松25mg加2％普鲁卡因2ml，作局部痛点封闭，每周1次，一般1～3次即有明显疗效。

（3）50％硫酸镁，局部湿热敷，每次10分钟，每日2次，3天为一疗程。

（4）急性症状稍缓后，可用理疗、磁疗、中药离子导入等。

（四）功能锻炼常用方法

1．爬行疗法

运动医学专家指出，四肢爬行的动物比直立行走的动物血液更流畅，而且很少患腰椎疾病。方法为：双手、双膝着地，头部自然上抬，腰部自然下垂，爬行长度为20米左右。

2．俯卧撑

此动作不宜过多，不要太累，适可而止。

3．抱膝触胸

仰卧位双膝屈曲，手抱膝使其尽量靠近胸部，然后放下，一上一下为一个动作，连续做20～30个。

4．五点支撑法

仰卧位双膝屈曲，以足跟、双肘、头部当支点，抬起骨盆，尽量把腹部与膝关节抬平，然后缓慢放下，一起一落为一个动作，连续20～30个。每晚睡前一次，连续3～6个月。

六、慢性腰部损伤

慢性腰肌劳损系指腰部积累性的肌肉、筋膜的慢性损伤，有人称为功能性腰痛。它是由于长期下蹲弯腰工作，腰背部经常性的过度负重、过度疲劳，或工作时姿势不正确，或并有腰部解剖特点和缺陷等所致，但亦可因腰部急性损伤治疗不及时、治疗不当、或反复受伤后遗留为慢性腰痛的。

慢性腰肌劳损是腰痛中最常见的一种，它常常没有明显的外伤，而是在不知不觉中慢慢出现的一种腰腿痛疾患。各行各业的人员都可发病，体力劳动者和脑力劳动者的人数，往往没有多大差别。对生产劳动和生活影响较大，故应积极进行防治。

（一）病理生理

引起腰肌劳损的原因较多，常见的原因有长期从事腰部持力或弯腰活动工作，以及长期的腰部姿势不良等，都可引起腰背肌肉筋膜劳损，或者筋膜松弛，或有慢性的撕裂伤，或有瘀血凝滞，以致腰痛难愈。亦有腰部急性扭挫伤之后，未能获得及时而有效的治疗。或治疗不彻底、或反复轻微损伤，因损伤的肌肉筋膜发生粘连，迁延而成为慢性腰痛的。

亦有平素体虚，肾气虚弱，外感风、寒、湿邪，留滞肌肉筋脉，以致筋脉不和，肌肉筋膜拘挛，经络阻闭，气血运行障碍而致慢性腰痛。

腰椎有先天性畸形和解剖缺陷者，如腰椎骶化，椎弓根崩裂与腰椎滑脱，以及由于各种因素所致的胸腰段脊椎畸形，如腰椎压缩性骨折脱位所致的腰椎后突畸形等，都可引起腰背部肌力平衡失调，亦可造成腰部肌肉筋膜的劳损。

（二）临床表现与诊断

主诉腰痛，疼痛多为隐痛，时轻时重，经常反复发作，休息后减轻，劳累后加重，适当活动或变动体位时减轻，弯腰工作困难，若勉强弯腰则腰痛加剧，常喜用双手捶腰，以减轻疼痛，少数患者有臀部和大腿后上部胀痛。兼有风寒湿邪者，腰痛与天气变化有关，阴雨天腰痛加剧，重着乏力，喜温畏冷，受凉或劳累后可加重发作，腰痛如折，姿势微伛，不能直立，活动欠利，脉濡细，苔白滑。

检查时脊柱外观一般正常，俯仰活动多无障碍，一侧或两侧骶棘肌处、髂骨嵴后部或骶骨后面腰背肌止点处有压痛。病情严重时疼痛较重，活动稍有受限。神经系统检查多无异常，直腿抬高试验阴性。

X线检查：有时可见脊柱生理弓的改变，如腰椎侧弯、腰前凸度减弱或消失，或见第5腰椎骶化、第1骶椎腰化、隐性脊柱裂等先天变异，或见有骨质增生。

（三）治　疗

1．手法治疗

一般常用手法为揉按法，揉按肾俞、腰阳关、八缪或腰痛区。对腰肌无力者，重点用滚法、揉法；对腰肌痉挛者，重点用捏拿、推法理筋，从而达到舒筋活血，解痉止痛的目的。

2．休息与固定

病情重者，可适当地卧硬板床休息，平时可戴腰围保护固定。

3．练功疗法

加强腰肌背伸锻炼，如仰卧的三点、五点，拱桥式锻炼，俯卧位的飞燕式锻炼。

4．药物治疗

（1）内治法

寒湿证：腰部冷痛重着，转侧不利，静卧不减，阴雨天加重。舌苔白腻，脉沉。治宜祛风散寒、宣痹除湿、温经通络，方用羌活胜湿汤或独活寄生汤加减。

湿热证：痛而有热感，炎热或阴雨天气疼痛加重，活动后减轻，尿赤。舌苔黄腻，脉濡数。治宜清热化湿，方用二妙汤加牛膝、木瓜、苡仁、豨莶草之类。

瘀滞证：腰痛如刺，痛有定处，日轻夜重，轻则俯仰不便，重则因痛剧不能转侧，拒按。舌质紫暗，脉弦。治宜活血化瘀、行气止痛。方用地龙散加杜仲、续断、桑寄生、狗脊之类。

肾虚证：腰部酸痛，绵绵不绝，腿膝乏力，喜按喜揉，遇劳更甚，卧则减轻，常反复发作。偏阳虚者面色㿠白，手足不温、少气懒言，腰腿发凉，舌质淡，脉沉细。偏阴虚者心烦失眠，咽干口渴，面色潮红，倦怠乏力，舌红少苔，脉弦细数。肾阳虚者，治宜温补肾阳，方用金匮肾气丸、补肾活血汤加减。肾阴虚者，治宜滋补肾阴，方用知柏地黄丸、大补阴丸加减。

（2）外治法

可外擦万花油，或外贴伤湿止痛膏、狗皮膏等。

5．其他治疗

（1）针灸如针刺阿是穴、肾俞、腰阳关、委中、昆仑等穴，并配合艾灸、火罐等。

（2）封闭疗法用醋酸强的松龙或醋酸氢化可的松12.5～25mg加1%～2%普鲁卡因2～4ml，准确注入病变部位，每周1次，3次为一疗程。

（3）穴位注射疗法用当归注射液、丹参注射液或维生素B_1、B_{12}0.2～0.4ml作穴位注射。2～3日1次，6次为一疗程。采取循经或邻经取穴，可分为2～3组交替进行封闭。

（4）理疗可采用红外线、超短波、热蜡浴或中药离子导入等。

七、腰椎间盘突出症

腰椎间盘发生退行性变，或外力作用引起纤维环突然破裂，导致椎间盘的髓核突出，压迫神经根或/和马尾神经，而引起相应的临床症状者称为腰椎间盘突出症。腰椎间盘突出症最常见的症状是腰痛和下肢放射痛。腰椎间盘突出症占腰腿痛发病人数的80%，多发于20～40岁青壮年，男性多于女性。下腰部椎间盘为本病的好发部位，其中腰4/5和腰5/骶1椎间盘占了绝大多数。

（一）病理生理

人体年轻时，腰椎间盘的纤维环和髓核就出现退行性改变。在日常生活工作中，椎间盘不断地承受着脊柱纵轴的挤压力和牵拉力，尤其是下腰椎所承受的力量最大，活动度也大。当腰椎间盘突然或连续受到不平衡外力作用时，可能发生纤维环破裂，髓核突出。髓核多数向侧后方突出，挤压纤维环的窦椎神经而引起腰痛，如突入椎管挤压神经根，则引起下肢的放射痛和感觉障碍，中央突出且突出物较大时，尚可压迫马尾神经，引起马尾神经功能障碍。目前认为引起腰腿痛的主机理，（1）受累的脊神经直接受压或过度牵伸引起，（2）突出的髓核物质对神经根的生物化学刺激，引起神经根的无菌性炎症。而部分椎间盘突出者尚无疼痛等临床症状。

半液体状态的髓核突出后，可以消散、吸收，神经痛也随之减轻或消失。如果髓核已变性，成为透明软骨或纤维软骨碎片或钙化等，则可能长期压迫神经根，引起明显、持久的神经痛，这种病理组织易与神经根、硬膜粘连。在吸收过程中，局部留有血管的结缔组织增多，侵入椎间隙，以修复缺损的纤维环和吸收变性的髓核。髓核突出后椎间盘的支撑作用减弱，除椎间隙逐渐变窄和椎体的相对边缘发生反应硬化外，还可发生椎体间失稳、关节突及椎体增生，黄韧带变性增厚。

（二）临床表现与诊断

1. 症　状

（1）腰　痛

大部分患者有此症状，以持续性腰背部钝痛为多见，端坐、站立及屈伸腰部等增加腰部负荷的动作引起腰痛加剧，部分患者为急性扭伤所至。

（2）腿　痛

表现为由臀部至大腿及小腿的串痛，轻者不影响行走，重者疼痛难忍、跛行，甚至卧床休息，并以屈髋屈膝侧卧位以缓解疼痛。如咳嗽、喷嚏等增加腹压的动作可使腿痛加重，多为一侧腿痛，少数中央型或巨大游离型突出者表现为双下肢疼痛。

（3）麻　木

为主观的麻木，麻木的部位与突出物的位置有关，如腰4-腰5突出压迫腰5神经根，则小腿外侧和足背外侧麻木；腰5、骶1椎间盘突出压迫骶1神经根，则小腿后侧、足背外侧、跟部和足底麻木；而腰3-腰4椎间盘突出压迫腰4神经根，则大腿前外侧麻木。麻木多与疼痛伴发，病初发时疼痛较剧，日久则疼痛轻而麻木渐重。

中央型腰椎间盘突出症出现马尾综合征，尚有会阴部麻木、排便、排尿无力，男性患者可能出现阳痿。

2. 体　征

（1）腰部畸形

腰椎生理前突减少、消失，甚至后突，重者有腰部的侧弯等保护性体态。当突出物位于受压神经根的内下方（腋下型）时，腰椎则向健侧弯突；当突出物位于神经外上（肩型）腰椎则向患侧弯突。图4-16示侧弯、腋下型、肩型。

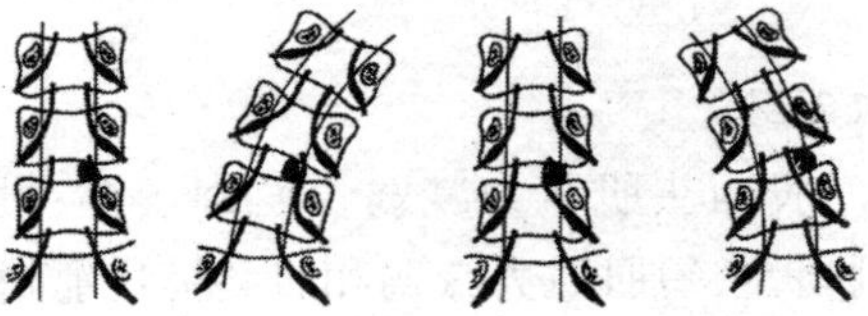

（1）　（2）　　（3）　（4）

（1）（2）为腋下型，（3）（4）为肩上型

图4-16　腰部畸形示意图

（2）腰椎旁的压痛和叩击痛

压痛点基本上与病变的椎节相一致，重压或叩击病变腰椎，可引起下肢放射痛。

（3）腰椎活动受限

急性期向各向活动均受限，尤其有腰椎侧突畸形时不能向侧突的方向侧向活动。

（4）直腿抬高试验（图4-17）

如为阳性，表明组成坐骨神经的腰5或骶1神经根受牵拉引起疼痛，是腰4-腰5和腰5、骶1椎间盘突出症的最重要的体征之一。如健侧直腿抬高诱发患侧坐骨神经痛，为交叉试验阳性，表明椎间盘中央型突出或为腋下型突出。

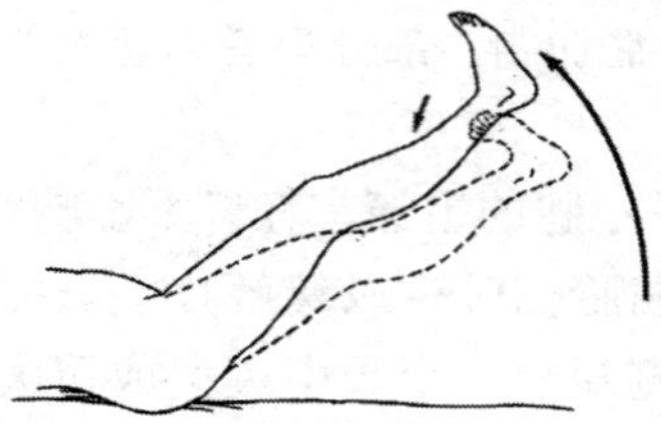

图4-17　直腿抬高试验

（5）股神经牵拉试验

股神经痛时出现此阳性体征，提示腰3-腰4和腰2-腰3椎间盘突出症可能。

（6）屈颈试验

患者坐位或半坐位，两下肢伸直，此时屈颈，引起患侧下肢放射痛为阳性。其机理主要是由于屈颈的同时，硬脊膜随之向上移位，以致与突出物相接触的脊神经根遭受牵拉之故。

（7）腱反射

膝反射减弱或消失，提示腰3-腰4椎间盘突出；跟腱反射减弱或消失，提示腰5-骶1椎间盘突出。

（8）下肢感觉检查

受累脊神经根所支配区域感觉异常，早期多表现为皮肤过敏，渐而出现麻木、刺痛及感觉减退。

（9）肌力减弱和肌萎缩

腰4神经根受累时，股四头肌肌力减弱，肌肉萎缩；腰5神经根受累时，胫前肌、拇伸肌和趾伸肌、腓骨长短肌肌力减弱和肌萎缩；骶1神经受累时，小腿三头肌肌力减弱和肌萎缩。

3．影像学检查

（1）X片

侧位片显示腰椎生理前突减少、消失或后突，正位片显示腰椎侧弯。椎间隙前窄后宽、前后均变窄、椎体后缘磨角征、椎间盘后钙化影等，均提示此节段的椎间盘突出。

（2）脊髓造影

在蛛网膜下腔注入水溶性碘剂，能较准确地反映硬膜和脊神经根受压的情况。

准确率在70%左右，极外侧型突出易漏诊。

（3）CT

直接征象为向椎管内呈丘状突起的椎间盘阴影，硬膜囊和神经根鞘受压变形或移位，并能诊断极外侧型的突出。对继发的征象如黄韧带肥厚、椎管狭窄、侧隐窝狭窄，及小关节增生、椎板增厚等，能清楚显示。

（4）MRI（核磁共振）

此种检查可呈现脊柱的三维影像，不仅能分辨椎间盘的变性、膨出、突出和游离，对脊髓和马尾神经的受压情况也能充分显示。同时对脊髓的其他病变，如脊髓肿瘤等，具有良好的鉴别能力。

（5）肌电图

根据异常肌电图的分布范围可判定受损的神经根及其对肌肉的影响程度。

4．诊　断

腰椎间盘的诊断，必须综合临床病史、体征和影像学检查。一般说来，其诊断依据如下：

（1）腿痛重于腰痛，腿痛按坐骨神经或股神经分布区域的疼痛。

（2）按神经分布区域的皮肤感觉障碍。

（3）坐骨神经或股神经的牵拉试验阳性。

（4）出现四种神经损伤体征（肌肉萎缩、肌力减弱、感觉障碍和反射减弱）的两种征象；

（5）与临床检查一致水平的影像学检查发现，包括椎管造影、CT或MRI等。

诊断腰椎间盘突出症时，必须与腰椎管狭窄症、胸椎管狭窄症、脊柱肿瘤、神经根炎、蛛网膜炎及内脏反射性腰腿痛等疾病相鉴别。

（三）治　疗

腰椎间盘突出症的治疗分为非手术治疗与手术治疗两大类。对于初发病者，主张非手术治疗。中医的辨证用药、手法推拿、牵引、卧床休息、理疗、针灸等，选择一项或几项方法进行治疗，其效果较为肯定。对于疼痛甚者可配合西药消炎止痛类药物如扶他林、芬必得等口服或行硬膜外封闭，以达到止痛的目的。部分患者反复发作，非手术治疗无效，影响生活及工作，或游离型脱出，临床症状严重，或神经实质损害明显（明显的肌肉萎缩、肌力减弱）；或有马尾神经损害者，则应考虑手术治疗。

1．辨证施治

本病多为本虚标实证，内虚责之于肝肾，外实责之于风寒湿邪及外伤瘀血。急性发作疼痛剧烈，治标为主，缓解期其痹痛绵绵，反复不愈，以治本为主，或随虚实标本兼顾。

（1）风湿痹阻型

主证：腰腿痹痛重者，转侧不利，反复发作，阴雨天加重，痛处游走不定，恶风，得温则减，舌质淡红或黯淡，苔薄白或白腻，脉濡。

治法：祛风除湿，蠲痹止痛。

方药：独活寄生汤加减。

（2）寒湿痹阻型

主证：腰腿部冷痛重者，转侧不利，痛有定处，虽静卧亦不减或反而加重，日轻夜重，遇寒痛增，得热则减，小便利，大便溏，舌质胖淡，苔白腻，脉弦紧、弦缓或沉紧。

治法：温经散寒，祛湿通络。

方药：附子汤加减。

（3）湿热痹阻型。

主证：腰髋腿痛，痛处伴有热感、重着，或见肢节红肿，口渴不欲饮，烦闷不安，小便短赤，或大便里急后重，舌质红，苔黄腻，脉濡数或滑数。

治法：清利湿热，通络止痛。

方药：三仁汤加减。

（4）气滞血瘀型

主证：近期腰部有外伤史，腰腿痛剧烈，痛有定处，刺痛，腰部板硬，俯仰活动艰难，痛处拒按，舌质暗紫，或有瘀斑，舌苔薄白或薄黄，脉沉涩。

治法：行气活血，通络止痛。

方药：复元活血汤加减。

（5）肾阳虚衰型

主证：腰腿痛缠绵日久，反复发作，腰腿发凉，喜暖怕冷，喜按喜揉，遇劳加重，少气懒言，面色白，自汗，口淡不渴，毛发脱落或早白，齿松或脱落，小便频数，男子阳痿，女子月经后衍量少，舌质淡胖嫩，苔白滑，脉沉弦无力。

治法：温补肾阳，温阳通痹。

方药：右归丸加巴戟天、牛膝等。

（6）肝肾阴虚型

主证：腰腿酸痛绵绵，乏力，不耐劳，劳则加重，卧则减轻，形体瘦削，面色潮红，心烦失眠，口干，手足心热，面色潮红，小便黄赤，舌红少津，脉弦细数。

治法：滋阴补肾，强筋壮骨。

方药：左归丸加乌梢蛇、全蝎、蜂房等。

2. 手法治疗

手法能缓解肌肉痉挛，松解粘连，疏通经脉，在治疗腰椎间盘突出症时，起到改善局部血运，减轻椎间盘内压，促使突出物回纳或改变与神经根的位置的作用，从而起到缓解疼痛的目的。

治疗腰椎间盘突出症的手法可分为两大类，一是常用的轻手法，另一类是调整关节的重手法。

（1）轻手法

此类手法主要是松弛腰腿部的肌肉，按压有关经络的穴位，达到疏通经脉，缓急止痛的作用，并为施行重手法作准备。具体手法有：按摩法、滚法、按压法、拿捏法、叩击法、拍打法、点按法等等。

（2）调整关节法

用较重的手法作用于腰部，使椎间关节产生一定的位移，从而使突出的髓核回纳或位置改变，以求减少对神经根的压迫，或松解神经根的粘连，是治疗腰椎间盘突出症的关键手法。要求动作准确熟练、轻重有度，否则不但事倍功半，甚至还会加重病情。

（3）牵引按压法

患者俯卧，双手拉住床头，令两助手分别握腋窝和踝部进行对抗牵引，持续5分钟后，术者用双掌根按压椎旁痛点，由轻到重，使腰部过伸，反复3～5次。

（4）俯卧扳腿法

术者一手按压患者腰部，另一手托住患侧腿部，使该下肢尽量后伸，然后双手对抗手力，使腿部后伸，连续做2～3次。

（5）斜扳法

患者侧卧，卧侧下肢伸直，另一下肢屈曲放于对侧下肢上。术者立于患者前面，一手按肩前方，另一手按髂嵴后方，双手同时反向用力：推肩向后，骨盆向前，使脊柱发生旋转，此时可听到椎节错动的弹响。

做完上述整骨手法后，再予以轻手法放松。

3. 大推拿术

通过硬膜外麻醉，使患者无痛觉和肌肉充分松弛，在这种状态下，医者为患者施行较重的推拿整复手法，以求松解神经根的粘连、解除压迫的效果。

手法前先行硬膜外麻醉，然后先行电动骨盆牵引约20分钟，牵引重量约与体重等同或稍大，之后按“三位八法”进行操作。

（1）仰卧位

① 屈髋屈膝：患者仰卧，术者一手握踝部，另一手扶膝部，将髋膝关节急速屈曲到最大限度，再快速伸直下肢，左右侧各做8次。

② 直腿抬高：将下肢作直腿抬高，达到最高位置时再将踝关节强力背屈，使坐骨神经受到牵拉，左右腿各做8次。

（2）侧卧位

① 伸腰拉腿：患者侧卧，术者一手按住腰骶关节，另一手握踝部，迅速拉腿向后，另一手同时用力把腰椎向前推。左右侧各做8次。

② 斜扳法：左右侧各做1次。

（3）俯卧位

① 抬腿运腰：病人俯卧，术者用一手臂托起双腿，另一手按腰部，使腰部过伸，将双下肢按顺、逆时针方向各转摇8圈。

② 按压：患者俯卧，胸部和骨盆下各垫一枕，使腹部腾空，可令两助手分别握腋部和踝部做对抗牵引，术者双掌重叠，快速用力按压椎间盘突出部位，连续8次。

③ 抖腰：患者俯卧，双手抓住床头，胸部垫枕，术者立于整复床上，双手紧握患者踝部，在用力牵引的同时，将患者身体进行上下抖动，8～12次。

④ 轻手法按摩放松腰腿部。

大推拿术后，要求患者绝对卧床2～3周，在卧床期间可鼓励患者做腰部背伸、直腿抬高、双腿蹬车等功能锻炼。

4. 腰椎牵引法

常用牵引法有如下。

（1）电动骨盆牵引

牵引力以相当于体重或多于体重10kg为宜，每天1～2次，每次20～30分钟。1～2周为一疗程。

（2）持续牵引法

病人卧硬板床，床尾抬高15°角，套上骨盆牵引带，负重15～30kg，腰下可垫一薄枕，持续牵引时间越长越好，最好能24小时持续牵引，牵引时间3周左右。（图4-18）

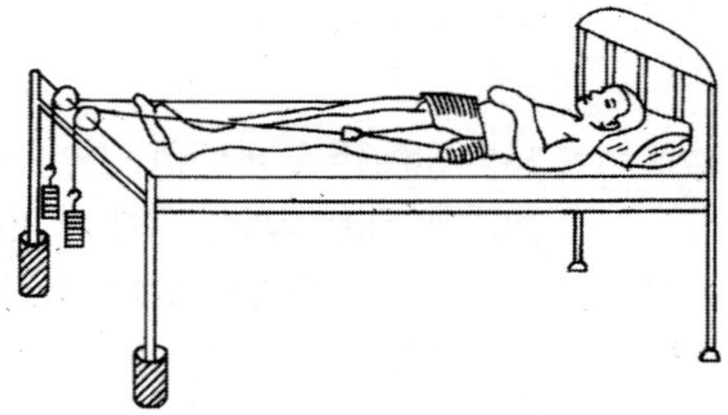

图4-18　持续牵引法

（3）自身体重垂直牵引

利用自体体重牵引，以达使髓核回纳，如吊单杠、门框等。

5．针灸疗法

与腰腿痛有密切关系的经络有足阳明经、足太阳经、足太阴经、手阳明经、足少阴经、足少阳经、督脉和带脉等。主穴：肾俞、委中、阳陵泉、承山。随证配穴，急性期用泻法，慢性期用平补平泻或补法，或加用灸法。

6．西医疗法

（1）内服药物

在中医药疗法基础上，对疼痛明显者，适当给予消炎止痛和营养神经的药物，或使用少量糖皮质激素静脉点滴以促使神经根炎症的消退，以达止痛作用。如扶他林25mg，每日2次；地巴唑20mg，每日3次；维生素$B_1$20mg，每日2次；维生素$B_6$20mg，每日3次；5%葡萄糖盐水250ml加地塞米松10mg静脉点滴，每日1次，3～5天。

（2）封闭疗法

将局麻药和类固醇药物注射到痛点或硬膜外腔使神经根无菌性炎症得到直接治疗，起到较好的消炎镇痛作用。常用封闭疗法有两种：

① 椎板封闭：适用于病椎棘突旁有明显压痛点者，常用1%～2%普鲁卡因1～3ml加醋酸强的松龙2ml或康宁克通-A注射液1ml，或得宝松注射液1ml，每隔5～7天注射1次。

② 硬膜外腔封闭法：将药物注射到硬膜外腔，常用1%～2%普鲁卡因5～10ml、醋酸强的松龙1.5～2ml（或康宁克通-A1ml、得宝松注射液1ml）、维生素B_{12}500μg、维生素$B_1$100mg，7～14天注射1次，全疗程不超过3次。

7．手术疗法

手术能够摘除突出的椎间盘，能解除马尾和神经根的压迫，因而能达到明显的治疗效果；但手术并不能修复已经退变的椎间盘，也不能使受伤的神经组织修复，同时，手术还可能进一步破坏脊柱的稳定性，所以要严格掌握手术适应证。但部分患者神经受压无法解除，病症严重，只能选择手术治疗。手术前后要对患者进行部分内科治疗，减轻神经根的炎症，促进血运的恢复，提供神经修复的营养物质。

（1）手术适应证

① 症状重，影响生活和工作，经非手术疗法治疗3个月以上无效者。

② 有广泛肌肉瘫痪、感觉减退以及马尾神经损害者（如鞍区感觉减退及大小便功能障碍等），有完全或部分截瘫者。这类患者多属中央型突出，或系纤维环破裂髓核碎块脱入椎管，形成对神经根及马尾神经广泛压迫，应尽早手术。

③ 伴有严重间歇性跛行者，多同时有椎管狭窄症，或X线平片及CT图像显示椎

管狭窄者，非手术疗法不能奏效，均宜及早手术治疗。

（2）常用的手术方法

① “开窗”式腰椎间盘髓核摘除术

“开窗”术式摘除髓核是治疗腰椎间盘突出症常见手术方法。其优点是：对脊柱骨质破坏较少，对脊柱稳定性影响不大，有利手术后功能恢复。

② 半椎板切除摘除髓核手术

半椎板切除术的手术指征、麻醉及手术方法基本同“开窗”式，不同之处在于咬除患侧椎板、显露范围较大。但需注意保留小关节，以保持脊柱的稳定性。

③ 双侧“开窗”摘除髓核术式

腰椎间盘突出症有双侧下肢症状，估计双侧神经根受压，而一侧开窗手术不能解除对侧的压迫时，则采用双侧开窗的方法。

④ 椎间盘镜下髓核摘除术

采用椎间盘镜操作系统的手术方法。在棘突旁作小切口（1.5cm）从后路插入操作套管，接上光源和成像系统，术者从屏幕上看到被放大的椎管内组织，利用精细的器械摘除椎间盘髓核。优点是手术创伤小，患者恢复快。

尚有旁侧入路的椎间盘髓核抽吸术、超声波或激光髓核气化术等，均为通过导管达到椎间盘内以减少髓核体积，以减轻椎间盘的内压，间接减轻神经根的张力，以达到缓解疼痛的目的。

八、腰椎管狭窄症

腰椎管因骨性或纤维性增生、移位导致一个或多个平面管腔狭窄，压迫马尾或神经根而产生临床症状者，称为腰椎管狭窄症。

本病起病缓慢，病程长，多发生于中老年人。主要的临床症状是间歇性跛行、慢性反复的腰痛和下肢痹痛。

（一）病理生理

腰椎退行性变是腰椎管狭窄症的主要原因，如椎体后缘的骨赘增生、黄韧带及椎板肥厚、小关节突增生、椎间隙狭窄、椎节松动、滑脱及椎间盘的突出等等，引起腰椎管的容积减小。此外，发育性的腰椎管狭窄，如发育性的短椎弓根和椎弓根内聚，先天性脊柱裂等亦使椎管的容积变小，是椎管狭窄的另一个病因。此在青少年时多无症状，中老年时由于退变进一步引起椎管的容积变小而发病。医源性腰椎管狭窄，如手术引起疤痕组织增生和粘连、术后椎节失隐引起椎体和小关节突以及纤维组织增生，可导致腰椎管狭窄症。以上的原因，导致中央椎管或侧隐窝、神经根管的狭窄，中央椎管狭窄则压迫马尾神经，后两者狭窄则压迫神经根，部分患者也可出现全椎管的狭窄，从而出现相应的临床表现。

（二）临床表现与诊断

1. 症　状

主要的症状是反复发作的腰痛、腿痛。典型的间歇性跛行，即久站及行走之后，因出现下肢疼痛、麻木加剧而跛行，痹痛难忍之时下蹲或坐下后痹痛可缓解。腰痛以下腰部为主，常牵及一侧或双侧的臀部，腿痛也可以是一侧或双侧发病。严重的中央椎管狭窄患者，因马尾神经受压，出现大小便功能障碍及会阴部的麻木。如单纯的侧隐窝狭窄/神经根管狭窄则嵌压神经根，其根性神经痛往往比腰椎间盘突出症更严重，且多为持续性。

2. 体　征

腰椎管狭窄症的患者，临床体征主要表现为间歇性跛行，病情轻者，在医院检查时可能见不到跛行，但在病人步行活动后则跛行较为明显。患者腰部体征不突出，但多数腰部后伸时会诱发下肢痹痛，而前屈则无碍。下肢可出现肌肉萎缩和感觉障碍。中央椎管狭窄者直腿抬高试验多为阴性，股神经牵拉试验亦常为阴性，但侧隐窝狭窄或/和神经根管狭窄者神经根受压明显，临床症状和体征则较为明显，如腰4神经根受压，则股神经牵拉试验阳性，腰5或骶1神经受压，则直腿抬高试验阳性，并有相应节段的神经损伤的体征。

3. 影像及其他检查

（1）X片

患者有不同程度的脊椎退行性变的表现。如腰椎正位片，可显示不同程度的骨质增生，关节突密度增高，或脊柱侧弯等。侧位片见椎间隙的改变，椎弓根短粗，椎间孔狭窄，椎节松动或滑脱等。

（2）椎管造影

腰椎管造影能反映病变椎管狭窄的情况，表现为不同程度的碘柱充盈缺失甚至完全梗阻。侧位片上，下腰段前后径小于8mm时，可诊断为椎管狭窄。老年患者常是多节段的椎间盘突出或椎体后缘骨赘形成，其碘柱表现为椎间隙水平的狭小如蜂腰状。

（3）CT

CT及螺旋CT能准确地测定椎管的形状和管径。椎体后缘的骨赘、椎间盘的突出、小关节的增生内聚、黄韧带的增厚、侧隐窝的狭窄，以及椎管的形状改变和狭窄，这些是腰椎管狭窄常有的病理改变，在CT片上都能清楚显示。

对于腰痛及下肢的一侧或双侧根性神经痛，直立行走时加重，腰后伸试验阳性，弯腰、蹲下、屈膝侧卧时可缓解，年龄在40岁以上者，首先考虑为腰椎管狭窄症。中央椎管狭窄者，有上述的典型表现，但体征较轻，而侧隐窝狭窄或神经根管狭窄者，则往往有严重的根性神经痛的临床表现。结合临床、X线平片及CT或椎管造影片的其中之一，可作出明确诊断。

（三）治　疗

1. 非手术治疗

早期的腰椎管狭窄症，狭窄尚未形成持续性的压迫，可用非手术治疗。在这一阶段，休息及体位合适时，症状可减轻甚至消失，但如果体位不当或劳累则易反复发作。非手术治疗不能消除椎管的骨性与纤维结构增生，但可消除神经根、马尾及硬膜外组织的水肿，从而解除压迫并使症状缓解。

非手术治疗包括中医辨证用药、消炎止痛的西药、针灸、卧床休息、骨盆牵引、腹肌锻炼、理疗、按摩、腰围制动等。急性发作时，休息是缓解症状的有效方法，应尽量卧床休息，同时可给予针灸和消炎止痛的西药治疗，以尽快消除神经的水肿。腰部的理疗、按摩及适当重量的牵引，有助于腰部肌肉的放松，增加椎管的长度。切忌大重量的牵引和重手法的过伸按压和旋转，防止神经根或马尾神经的医源性损伤。

慢性期要注意保健，适当的腹肌锻炼，防止过度劳累等，均是减少症状复发的重要手段。中医辨证用药，能调补肾气，强壮筋骨，同时祛邪以活络，起到标本兼顾的作用。肾阳虚者，治宜温补肾阳，方用右归丸；肾阴虚者，滋补肾阴，方用左归丸；寒湿阻络者，用独活寄生汤；以寒为主者，用温经汤；痰湿偏重者用独活寄生汤加川足、白芥子、僵蚕；瘀血作痛者，用补阳还五汤加苏木、乳香、没药等。

2. 手术治疗

对于已产生持续性压迫的腰椎管狭窄症，应采用手术治疗。手术的目的是解除压迫的因素。当然手术后的非手术治疗对神经功能的恢复是很有帮助的。因狭窄的病理因素不同，手术的方法也应有所不同，术前对狭窄的节段压迫的性质要尽量了解清楚，尤其是多节段椎管狭窄者，要鉴别哪些节段是临床表现的作祟者，哪些节段尚无出现临床表现。对于不引起临床表现的节段，一般不予手术减压。

（1）全椎板减压术适用于中央椎管狭窄症或全椎管狭窄者。显露好，减压彻底，但对脊柱的稳定性有破坏。常在减压的同时给予内固定和植骨手术。

（2）半椎板减压术适用于单侧的侧隐窝狭窄或神经根管狭窄者。此法对一侧的椎管减压作用确切，对脊柱稳定性的影响小，多数的腰椎管狭窄症病者可采用此法。而双侧侧隐窝狭窄出现双侧下肢痛者，可用双侧半椎板减压的手术方法。

九、腰骶关节扭伤

腰骶关节扭伤是腰骶关节周围韧带被牵拉而引起的损伤，多见于中年以上的患者，常可引起腰痛，甚至坐骨神经痛。

（一）病理生理

腰骶关节扭伤有急性和慢性两种。急性损伤是腰骶关节突然遭到暴力，使其超出正常的活动范围或在受到重物打击时保护性肌肉收缩所致；也可以由于躯体突然失去平衡将要滑倒，而机体自发的努力恢复平衡所致。因这时肌肉尚未来得及产生收缩反应来保护脊柱关节，使暴力全部作用到关节韧带上的缘故。慢性腰骶关节损伤常起病隐匿，也可以是急性损伤未能治愈所产生的后遗症。常发生在背部肌肉薄弱，腰椎前突增加的病人。女性多见，可因近年来体重增加而产生了悬垂腹，为使腰椎前突得到平衡，必然会造成腰骶关节受到的应力大大增加。有些病人是由于创伤性关节炎而表现为腰骶椎间隙变狭窄。由于椎体间接近，可使椎间孔变狭而造成神经根在出口处受压。

（二）临床表现

在急性病例，有近期的外伤史。疼痛及压痛在腰骶关节处，腰部各方面的活动均受限。在慢性病例则症状多种多样，有些病人仅诉腰背无力，易感劳累，而有些人则经常有非常剧烈的疼痛发作及明显的功能障碍。往往时轻时重，绵恒数年。随着年龄的增加，发作次数越来越频繁，疼痛变为持续。如果有神经根受压表现，则可以有坐骨神经痛及坐骨神经痛性脊柱侧弯，但神经系统体征一般不明显。X线检查可见腰骶角增大，腰骶关节间隙狭窄以及椎体周围有唇状骨质增生等，有时可见横突肥大假关节形成，腰椎骶化或骶椎腰化等。但总的说来，这些表现均为非特殊性。

（三）治　疗

在急性阶段应卧硬板床1～2周，并于膝下垫枕，使腰骶角度减小。在急性症状缓解后，做理疗或针灸、推拿等。更重要的是加强背肌锻炼，进行使腰骶角减小的体操，可减少或阻止复发。慢性腰骶关节扭伤的治疗，是一个较复杂的问题，疗效往往不佳。体疗是一个有效的治疗方法，但必须坚持。太极拳、练功十八法、健身气功等，均有取得效果的报告。一般不主张用支架等，但可以用宽的腰围在发作期过后起支持作用，有明显悬垂腹的病人最好用紧身衣，但腰围及紧身衣不能代替体疗，否则肌肉会进一步的萎缩，反而更易受到损伤。极少数病人在各种非手术治疗无效后，可考虑腰骶关节固定术。但固定后在被固定椎体的上部，受到的应力可能会增加而再产生上述的一系列变化，因此宜严格掌握手术指征。

十、骶髂关节错缝

骶髂关节在构造上属于滑膜关节，也是滑动关节。关节面覆以软骨，有滑膜、关节间隙、滑液，骶面略为凹陷，髂面稍为凸出。

该关节由骶骨和髂骨的耳状面构成，骶骨耳状面不规则，约在上3个骶椎的外侧面，向外向后，前面较后面宽。髂骨耳状面位于髂窝后部的髂骨内侧面，向前向内。整个关节呈后内向，关节间隙非常窄。虽然关节面大部分平滑，但表面都有很多凸起与凹陷，使两个关节面密切相嵌，加以强有力的韧带，使关节有很大的稳定性。

骶骨面软骨为透明软骨，厚度为髂骨面软骨的2～3倍。髂骨面软骨属纤维软骨，厚度一般不足1mm。髂骨面软骨相对较薄，可能是较易发生病变的部分原因。

骶髂关节周围相关的韧带，包括前面的骶髂前韧带和后面的骶髂骨间韧带、骶髂后韧带、骶结节韧带和骶棘韧带等。骶髂骨间韧带为众多的短而坚强的纤维束，位于关节软骨后，介于骶骨粗隆和髂骨粗隆之间。骶髂后韧带又分为骶髂后短韧带和骶髂后长韧带两部分，从骶骨外侧嵴向外斜至髂骨，骶髂后短韧带近乎水平，后长韧带斜行。骶髂前韧带为宽薄的纤维束，内侧起自骶骨骨盆面外侧，向外止于髂骨耳状面前缘和耳前沟，仅见于关节上部。骶结节韧带为一坚强的纤维束，起点较宽，一部分与骶髂后长韧带融合，由髂后上棘和髂嵴的后部向下止于坐骨结节。骶棘韧带为扇形，韧带的基底由骶尾骨的侧面止于坐骨棘，其后部为阴部神经所越过，该韧带介于坐骨大、小孔之间，从臀部观察，则位于骶结节韧带的深面。

值得注意的是，骶髂间隙包括关节部和非关节部。真正的滑膜关节位于骶、髂骨间隙的前下部，X线片上约占骶、髂骨间隙的下1/2至2/3，而后上部则由骶髂骨间韧带所填充。

（一）病理生理

当孕妇受内分泌改变的影响、或因长期卧床、腰麻或全麻后均能引起骶髂关节松弛，影响骶髂关节的稳定性，当受到扭伤时引起骶髂关节错缝。骶髂关节错缝，主要是暴力损伤所致，如突然跌倒，单侧臀部着地，地面的作用力通过坐骨结节向上传导，而躯干向下的冲击力通过骶髂关节向下传导，两作用力在骶髂关节汇合，将髂骨推向上向内错位，而产生骶髂关节错缝。

下蹲位、持重站立时扭伤，或身体向前、向后跌仆，使骶髂关节过度前后旋转，将髂骨推向内、上方而产生错位，致骶髂关节错缝，腹直肌的强烈收缩，髂骨关节面可在骶骨上向前旋转，而股后肌收缩时，使髂骨关节面在髂骨上向后旋转，由于这种旋转作用力的存在，可使骶髂关节交锁在一不正常的位置，而产生错缝，引起疼痛发生。

（二）临床表现与诊断

1. 症　状

骶髂关节扭伤后突感伤侧骶髂部剧烈疼痛，动转不灵，面色苍白，甚而休克，同侧下肢不敢负重，躯干向前及病侧倾斜，约20%～60%的患者合并同侧下肢放射痛，多在臀部大腿后部（股后侧皮神经）坐骨神经分布区和大腿根部前内侧。引起放射痛的原因有：（1）骶髂关节附近的韧带、肌肉或其他软组织受第4、第5腰神经和骶神经分配，当骶髂关节扭伤时可引起这些神经的反射性神经痛。（2）坐骨神经或股后侧皮神经束紧贴骶髂关节和梨状肌的前侧，当骶髂关节的韧带因扭伤出血、肿胀或梨状肌痉挛时可直接刺激神经束引起放射痛。

2. 体　征

（1）姿势：站立时躯干向健侧倾斜，以健肢负重，患肢足尖着地，手扶患髋以减少活动及疼痛；坐位时以健侧坐骨结节负重，双手支凳以减少负重；上床时，患者先坐于床旁，然后以双手扶住患肢防止扭转患侧骶髂关节。

（2）压痛：在髂后上棘。

（3）髂后上棘较对侧升高或降低，内收肌紧张。

（4）骨盆分离试验阳性，骶髂旋转试验阳性，直腿抬高受限。

（5）X线检查正位片显示髂后上棘高低不等，斜位片可见骶髂关节间隙加宽，凸凹关系紊乱。

（三）治　疗

本病经手法整复可立见功效，先在局部进行按摩，以疏通经络，缓解痉挛，然后施以复位手法，常用的治疗方法有以下几种：

1. 脚蹬手拉复位法

患者俯卧床上，术者立于患侧，右侧骶髂关节错缝，术者用右足跟蹬在患者坐骨结节上，双手握住患足踝部。然后用力向上蹬坐骨结节，同时用力牵拉下肢，使其复位。

2. 推送复位法

患者俯卧位，一助手双手重叠压在患者坐骨结节，准备向上顶推，术者立于助手对面，双手重叠压住患侧髂后上棘，准备向下推送，二人同时用力相对推送，使其复位，亦可在推送的同时，让一助手握住患侧下肢踝部向下牵引。

3. 过伸压推复位法

患者侧卧位，患侧向上，术者站于患者背侧，一手压住骶骨，另一手握住患肢踝部，先使其膝关节屈曲90°。然后一手推骶髂骨向前，另一手拉患肢向后使之呈过伸位，先轻轻推拉数下，再重力向后一拉，使髂骨向后旋转复位。

4. 牵抖法

患者俯卧位，双手抓住床头，术者站于床尾，两手分别握住患者两踝。逐渐向下牵引身体，在牵引的同时，抬高下肢，使小腹部略离床面，然后左右摆动下肢数次，在摆动下肢的过程中上下抖动数次，使其复位。

复位后以宽布做环形固定，仰卧硬板床休息2～3周，然后可逐渐进行活动。

十一、肌筋膜炎

项背筋膜炎是由于软组织无菌性炎症引起颈、背、肩等劳损，致多处发生疼痛麻木症状的疾病，又称项背纤维质炎、肌纤维炎、肌筋膜炎、软组织劳损。病变常致局部疼痛、僵硬、运动障碍或软弱无力等，常累及斜方肌、胸锁乳突肌和肩胛提肌等。

（一）病因和发病机制

确切病因尚不明了，临床观察可能与外伤、劳损、受寒湿等因素有关。如长期伏案工作，紧张的脑力劳动者，长期在某种强制体位工作，以及寒冷、潮湿、慢性病使肌力下降等因素。此外，可因感冒、麻疹等邪毒感染，邪毒入经络，侵至肌筋膜，亦可至项背部疼痛。

由于上述刺激因素，在颈肩部肌筋膜内出现原发性刺激灶，称为刺激灶或引发点，成为有害刺激的起源，引起不正常的冲动，使神经轴突发生功能紊乱，相继发生反射性疼痛及肌筋膜紧张，使神经纤维在肌筋膜出口处，神经末梢点在肌筋膜上受到牵拉压迫；在肌肉、筋膜附着处产生骨膜炎、滑囊炎及腱鞘炎，进一步引起肌肉紧张而导致肌肉力量的平衡失调；某组肌肉因劳损影响血运出现纤维性粘连，软组织中胶原纤维炎症、坏死释放组织胺类物质和激肽，形成致痛物质；再由于血管壁内外渗透压的改变，使组织间隙积聚大量组织液而引起局部肿胀，影响血液循环，造成软组织缺血而产生挛缩。

中医学对此种病机概括为“痛则不通，不通则痛”，认为上述因素致项背部经络气血损伤，气血运行不畅而致疼痛。久处湿地贪凉受冷或劳累汗出复感风寒，项背部之经脉凝滞阻遏，久之则血脉不通，气机受阻，肌肉酸痛，故阴雨天常使疼痛加剧或诱发疼痛。本病属慢性疾病。

（二）临床表现及诊断

本病可能有外伤史，也可无明显诱因。多发于中年女性，多见于伏案工作者。表现为颈后基底部疼痛、酸胀，或向一侧或两侧肩背部放射。疼痛并非经常性，其严重程度常随气候的变化而改变，晨起或受凉后加重，逢阴雨天气则感项背部明显不适，而活动或遇暖后则疼痛可缓解。

局部无红肿现象，用力压迫或用手指提捏、挤压受累肌肉时，可出现触痛。胸锁乳突肌、斜方肌和肩胛提肌最常受累。严重者局部肌肉紧张，有广泛性压痛，项背部功能受限，有时累及交感神经而出现相应症状。

化验检查多正常，有时血沉或抗“O”偏高。X线摄片一般无异常表现，如病变影响到胸椎关节突关节时，可见局部密度增高。

（三）治　疗

1．手法治疗

在局部行按揉、搓擦、提捏、叩击法为主，痛点可用一指禅手法。目的在于舒筋活络，活血通经，缓解肌肉痉挛而减轻疼痛，捋顺肌纤维，防止炎症粘连。每日1次，症状缓解后逐渐减少按摩次数。有关节突关节移位者，可用推按法或旋转法。

2．药物治疗

（1）内服药

痹痛为主者，治宜祛风散寒、通络止痛，方用羌活胜湿汤、葛根汤、独活寄生汤加减；瘀血停滞为主者，治宜活血化瘀、行气止痛，方用复元活血汤加减。

（2）外用药

外用狗皮膏、伤湿止痛膏或代温灸膏等。

3．牵引治疗

利用头套做颈部牵引可以牵伸痉挛肌肉，但牵引重量必须小于颈椎病的牵引重量。

4．手术治疗

对于症状极为严重的经保守治疗后效果不大，肌肉本身及附着处已形成挛缩和变性者可施行软组织松解术。

5．其他疗法

（1）针灸疗法：可选风池、大椎、肩井、阿是穴等，拔火罐治疗效果亦佳。

（2）热敷：选用热水袋或坎离砂局部热敷。

（3）信息治疗：利用信息治疗仪的信息脉冲电流刺激肌肉痛点或相应部位。

此外，还可用其他理疗器械治疗，痛点封闭也有一定疗效。

（四）功能锻炼常用方法

主要是加强项背部锻炼活动，如做体操、五禽戏、打太极拳等，以增强项背肌力量，但锻炼时要注意避免受凉或感冒。